어느
따뜻한 봄날,
하늘의 별이 되신
다카자네 야스노리(高實康稔) 선생님께
이 책을 바칩니다.

군함도에 귀를 기울이면

하시마에 강제 연행된 조선인과 중국인의 기록

초판 1쇄 발행 2017년 7월 31일

지은이 ㅣ 나가사키 재일조선인의 인권을 지키는 모임
옮긴이 ㅣ 박수경 · 전은옥
사　진 ㅣ 시바타 토시아키(柴田利明) · 이재갑 · 전은옥 · 박수경

펴낸이 ㅣ 윤관백
펴낸곳 ㅣ 도서출판선인

등록 ㅣ 제5-77호(1998.11.4)
주소 ㅣ 서울시 마포구 마포대로 4다길 4 곳마루 B/D 1층
전화 ㅣ 02)718-6252 / 6257　　팩스 ㅣ 02)718-6253
E-mail ㅣ sunin72@chol.com

정가 22,000원

ISBN 979-11-6068-109-3 03900

· 잘못된 책은 바꿔 드립니다.

군함도에 귀를 기울이면

하시마에 강제 연행된 조선인과 중국인의 기록

나가사키 재일조선인의 인권을 지키는 모임 지음

박수경 · 전은옥 옮김

▌『군함도에 귀를 기울이면』추천사 ▌

『군함도에 귀를 기울이면』은 제목 그대로 우리가 귀를 기울여 볼만한 이야기를 담고 있습니다.

어느 한쪽은 수치심 때문에, 또 어느 한쪽은 고통 때문에 어쩌면 차라리 잊고 지내는 것이 낫겠다고 생각하는 불편한 진실이 있습니다. 그러나 잊으려고 노력한다고 잊혀지지 않는 것들이 있지요. 실제로 발생했던 사실들은 아무리 고통스러워도 지워질 수 없는 법입니다.

'군함도'는 우리에게 남은 큰 흉터입니다. 그리고 그 흉터 뒤로 아직도 사라지지 않은 고통이 남아 있습니다. 고통을 치유하는 좋은 방법은 그 고통의 원인을 찾아내는 것입니다.

『군함도에 귀를 기울이면』은 일본의 깨어있는 지성들이 기록한 고통의 기록입니다. 한일 양국의 불편한 진실을 넘어서서 인류 전체가 과거가 아닌 미래를 위해 들여다보아야 할 중요한 인류사적 기록이라 생각됩니다.

우리 한국인들에게는 강제 징용의 뼈아픈 역사를 상징하는 곳이기도 하지만, 일본인들에게도 군함도의 실체는 충격적일 것입니다.

처음으로 군함도를 감옥섬이라고 부른 것이 한국인들이 아니라 속아서 끌려간 일본인 광부들이었다는 사실은 무얼 의미할까요? 부모의 마지막도 지켜보지 못하는 처지가 되어 군대에 지원함으로써 겨우 군함도 밖을 나갈 수 있었던 일본인들도 고통 받긴 마찬가지였을 겁니다.

이 책은 어느 한쪽을 일방적으로 응원하거나 저주하지 않고, 실제 벌어졌던 사실을 통해 지금의 우리 스스로를 돌아볼 수 있게 만들려고 합니다.

인간이 자연을 정복하기 위해, 인간이 인간을 정복하기 위해 벌이는 행위들이 과연 누구를 위해 벌이는 것인지 그 가혹한 과정을 통해 우리에게 남기는 것이 무엇인지 우리는 이 책을 통해 알게 될 것입니다.

어쩌면 이 책은 역사적 사실을 통해 현재와 미래를 생각해볼 수 있게 한다는 지점에서 과거의 기록인 동시에 미래에 대한 기록이기도 합니다.

이 아픈 진실을 위해 험난한 길을 걸어주신 저자께 깊은 감사와 존경을 표합니다. 일본인으로서 일본의 불편한 진실을 알리기 위한 저자의 노고가 얼마나 고되었을지 우린 다만 짐작할 따름입니다.

부와 명예를 뒤로 한 채 오로지 진실을 위해, 그리고 그 진실을 찾아 떠나는 마음 깊은 곳에 인간에 대한 애정이 자리하고 있는 저자를 통해 진정한 헌신과 용기가 무엇인지, 또 사랑이 무엇인지를 배웠습니다.

저 멀리서 진실을 알리기 위한 목소리가 울려옵니다. 매우 힘겨운 과정을 뚫고 외치는 누군가의 외침. 이제 우리의 차례입니다.

'군함도에 귀를 기울이면' 우리의 미래가 보이지 않을까요?

2017년 5월 19일

류승완 (영화 〈군함도〉 감독)

사진으로 보는 군함도

지옥섬, 군함도

조선인 숙소(오른쪽 지하)와
지옥계단

광원 숙소와 조선인 숙소 앞마당

조선인 숙소(양편)와 신사로 통하는 계단

60호 아파트와 놀이터

일본 최초(1916년)의 철근 콘크리트 아파트인 30호 아파트

60여 년 만에 찾은 군함도, 최장섭 씨(2011년 2월 10일)

군함도 모형앞에서 설명하는 최장섭 씨(왼쪽 끝, 2011년 2월 11일)

하시마 신사

하시마 탄광 전경

초·중학교 지하 기반

빨간 벽돌의 관리사무실과 저수탱크

나가사키 8 · 9 원폭 조선인 희생자 추도집회(2016년 8월 9일)

나가사키 8 · 9 원폭 조선인 희생자 추도집회(2010년 8월 9일)

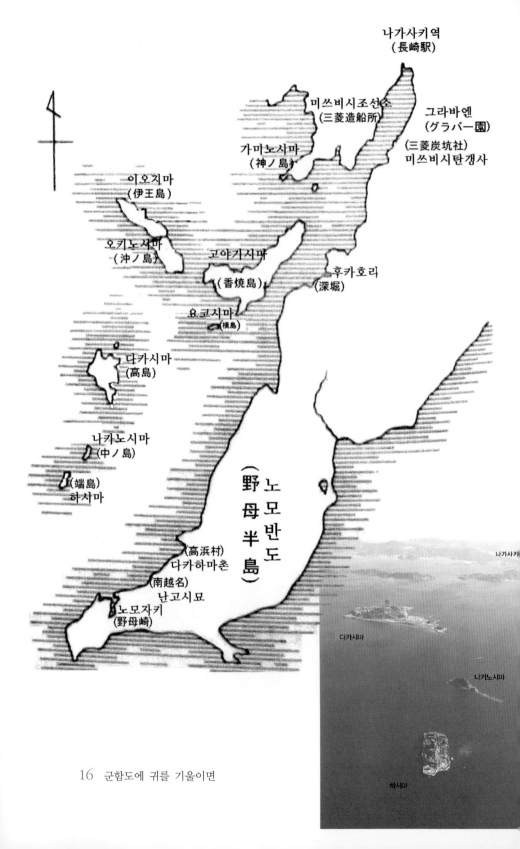

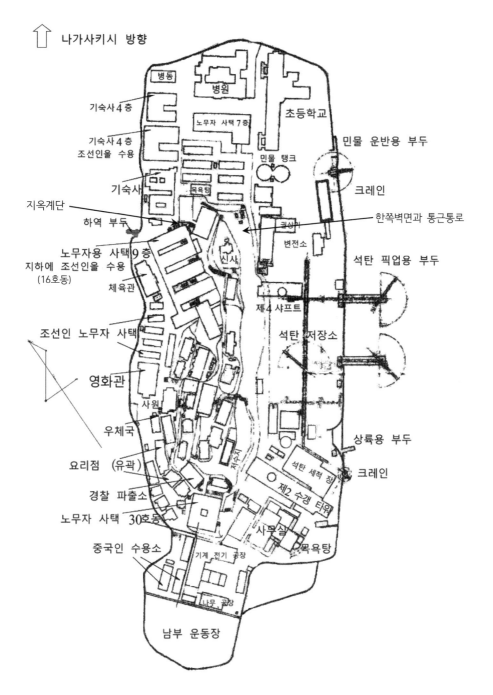

↑ 나가사키시 방향

병동
병원
초등학교
기숙사 4층
노무자 사택 7층
기숙사 4층
조선인을 수용
민물 운반용 부두
민물 탱크
크레인
기숙사
목욕탕
지옥계단
괘상가
한쪽벽면과 통근통로
하역 부두
신사
변전소
노무자용 사택 9층
지하에 조선인을 수용
(16호동)
체육관
석탄 픽업용 부두
제4 샤프트
조선인 노무자 사택
석탄 저장소
영화관
사원
우체국
상륙용 부두
요리점 (유곽)
저수지
석탄 세척 장
크레인
경찰 파출소
제2 수갱 타워
노무자 사택 30호동
사무실
중국인 수용소
기계 전기 공장
목욕탕
나무 공장
남부 운동장

건물 배치도 1945년 8월

▮ 일러두기 ▮

- 오카 마사하루의 주는 '注', 시바타 토시아키의 주는 '*', 역자의 주는 '※'로 표기한다.
- 하시마를 문장에 따라서 군함도로 표기한다.
- 화인을 문장에 따라서 중국인으로 표기한다.
- 한국에서 널리 알려진 '공양탑'은 다카시마의 천인총에 세워진 비석으로, 천인총을 문장에 따라서 공양탑이라고 표기한다.
- 연도는 서력을 기본으로 하여 표기하며 일본의 연호는 메이지(明治, 1868~1912), 다이쇼(大正, 1912~1926), 쇼와(昭和, 1926~1989)가 있다.
- 일본어 이름과 지명 등 고유명사는 국립국어원의 외래어표기법을 따르며, 중국어 이름과 지명 등은 한국식 한자독음 표기를 따른다.
- 일본어 원서의 한자 표기는 일본식 약자를 그대로 사용한다.
- 증언자의 나이는 증언한 날을 기준으로 만 나이로 표기하며 상세 주소는 삭제한다.
- 炭鑛, 炭坑, 鑛, 坑, 鑛夫, 坑夫 등의 표기는 원서를 따른다.
- 제7장에서 부표(附表)는 일본어 원서에서 인용하고 있지 않으므로 이 책에서도 생략한다.

▌ 목 차 ▌

『군함도에 귀를 기울이면』 추천사 __ 5

사진으로 보는 군함도 __ 7

일러두기 __ 18

간행에 즈음하여 __ 23

제1장 하시마(端島)의 역사와 조선인

제1절 하시마의 역사와 조선인 ································· 31

■ 하시마의 역사 ······································· 31

■ 서정우(徐正雨) 씨
   －열네 살에 '지옥섬'으로 연행되고, 나가사키에서 원폭을 ······ 36

■ 김선옥(金先玉) 씨
   －중노동과 굶주림의 나날, 도망쳤다간 반죽음 당해 ············ 46

제2절 한국 거주 생존자의 증언과 호소 ························· 52

■ 최장섭(崔璋燮) 씨
   －속여서 강제 연행하고, 내 인생을 망가뜨렸다 ··············· 52

■ 전영식(田永植) 씨 －세계유산이라니,
   일본인은 그 섬의 역사를 자랑할 수 있나 ··················· 61

■ 박준구(朴準球) 씨 −피폭지의 뒷정리 작업을 명령받고,

　　인간이나 말 사체를 많이 보았다 ················· 68

제3절 '역사스페셜−지옥의 땅·군함도'(KBS 제작 다큐멘터리) ············ 75

제4절 강제 연행·강제 노동을 고발한 선구적 기사 및 증언 ··············· 83

■ 패전 소식에 환호−차별받은 조선인·중국인 ···················· 83

■ 아! 군함도−탈주 미수자는 반죽음 당해 ····················· 85

■ 군함도의 생활환경 ····························· 87

■ 류희긍(劉喜亘) 씨

　　−군함도에서 탈출, 남태평양의 타라와 섬으로 ················ 88

제2장 소송 원고 중국인의 진술

■ 이경운(李慶雲) 씨

　　−노공의 목숨은 무시되고, 저항은 폭력으로 탄압되었다 ······· 97

■ 이지창(李之昌) 씨 −도착하기 전에도 심한 고문을 받고,

　　섬에서는 굶주리고 늘 두들겨 맞았다 ·················· 109

■ 왕수방(王樹芳) 씨 −일본과 미쓰비시는 아버지를 빼앗고,

　　한집안의 생활을 파괴한 보상을 하라 ················· 123

제3장 묻혀진 진실을 비춘 '하시마 자료'(하시마 조선인들의 사망실태) 분석

■ 조선인 부분 ······························· 132

■ 중국인 부분 ······························· 147

■ 일본인 부분 ······························· 149

제4장 하시마의 신음 소리 – 하시마(군함도) 탄갱과 조선인 노동자

- 역사 ·· 153
- 미쓰비시 광업의 노무자 관리 실태 ······························· 161
- 조선인 강제 노동의 실태 ·· 175
- 조선인 노무자에 대한 증언 ··· 180
- 증언 – '덕망 높은 사람'이
  무라사메마루(村雨丸)로 송환해 주었다 ······················ 189
- 일본의 축소판 하시마 ·· 196

제5장 하시마 건너편 육지 '난고시묘 무연고 해난 사망자의 비'
(南越名海難者無縁仏之碑)

- 발단 ·· 205
- 증언 – 하시마에서 바다를 헤엄쳐 탈출,
  익사한 조선인 탄갱 노무자들 ······························· 207
- 원한의 바다 – 노모자키정(野母崎町) 난고시묘
  '조선인 익사체' 발굴 경과보고 ······························· 209

제6장 미쓰비시여, 공양탑에 갇힌 조선인 노무자의 유골을 돌려다오!

- (주)미쓰비시 머티리얼에 유골 반환을 요구하다 ············· 225
- 이완옥 씨에 관한 증언 ·· 232

제7장 미쓰비시 다카시마 광업소 하시마갱 '화인노무자 조사보고서'의 기만

- 머리말 ·· 239
- 진실의 은폐와 기만을 허락하지 않겠다.
  녹슨 톱니바퀴를 돌리자 ·· 242

부록

1. 한국인, 중국인에 대한 보도기사 ················ 293

2. 군함도 상륙 해금을 보도한 기사 ················ 311

3. 최장섭(崔璋燮) 씨 관련 보도기사 ················ 313

4. 나가사키 군함도 한국인 강제 동원·강제 노동
   증언집회를 준비하며 ················ 316

보론| 침몰! 군함도. 세계문화유산화의 말로 __ 325

■ 시작은 폐허 붐 — 세계유산화의 경위 ················ 326

■ 메이지 영광론이라는 허구 ················ 328

■ 군함의 모습을 버린 군함도
  — 세계유산은 호안(護岸)벽의 일부일 뿐 ················ 337

■ 허물어져 가는 '군함도 스토리' ················ 340

후기 __ 345

한국어판의 발행에 부치는 저자 후기 — 보론을 겸하여 __ 347

역자 후기 __ 353

'군함도(軍艦島)'라는 별명을 가진 섬 하시마(端島)에 상륙 금지가 풀린 것은 지금으로부터 2년 전인 2009년 4월 22일이다. 상륙 금지가 풀렸다고는 하지만 섬 안을 자유롭게 이동할 수 있는 것은 아니다. 방문객은 가이드의 안내를 따라 섬의 극히 일부로 제한된 견학코스만 둘러볼 수 있다. 그럼에도 불구하고 하시마 상륙이 공식적으로 해금된 이래로 연간 약 6만 명의 관광객이 이곳을 방문했다고 한다. 하시마 탄광의 폐광(1974년 1월)으로 인해 덧없이 무인도가 된 후, 일본 최초를 자랑하는 하시마의 철근 고층 아파트군도 30여 년의 풍화를 거쳐 폐허가 되었는데, 그 기묘한 광경이 오히려 사람들을 매료시키는 것이리라. 그 '매력'은 아마도 석탄 산업이 번창하던 시절에 대한 노스탤지어와 더불어, 전후의 고도경제성장기에 대한 향수이기도 할 것이다. 이는 '폐허 붐'이라고도 평할 만한 근거가 된다. 또 군함도가 '규슈·야마구치의 근대화 산업유산군'(九州·山口の近代化産業遺産群)의 하나로서 세계유산 잠정리스트에 기재(2009년 1월)된 것도 그러한 향수를 품은 사람들을 불러들이는 계기가 되었다.

무인도로서 위험하다는 이유로 상륙이 금지된 채 버려져 있던 하시마가 다시 각광을 받게 된 것은 군함을 닮은 쓸쓸한 잔영 그 자체가 한 번 정도 볼 만한 가치가 있다는 회고현상으로서도 주목할 만하다.

그러나 이 섬을 단순한 노스탤지어나 개발과 소비 일변도의 시류에 대한 경고로서만 바라보는 것은 너무도 일면적인 시선이며, 섬에 깃든 또 다른 역사의 일부분을 여전히 버려둔 채 방치하는 것임을 깨닫기 바란다.

'나가사키 재일조선인의 인권을 지키는 모임'(長崎在日朝鮮人の人権を守る会)은 1981년, 오카 마사하루(岡正治) 대표를 선두로 하여 조선인 피폭자 실태조사를 개시했고 이듬해 『원폭과 조선인(原爆と朝鮮人)』 제1집을 간행하였다. 『조선인 피폭자―나가사키로부터의 증언(朝鮮人被爆者―ナガサキからの証言)』(사회평론사, 1989)은 이 제1집을 바탕으로 펴낸 책이다. 1년에 걸친 실태조사는 조선인 피폭자가 원폭의 희생자라는 사실뿐 아니라 일본의 조선침략의 희생자라는 점을 명확히 하였다. 따라서 뒤이은 조사는 필연적으로 강제 연행, 강제 노동의 실태조사로 향하게 되었고, 하시마를 포함한 섬들, 나아가서 나가사키현(長崎県)과 사가현(佐賀県) 전역으로 조사범위를 넓혀 그 조사 결과를 『원폭과 조선인』 제2집~제6집에 수록하게 되었다.

하시마는 우리의 광범한 실태조사 중에서도 매우 중요한 위치를 차지하며, 그 전체를 상징한다 해도 과언이 아니다. 특히 열네 살에 하시마로 강제 연행 되었다가 미쓰비시 나가사키 조선소로 배치 이동된 와중에 원폭 피폭을 당한 서정우 씨의 증언은, 강제 노동과 피폭의 실상을 연속적으로 밝히는 내용으로서 버릴 것이 없는 증언이다.(『원폭과 조선인』 제2집, pp.69~77 참고) 그리고 조선인 피폭자에 관한 최초의 다큐멘터리 〈세계의 사람들에게(世界の人へ)〉(모리 젠키치 감독, 1981)에 출연해 하시마의 방파제 위에 서서 한국 쪽을 향해 절규하던 그의 모습도 잊을 수가 없다. 오카 마사하루 선생님의 사상과 실천의 성과로서, 1925년부터 1945년까지 20년 동안 하시마에서 사망한 이들에 대해 기록한 '화장매장인허증'(火葬埋葬認許証)도 발굴되어, 조선인과 중국인의 사망률이 일본인보다도 높다는 사실이 증명되었다. 사인(死因)도 가슴 아픈 것이 많았고, 사자들의 원통한 신음소리가 들려오는 것 같았다. 미쓰비시(三菱) 다카시마 광업소(高島鑛業所) 하시마갱(端島坑)이 외무성에 제출한 '화인노무자 조사보고서'(華人労務者調査報告書, 1946년 3월)가 발굴되어 강제 연행된 중국인 204명의 이름이 밝혀지기도 했다. 이 보고서에 기재된 사항 전부를『녹슨 톱니바퀴를 돌리자(さびついた歯車を回そう)』(1994)에 수록하여 공표했고, 여기에 상세한 분석과 검토를 덧붙였다. 이 보고서는 나가사키의 중국인 강제 연행 재판(2003~2009년)에서도 귀중한 증거자료로 사용되었는데, 원고들의 지적과 증언을 통해 다양한 각도에서 진위 검증이 더해졌다. 우리의 조사 연구 과정에서 이만큼 많은 증언과 1차 자료를 얻을 수 있었던 곳은 하시마가 유일하다.

배 위에서 본 군함도의 전경(2005년 5월 25일)

하시마는 번영 끝에 폐허가 된 무인도로서, 또 강제 연행과 강제 노동의 역사가 응축된 탄광섬으로서, 일찍이 국내외 연구자나 언론인들도 주목한 바 있는데 상륙이 해금되자 한층 관심을 끌게 되었다. 이에 호응하여 더 광범하게 많은 사람들의 관심을 모으게 된 것이 사실이다. '하시마, 군함도의 역사를 생각하는' 시민집회가 열린다든지, 소설 『까마귀(軍艦島)』(한수산)의 일본어 번역 출판(2009년)이 특집 보도된 것도 최근의 일이다. 한국방송 KBS가 우리와 하시마를 현지 취재하여 2010년 8월 7일 〈역사 스페셜 – 지옥의 땅, 군함도〉를 방송한 것도 이러한 흐름에 부합하는 것이었다. 이 KBS 특별 프로그램은 한국에 거주하는 생존자 두 명의 박진감 있는 증언을 상세히 담고 있어, 당시 하시마의 어두운 역사에 초점을 둔 출판을 계획하고 있던 우리에게 강렬한 충격을 주었다. 그래서 우리는 KBS의 협력을 얻어 그 두 명의 생존자로부터 직접 증언을 듣기로 결심하고 다행히 이를 실현했다. 동시에 한국 국무총리 소속 기관인 '대일 항쟁기 강제동원 피해 조사 및 국외 강제동원 희생자 등 지원위원회'를 방문하여 또 다른 생존자 한 명의 증언도 추가로 얻을 수가 있었다. 이 세 사람 가운데 최장섭 (崔璋燮) 씨는 곧 하시마를 다시 방문하였고, 나가사키 시민들이 모인 자리에서 하시마 강제 동원의 체험에 관하여 증언해줄 것을 부탁했는데 흔쾌히 수락해주어 증언집회까지 개최하였다.

이 책은 『원폭과 조선인』을 비롯하여 우리가 지금까지 간행해 온 서적 중에서 하시마에 관한 부분을 추려내 한권으로 모은 것인데, 인용·참고한 부분을 상세히 재점검하여 수록함은 물론, 새로운 사실을 포함해 위에서 언급한 생존자들의 증언을 큰 수확물로서 덧붙였다.

하시마의 역사에서 강제 연행과 강제 노동의 사실을 지울 수는 없다. 우리는 군함도의 세계유산 등재에 반대하는 것은 아니지만, 전쟁 중의 참혹한 역사를 은폐한 채로 세계유산으로 만들고자 하는 풍조를 용인할 수는 없다. '근대화 산업유산'이라고 할 때, 일본의 근대화가 곧 침략의 역사와 한 덩어리임을 잊어서는 안 된다. 하시마는 바로 근대 일본의 침략의 역사의 축소판이라고 해도 과언이 아닌 섬이다. 따라서 독일의 아우슈비츠가 그러하듯이, 역사의 어두운 부분까지도 교훈으로서 보편적 가치로 삼고자 하는 올바른 역사인식을 바탕으로 하지 않는 한 하시마를 세계유산으로 등록하는 것은 있을 수 없는 일이다. 일면적인 접근법으로는 인류 공통의 유산이 될 수 없기 때문이다. 한국에 있는 생존자들이 "우리의 역사를 말살하는 것은 용납할 수 없다"며 일본의 독선적 주장을 엄히 비판한 것은 두 말 할 필요도 없다. 지금 우리에게 요구되는 것은 이러한 비판의 목소리를 무겁게 받아들여, 역사의 명암을 직시하는 방식으로 하시마를 세계유산에 등록함으로써 한일의 역사를 극복하고 우호의 길잡이로 만들어가야 한다는 한국 내의 제언에 귀를 기울이는 일일 것이다.

군함도에 상륙해봤더니 안내인이 강제 연행, 강제 노동의 역사를 일절 언급하지 않는 데 대해 기이함을 느끼고 이를 신문에 투고하는 경우도 드물지 않다. 그러한 양식 있는 사람들의 손에 이 책이 다다를 것을 간절히 소망한다.

2011년
나가사키 재일조선인의 인권을 지키는 모임

제1장

하시마(端島)의 역사와 조선인

제1절 하시마의 역사와 조선인

하시마의 역사

다카시마(高島)에서 서남쪽으로 사납게 놀치는 성난 파도를 넘어 손 내밀면 닿을 듯한 지척에 섬 전체가 빌딩으로 이루어진 기묘한 곳, 일명 '군함도'(軍艦島)라 불리는 무인의 섬 하시마(端島)가 펼쳐진다.

하시마는 면적 0.1㎢, 둘레 1.2km, 동서 0.16km, 남북 0.48km의 작은 섬이다. 해발 고도 최고 40m 정도로 고제삼기층(古第三紀層)의 암초지로 이루어진 이 섬은 높이 10m 남짓 되는 강고한 방파제에 둘러싸여 있다. 섬의 전체적인 모습이 옛적의 전함 '도사(土佐)'를 닮았다 하여 군함도라고 불린다. 행정적으로는 다카시마정(高島町)에 속하지만(*행정구역 합병으로, 2005년 1월 이후 나가사키시(長崎市)에 소속됨), 그 다카시마에서 해상 약 5km, 동쪽의 노모자키정(野母崎町) 다카하마(高浜)에서는 해상 약 4km 떨어진 거리에 위치하고 있다.

하시마 탄갱(炭坑)의 연혁에 따르면 발견 연대는 불명확하지만, 1883년 후카호리(深堀)의 영주 나베시마(鍋島)씨가 제1수직갱도(第1 竪坑, 이미 폐갱됨)의 개착(開鑿) 창업에 착수하였다.

하시마에서 석탄을 발견한 것은 다카시마 탄갱보다도 약 90년 늦은 1810년경이었다고 한다. 1870년경부터 노출탄을 대상으로 채굴이 시작되었고, 1883년에 사가번(佐賀藩) 후카호리(深堀)의 영주 나베시마 마고로쿠로(鍋島孫六郎)가 그것을 소유하여 근대적 채굴 사업에 착수했다. 인근한 섬 다카시마에서는 1868년에 사가 번주 나베시마 칸소(鍋島閑叟)와 영국인 토머스 블레이크 글러버(Thomas Blake Glover)의 공동사업으로 일본 최초의 양식 채탄 사업이 시작되었는데, 하시마의 개발은 그 연장선상에 있던 것이다.

미쓰비시사(三菱社)의 이와사키 야타로(岩崎弥太郎)는 1881년에 다카시마 탄갱을 사들였고, 1890년 9월 11일에는 하시마를 10만 엔에 매입했다. 1895년, 미쓰비시는 하시마 심층부 개발에 착수하는데, 당시로서는 경이적인 깊이인 199m의 제2수직갱도 개착에 성공했다. 1898년에는 제3수직갱도가 완성되었다.(1949년 시점에 이미 폐갱되어 있었다)

1925년에는 제4수직갱도가 완성되었다.(354m) 그리고 1936년 제2수직갱도를 개수하는 굴착 공사가 완성되었다.(616m)

섬의 동쪽과 남쪽 매립지는 제2, 제3수직갱도를 중심으로 하여 주로 기업의 사업용지로 쓰이고, 북부는 주택과 복리 후생 시설 지구로 구성되어 있다. 이제 하시마는 메이지(明治 1868~1912) 이후, 무인도에 불과하던 당시와 비교할 때 약 2.8배의 크기로 확장되었다.

이윽고 다이쇼(大正 1912~1926), 쇼와(昭和 1926~1989)로 이어지는 일본의 근대화를 따라 증대하는 석탄 수요에 부응하기 위해, 하시마 탄갱은 근대적 채탄기계를 도입하여 증산에 임했다. 탄질은 강점결탄(强粘結炭)으로서 이는 양질의 원료탄이었다.

섬 안에 거주하는 노동자 수는 채탄 사업의 확대와 더불어 증가 일로를 향해 갔다. 섬 안 거주 인구는 메이지 시대에 이미 2,700~2,800명에 달했고, 그 후 최전성기인 1945년에는 5,300명으로 늘었다.(폐광 직전인 1973년 12월에도 인구는 2,200명이나 되었다)

그리고 그 상태로 1945년 패전을 맞이하게 된다.

1953년 9월에는 정촌합병촉진법(町村合倂促進法)이 제정되어 나가사키현(長崎県)의 현정촌합병촉진심의회가 적극적인 활동을 펼쳐, 다카시마정은 당시 다카하마촌(高浜村, 현재의 노모자키정, *노모자키정도 2005년 1월, 나가사키시와 합병)에 속해 있던는 하시마를 합병하고자 하였다. 이는 다카시마, 하시마 모두 미쓰비시 광업소(三菱鑛業所)의 조업상 편의를 위해 추진되었지만, 다카하마촌은 석탄의 보고이자 달러 박스인 하시마를 그대로 포기할 수 없어 맹렬히 반대했다. 이 대립을 둘러싸고 100회 이상의 합병협의회가 개최되었는데, 최종적으로는 하시마를 다카시마정에 병합하는 형태로 결론이 났다. 1955년 4월 1일에 다카하마촌 하시마는 다카시마정 하시마로 편입되었고, 합계 면적 1.24㎢, 당시 인구 1만 6,904명이라는 일본 제일의 인구밀도 지역 다카시마정이 탄생하였다.

노모자키정 산 위에서 본 하시마, 나카노시마, 다카시마.
멀리 오른쪽이 나가사키 시내(2007년 8월 15일)

그러나 1955년을 정점으로 하여 석탄 업계는 만성적인 불황에 빠졌다. 종래 석탄을 대량으로 소비했던 전력회사가 연료를 석탄에서 석유로 전환한 이른바 에너지혁명이 일어났다. 이 석탄 산업 불황의 파도는 1974년 1월 15일 하시마광(端島礦)의 폐광이라는 형태로 들이닥쳤다. 하시마광의 폐광과 종업원 주택의 무인화는 다카시마정 주민들을 비통에 빠뜨렸다. 곧이어 하시마광의 종업원들은 사방으로 흩어졌고, 현재 하시마는 완전히 무인도가 되었다. 나가사키시 오하토(大波止) 부두에서 출발해 하시마까지 하루 3번 왕복하는 선편으로 유가오마루(夕顔丸)가 오랫동안 사랑받아 왔고―그것도 바다가 조금 거칠어지면 결항했다―, 그것이 하시마로 향하는 긴 역사를 말해주었지만, 1974년 폐갱 이후에는 다카하마의 노노쿠시항(野々串港)에서 이따금 낚시꾼을 위해 출항하는 작은 배만이 유일한 교통수단이 되어 버렸다.

하시마의 명물은 누가 뭐라 해도 섬 전체에 빽빽하게 늘어선 7층과 9층 그리고 10층짜리 건물일 것이다. 일찍이 쇼치쿠(松竹) 영화사의 〈초록 없는 섬(綠なき島)〉에서 소개되어 유명해진 이 섬은 글자 그대로 초록이 없는 군함섬이다. '하시마의 명물, 여러 가지 있사오니'(端島の名物, 数々ござる)라는 노래의 1절 가사에 "하시마의 명물 여러 가지 있사오니, 구층 사택(社宅)에는 검은 다이아몬드, 삼층에는 시원한 바다 폭포"라는 구절이 있는데, 한 번씩 바다가 거칠어지면 성난 파도가 안벽(岸壁)에 부셔져, 일순간에 섬이 보이지 않게 될 정도라고 한다. 시원하다고 할 일이 아니다. 양동이로 물을 뒤집어쓴 것처럼 바닷물이 9층 건물을 철썩거리며 두드려댄다는 말이 결코 과장된 표현이 아니라는 것은 현지에 가본 사람이면 누구나 통감한다. 노동자의 주거지는 당초에는 목조 3~4층 건물의 헛간이었다가, 이후에 철근 콘크

하시마의 옛날 사택

리트로 세워진 중고층 주택으로 바뀌고, 7층 건물, 9층 건물 등이 연이어 증축, 신축되었다. 이들 주택의 하층 부분은 거의 빛이 들지 않고 습도가 몹시 높아 거주성은 최악이었다. 상층부분이나 섬의 중앙 고지대 부분에 선 주택은 조망이나 일조가 양호하여 거주성이 뛰어났다.

따라서 높은 부분은 직원층, 낮은 부분은 광부층, 최하층에는 하청 노동자층과 조선인·중국인 노동자들을 거주시켰다.(*중국인은 철조망으로 둘러싸인 목조 2층 건물의 수용숙사에 감금되어 있었던 것이 후에 판명됨)

이 하시마에 있던 조선인·중국인 노동자들의 생활은 감옥 생활과 같아 '지옥섬'으로 불렸다는 사실이 조선인 노동자 및 관계자들의 증언으로 밝혀졌다.

하시마의 혹독한 강제 연행과 강제 노동에 대해 증언해주는 이는 많지 않았지만, 노예노동을 체험한 증인이 지금도 각지에 많이 남아서 과거에 받았던 학대와 슬픔, 한, 고통을 가슴에 품고서 힘든 삶을 살고 계실 것이다. 우리와 함께 하시마를 방문한 서정우(徐正雨) 씨의 증언은 깊은 감동을 주며, 지금은 완전히 무너져 변해버린 폐허의 '현장'은 일본의 아시아 침략의 역사를 말없이 고백한다.

서정우(徐正雨) 씨
열네 살에 '지옥섬'으로 연행되고, 나가사키에서 원폭을

서정우 54세(*2001년 8월 2일 서거)
1928년 10월 2일 출생
나가사키시 미도리가오카정(綠が丘町)
증언한 날 1983년 7월 3일, 동년 7월 9일(하시마에서)

저는 경상남도 의령군 의령면에서 소농 집안의 장남으로 태어났습니다. 1932년인가 1933년 무렵에 부모님이 저를 남겨두고 나고야(名古屋)로 떠났기 때문에 할아버지가 저를 길러 주셨습니다. 할아버지는 학식이 있는 사람으로, 가정교사처럼 저에게 공부를 가르쳐 주셨습니다. 재산이 있었지만, 큰아버지, 그러니까 아버지의 형이 무위도식하며 낭비하는 생활을 한 탓에 재산을 날려버려서 할아버지는 제가 일고여덟 살 될 적에 낙담하시고는 세상을 떠나셨습니다. 할아버지가 돌아가신 후로는 작은할아버지가 저를 맡아 주셨는데, 저는 매일같이 허드렛일을 하며 보내야 했습니다. 산에 장작을 주우러 가기도 하고, 아침마다 소를 끌고 집을 나서면 점심은 먹지 못하고 저녁에야 돌아왔습니다. 소에게 여물로 줄 풀 베는 일도 열 살이 안 된 소년에게는 힘든 일이었습니다. 쌀은 공출 또 공출로 뺏기고 조선과 일본의 경찰이 결탁해 엄중하게 감시를 한 탓에 맛있기로 유명한 그 조선 쌀은 모두 공출되고 저희는 보리나 메밀가루만 먹어야 했습니다. 비행기 기름으로 쓴다고 해서 송진도 모아야 했습니다. 집집마다 할당량이 있었기 때문에 열심히 소나무를 파서 모았습니다.

작은할아버지는 몸이 약하셔서 일을 제대로 할 수 없었기 때문에 제가 성장함에 따라 저를 의지하셨습니다. 제가 열일곱이 되면 결혼을 시키겠다고 하셨습니다. 그렇지만 잊지도 못합니다. 열네 살 때입니다. 면에서 징용 쪽지가 날아와 저는 일본으로 연행되어 왔습니다. 징용이라고는 해도 갑작스럽고 강제적이고, 손에 잡히는 대로 끌고 가는 강제 연행과 똑같습니다. 잘 아시지요? 열 네 살이면 지금의 중학교 2학년이에요. 작은할아버지는 집안에 일손이 없어진다며 강하게 반대했지만 상대는 묻고 말고도 없었습니다. 우리 면에서는 2명이 강제적으로 트럭에 실려 시청에 도착하니, 열네다섯 살부터 스무 살 정도 되는 청년들이 몇 천 명이나 모여 있었습니다. 여관에서 1박하고, 다음날 아침 트럭이 몇 대나 줄지어서, 나가사키에서 이사하야(諫早) 정도의 거리를 달렸고, 거기서부터는 기차로 부산으로 이동하고 다시 연락선으로 시모노세키(下関)까지 이동했습니다. 나가사키에는 야간 열차로 아침에 도착했습니다만, 여기에 끌려온 사람은 300명 정도였고 그 전원이 오하토(大波止)에서 종착지인 하시마로 이동했습니다.

저는 나고야에 계신 부모님뿐 아니라 사세보(佐世保)에도 친척이 있었기 때문에, 일본 어디로 가든지 기회를 엿봐 도망칠 생각이었습니다. 그렇지만 하시마에 닿자마자 모든 희망을 잃었습니다.

보시는 대로 섬은 높은 콘크리트 절벽으로 둘러싸여 있습니다. 보

현재의 오하토터미널(2006년 1월 24일)

이는 것은 바다, 온통 바다뿐입니다. 이런 작은 섬에 9층으로 지어진 고층빌딩이 북적거리고 있습니다. 놀랐습니다. 여기는 갱구(坑口)와는 반대 방향인 섬의 끄트머리인데, 이런 고층 아파트는 당시부터 있었습니다. 우리 조선인은 이 모퉁이 구석 2층 건물과 4층 건물에서 지냈습니다. 한 사람이 다다미 한 장 넓이도 차지할 수 없는 좁은 방에 일고여덟 명이 함께 들어가 있었습니다. 겉은 모르타르나 철근으로 되어 있지만 속은 너덜너덜했습니다. 제가 들어간 곳은 여기입니다. 방 번호 B102, 바로 이 방입니다. 전쟁이 끝난 후에는 탄갱 진료소의 병실로 바뀐 거죠. 그것도 지금은 폐허가 되었지만……. 저는 쌀자루 같은 옷을 받아 입고 도착한 다음날부터 일을 해야 했습니다. 일본도를 찬 사람이며 안 찬 사람이며 이 사람 저 사람이 이렇게 하라, 저렇게

하시마 병원과 제방 담벼락
(2016년 2월 27일)

하시마 병원 검사실로
소변을 채취하던 병이 보인다
(2008년 1월 1일)

하라며 명령을 했습니다.

이 바다 밑이 탄갱입니다. 엘리베이터를 타고 수직갱도 속 깊은 곳으로 내려가면 아래쪽은 석탄이 착착 운반되어 넓지만, 굴착장으로 가면 엎드려서 파낼 수밖에 없는 좁은 곳으로, 덥고 고통스럽고 피로한 나머지 졸음이 오고, 가스도 쌓이고 해서……. 게다가 한편에서는 낙반의 위험도 있어서 이대로는 살아서 돌아갈 수 없을 거라 생각했습니다. 낙반으로 한 달에 네다섯 명은 죽었을 겁니다. 지금처럼 안전을 중시하는 탄갱이 전혀 아니었습니다. 죽은 사람은 하시마 옆의 나카노시마(中ノ島)에서 화장을 했습니다. 지금도 그때의 가마가 남아있을 겁니다. 이런 중노동에, 식사는 콩깻묵 80%, 현미 20%로 된 밥과 정어리를 덩어리째 삶아 부순 것이 반찬이고, 저는 매일같이 설사를 해서 무척 쇠약해졌습니다. 그래도 일을 쉬려고 하면 감독이 와서, 왜, 거기 진료소가 당시는 관리사무소였는데 거기로 끌고 가 때렸습니다. 아무리 아파도 "네, 일하러 가겠습니다" 하고 말할 때까지 구타를 당

했습니다. "마음대로는 못 한다"는 말을 몇 번이나 들었을까요. 하시마의 길은 이 외길뿐입니다. 이 외길을 매일 지나면서, 제방 위에서 멀리 고향 조선쪽을 바라보며 몇 번이나 바닷물에 뛰어들어 죽으려고 했는지 모릅니다. 어떻습니까, 이 하얗게 부서지는 파도, 그때랑 조금도 다르지 않습니다. 동료들 가운데 자살한 사람이나 다카하마로 헤엄쳐 도망가려다 익사해 죽은 사람 등이 사오십 명은 됩니다. 저는 수영을 못합니다. 그러나 뭔가 운이 있었던 게지요. 5개월 후에 나가사키시에 있는 미쓰비시의 사이와이정(幸町) 숙사로 이동하도록 명령을 받아, 저는 섬을 빠져나올 수 있었습니다. 그대로 남아 있었다면 정말로 살아있지 못했을 거라고 생각합니다. 섬에 있던 동포의 수는 우리보다 먼저 200명 정도 있었으니 합계 오륙백 명이었을 겁니다. 위아래 각각 다섯 개의 방으로 이루어진 2층 건물 한 동과 각층에 5, 6개의 방이 있는 4층 건물 네 동에 꽉꽉 채워져 지냈습니다. 그 동포들을 생각하면 언제나 가슴이 조여 옵니다. 하시마를 군함도라는 둥 부르는데, 제 입장에서 보면 그곳은 결코 도망칠 수 없는 감옥섬이었습니다.

육지인 나가사키로 온 저는 이번에야말로 도망칠 수 있을 거라고 생각하고 기뻐서 어쩔 줄 몰랐습니다. 제가 맡은 일은 가시메(※기구 등의 이음매를 공구로 단단히 죄는 일)를 치는 중노동이었지만, 식사는 하시마와는 완전히 딴판이었습니다. 흰쌀밥에 말고기, 고래고기까지 나왔습니다. 하지만 아침 7시 반경에 일렬로 줄 세워서 사이와이정 숙사에서부터 조선소로 향하는 도중에는 앞뒤 좌우로 헌병이 따라붙어, 대열을 벗어나면 가차 없이 발길질을 했습니다. 게다가 담으로 둘러싸인 숙사에도 감시하는 사람이 빙빙 돌고 있으니 도저히 도망칠 수 있는 상태가 아니었습니다. 그 점을 제외하고는 옆의 벽돌 만드는 숙사에

는 외국인 포로가 있어서 말이 통하지 않으니 이야기를 나누지는 못했어도 어쩐지 마음이 통하는 것이 있기도 하고, 동료들도 대체로 저와 같은 또래쯤으로, 직접 꽃다발을 만들어 주기도 하고 목욕탕에서 소동도 부리며 즐거운 일도 있었습니다. 우리는 목욕탕 당번이나 식사 당번을 정해서 서로 도왔습니다. 지금도 자주 떠올립니다. 그렇지만 가시메 치는 일은 정말로 힘들었습니다. 겨울은 그럭저럭 버틸 만했지만, 여름에는 불을 사용하기 때문에 정말 못할 일입니다. 동료 중에는 결국 식욕이 없어지고 쇠약해져 영양실조로 다케노쿠보(竹の久保)병원에 입원하는 사람이나 거기서 사망한 사람도 많이 있었습니다. 아마 80명 정도는 입원했을 겁니다. 쉬는 시간에는 언덕 위에서 체조를 했는데 NHK의 체조 같은 것으로, 잘 못하면 또 두들겨 맞고 발로 채였습니다. 일은 힘들고, 젊을 때니깐 잠자고 싶다는 생각뿐이었지만, 점차 공습이 격해지고 소이탄(燒夷彈), 사이렌으로 그때마다 방공호에 들어갔다가 나오고. 그렇지 않아도 졸린데 자꾸 두드려 깨워대니 화가 났습니다. 도망치자, 도망치자고 계속 생각해도 이루지 못하던 사이에 결국 8월 9일을 맞이했습니다. 아버지는 마흔아홉 살에 돌아가셨습니다만, 당시 딱 한 번 저 있는 숙사로 찾아와 주었는데, 그때 만약 도망칠 수 있으면 우선 사세보의 친척한테 가 있다가 거기서 나고야로 오라고 이야기를 한 적이 있습니다.

그날, 8월 9일, 저는 운 좋게 출근하는 날이라 아쿠노우라(飽の浦)의 조선소에서 피폭을 당했습니다. 만일 교대한다고 숙사 안에 있었으면 당연히 원자폭탄에 죽었을 겁니다. 300명 가운데 100명은 교대로 쉬고 있었으니까요. 커다란 비행기 B29가 날아와서, 번쩍 빛이 나는가 했더니 엄청난 폭음이 들렸습니다. 저는 엄지발가락에 철판이 날아와 떨어져 부상을 당했습니다. 나중에 수술을 했지만 지금도 흉터가 남아

있습니다. 유리가 깨지고 막사가 무너지고, 여기저기서 불길이 번져 연기가 피어올랐습니다. 남은 것은 튼튼한 집뿐입니다. 우리는 강제 연행자가 들어가 있던 기바치료(木鉢寮)로 이동하라고 해서 거기서 사나흘을 머물렀습니다. 그러고 나서, 오하시(大橋), 스미요시(住吉) 방면의 도로 정비를 명받아, 보기에도 처참한 시신이나 기왓장 등 엉망진창이 된 도시의 잡동사니를 정리하는 일을 맡았습니다. 자세히 보지 않으면, 개인지 돼지인지 말인지 분간할 수 없을 정도로 형체가 훼손되어 있었습니다. 도시에는 연기가 피어오르고, 사람이나 동물의 사체 냄새가 가득했습니다. 불타서 허물어지는 전차 안에는 완전히 타버린 사체가 뒹굴었습니다.

8월 15일, 천황의 방송이 있었고 우리는 간신히 자유의 몸이 되었습니다. 동료들은 하나 둘 배로 귀국하였습니다. 저에게도 함바(飯場) 우두머리를 맡고 있던 남(南) 씨라는 사람이 말을 걸어 왔지만, 작은 할아버지도 돌아가셨고 부모님은 나고야에 계셨기 때문에 거절했습니다. 다리 밑에서 자기도 하고, 3, 4일 동안 굶을 때도 있었지만, 그러는 사이 토목 공사의 함바를 가지고 있던 야스다(安田)라는 동포 밑에서 일하게 되었습니다. 그 사람도 2년 전에 귀국해서 지금은 일본에 없습니다. 야스다 씨의 부인은 일본인이었습니다. 쇼와 22, 23년(1947, 1948년)에는 하마노마치(浜の町)에 있던 암시장에서 일본인이 가지고 온 것을 팔기도 하면서 생활을 꾸렸습니다. 그 당시엔 의지할 곳이 없는 제대 군인들이 거리를 어슬렁거리고, 온통 백수들 천지였습니다. 비행복이나 군화도 자주 팔러 내놓았습니다. 그 후로 포장마차를 한 대 운영해서 밑천을 만들어 고쿠라(小倉)로 가서 양복점을 개점하기도 했지만, 고용한 일본인 점원한테 사기를 당해 무일푼 신세로 나가사키로 돌아와, 그물 치는 데서 일하는 마스모토(桝本) 씨, 본명은 박(朴)

가인가 이(李)가라고 생각되는데, 그에게 신세를 졌습니다.

제가 지금 같은 몸이 된 것은 탄갱, 조선소에서의 강제 노동, 그리고 원폭에 당했기 때문입니다만, 마스모토 씨를 떠나 혼카와치(本川内)의 야스다 씨 집에 있을 때, 기침을 하다 세면기의 절반을 채울 정도로 다량의 피를 토하였습니다. 그것이 최초의 객혈입니다. 저는 고생도 할 만큼 해봤고, 특히 저 하시마에서 보낸 날들을 생각하면 사소한 괴로움은 참을 수 있는 인간입니다. 하지만 객혈만큼 괴로운 것은 없습니다. 야스다 씨의 부인이 병원에 가보라고 하길래 싫다고 거절했더니, 아이들에게 옮기니 나가달라고 해서 어쩔 수 없이 지금의 신와(親和)은행 본점 자리에 있던 보건소에 가봤더니, 당장 입원을 하라고 해서 마치다(町田)병원에 입원하게 되었습니다. 이것이 입퇴원 반복의 시작입니다. 야스다 씨의 부인은 얇은 이불 한 채를 준비해주기도 했고, 담배를 사주기도 하고, 아이들을 업고 면회를 와주기도 했습니다. 물자가 없던 시기였던 만큼 지금도 그런 친절함은 잊을 수가 없습니다. 객혈은 반 년 만에 멎었습니다. 같이 입원했던 사람들은 모두 죽었습니다. 저는 생활보호를 받았는데 쌀 한 되에 150엔이던 시절에 월 1,200엔으로는 모자라서 고물상이나 바를 경영하고 있던 동포에게 아쉬운 소리를 해서 돈을 좀 얻어, 복지사무소에서 파견 나온 도우미 아줌마에게 주었습니다. 지금은 생활보호대상이 되면 최저생활은 가능합니다만 당시에는 무리였습니다.

그 후 31년간 저는 끝내 건강한 몸으로 회복되지 못해 오무라(大村), 아다코(愛宕), 도보(東望), 스미요시, 고에바루(小江原)로 요양소를 전전하다, 13년 전에 아침에 일어나면 베갯머리에 눈이 쌓인 것처럼 춥고 허술한 요양소를 도망 나와, 지금까지 통원 생활을 계속하고 있습니다. 모포 한 장만 두르고 지내는 추운 생활에, 산책을 좋아하는 저

에게 외출도 허락하지 않는 자유 없는 생활이라 어쩔 수 없이 도망을 친 것입니다. 어차피 입·퇴원으로 세월을 보내겠구나 하고 포기하고 있었지만, 병원에서 일본인 환자들이 차별을 하고 따돌리는 것은 참을 수가 없었습니다. 저도 지고만 있을 수 없어, "조센징이 잠꼬대를 한다"는 식의 말을 들으면, "사람은 누구나 말을 하고 산다. 그런데 왜 말하지 말라고 하나" 하고 항의했고, 때로는 치고 박으며 싸우는 일도 있었습니다. 병원 선생님이 말리러 들어와서 서 씨는 친절하고 성실한 사람이라며 일본인들에게 주의를 주면, 저들은 "조선인 편을 든다"고 선생님에게까지 달려들었습니다. 또 1년이나 누워 지내니, 운동 부족으로 인해 위궤양이 생겨 계속 부은 적도 있었습니다. 옛날부터 걷는 것을 좋아했던 저로서는 외출이 금지된 긴 입원생활에 심한 탈이 났습니다. 퇴원하고 다다미 넉 장 반의 셋방을 빌려 영양섭취도 제대로 못하는 생활을 하니, 또 상태가 악화되었습니다. 지금은 통원을 하고 있습니다만, 숨이 차다고 하면 의사는 "당신의 폐 상태로는 어쩔 수 없다. 무리하지 말고 조절하면서 살라"고 말할 뿐입니다. 선생님도 이렇게 말할 수밖에 없는 입장인지 모르지만요. 조선인 피폭자에 관해 다룬 기록영화 〈세계 사람들에게(世界の人へ)〉를 만든 모리 젠키치(盛善吉) 감독님과 함께 진료소에 갔을 때, 의사가 저의 폐를 찍은 엑스레이 사진을 보면서, "폐가 없다"고 말할 때마다 모리 감독님이 두 번, 세 번이나 뒤돌아 가만히 제 얼굴을 바라보던 게 기억납니다.

열일곱 살이 되면 결혼을 시켜주겠다던 작은할아버지의 말을 떠올리면서도, 저는 결혼에 대해서는 포기하고 있었습니다. 그러다 8년 전, 병원에서 서로 알고 지내던 일본인 여성과 결혼해 아이도 생겼습니다. 지금 겨우 초등학교 1학년인 쌍둥이입니다. 결혼이라고 말씀드리긴 했지만, 실은 호적상의 결혼은 하지 않았습니다. 아이들은 저를

"아버지, 아버지" 하며 따라주었지만, 호적은 집사람에게 올려둔 것입니다. 이유는 잘 아시겠죠? 학교에 가면, "조선인의 자식"이라고 따돌림 당할 게 분명합니다. 2세, 3세는 말투가 이상하지 않지만, 저처럼 열네 살까지 조선에서 자란 사람은 아무래도 말투가 어색합니다. 조선인이라는 사실을 들키면 집을 빌리는 데도 엄청 고생했습니다. 학교에서 따돌림이나 괴롭힘을 당해서 자살하는 아이들도 있지 않습니까. 저는 아이들에게 강해져라, 당하면 되갚아주라고 합니다. 일본인 중에는 저희 같은 사람의 입장을 잘 알고 이해하는 사람도 있다는 것도 알지만, 솔직히 말하면 보통의 일본인은 엄청 나쁜 사람들이에요. 이건 진짜에요. 저는 항상 들은 대로 응수해서 받아치지만, 이런 바보들하고 말을 해봤자 별 수 없다고 생각해 포기한 적도 있습니다. 혁신당이라고 해서 사람을 차별하지 않는 것도 아닙니다. "조선인은 자기 나라로 돌아가면 될 텐데. 일본에 있으면 민폐"라고 말하는 일본인을 옹호하며, 저를 폭력적으로 위압한 혁신당계 의원도 있습니다. 쓰디쓴 체험입니다. 제가 좋아서 일본에 온 것이 아닙니다. 석 달 후면 쉰다섯 살이 되는데, 결혼도 못하고 병도 못 고친다는 선언을 받고 결핵이라는 이유로 보건소가 귀찮게 하니, 초등학교 1학년인 아이들은 시설에 맡겨두고 있는 형편입니다. 하다못해 자주 면회를 갈 수 있는 곳이라면 좋겠는데, 중앙아동상담소에 상담을 해봐도 쌍둥이라서 안 된다고 말도 안 되는 소리를 하면서, 먼 시설에서 가까운 곳으로 옮겨주지 않습니다. 저로서는 "아빠가 만나러 와요"라고 하는 아이들의 말만이 위안이 됩니다.

차별에 대해서 많이 이야기했습니다만, 이런 것은 전부 일본 정부의 책임이라고 생각해요. 조선을 식민지로 만들고 우리를 강제 연행했지요. 게다가 원폭까지 맞게 한 과거를 반성하기는커녕, 그 사실을 잘 알고 있는 정부가, 행정이, 왜 앞장서서 일본인들에게 알리고, 차별을 없애도록 노력하지 않는 겁니까. 왜 가까이에 있는 조선 사람들에게 친절히 대하라고 지도하지 않는 겁니까. 저는 항의하고 싶은 심정으로 가득합니다. 아무 것도 해주지 않아도 된다, 그저 차별만은 그만두라고 외치고 싶은 겁니다. 관동대지진 때 돌았던 악질적인 소문이나 조선인 학살에 대해서도 얼마나 반성하고 있습니까?

일본은 세계 제2의 경제력을 가졌다고 하는데, 전후에는 일본도 얼마나 가난했습니까. 그럭저럭 평화로웠기 때문에 발전도 가능했다고 생각합니다. 전쟁이 나면, 일부는 돈을 벌더라도 모든 것이 끝장입니다. 지금은 슈퍼에 가면 뭐든지 다 있지요. 옛날에는 고구마밖에 없었습니다. 겨나 밀가루 같은 것 밖에……. 저는 건강이 많이 나쁘지만 차별 없는 세상, 평화로운 사회를 만들기 위해서 죽을 때까지 운동을 하고 싶습니다.

(『원폭과 조선인』 제2집, pp.69~77)

김선옥(金先玉) 씨
중노동과 굶주림의 나날, 도망쳤다간 반죽음 당해

김선옥 72세 남
1923년 4월 14일 출생
본적 충청북도 청천면 목동리
주소 한국 충청북도 충주시 용산동
증언한 날 1995년 5월 3일

하시마 신사(왼쪽 산 위)와 허물어지는 학교 체육관(2016년 2월 27일)

　저는 고향에서 농사를 짓고 있었습니다. 1941년 2월에 면사무소에서 징용영장이 나왔습니다. 청천(靑川)면에서는 네 사람이 갔습니다. 가까운 청암(靑岩)면에서는 다섯 사람이 갔고요. 청천면 네 사람 가운데 한 사람은 군대에 끌려가 죽었습니다. 남은 세 사람은 하시마 탄광으로 갔지요. 부산에 닿아서 40명 정도의 그룹으로 시모노세키행 연락선을 탔습니다. 부산에는 미쓰비시 회사 사람 셋이 우리를 데리러 와 있었는데 저희는 어디로 가는지도 몰랐습니다.

　시모노세키에 당도하자 곧 기차에 태워져 나가사키에 도착했습니다. 거기서 배를 타고 하시마로 끌려갔습니다. 어디로 끌려가는지도 몰랐는데, 끌려간 곳이 하시마였습니다.

　다카시마는 크지만 하시마는 작은 섬이었습니다. 정말로 놀랐습니다. 그때까지 농사짓던 사람한테 채탄부(採炭夫)를 시켰으니까요. 승강기를 타고 아래로 내려가 해저 터널에서 채탄 현장까지 갔습니다. 4년 동안이나 하시마에서 일했는데, 처음 2년은 채굴부(採掘夫), 나중 2년은 광차(鑛車) 운반이나 침목 작업을 했습니다. 대개는 2교대 근무로 1조는 아침 7시에 나가고, 2조는 오후 6시 반에 나갑니다. 노동은 혹독했습니다. 이런 식으로 몸을 굽혀 채굴 일을 하는 건데, 4년을 줄곧 그렇게 일했으니 등뼈가 변형되고 다치기도 했습니다. 지금도 발에 상처가 남아 있습니다. 일곱 바늘을 꿰맸습니다. 하시마에는 전라도, 경상도, 충청도 출신이 많이 있었습니다. 제가 아는 범위로는 조선인은 네 동의 함바에 집어넣어졌습니다. (하시마의 지도를 가리키며) 여기에 있었던 겁니다. 바위산이 있고 신사가 그 위에 있었습니다. 조선인 함바는 병원 가까이에 있었습니다. 함석으로 지붕을 인 막사 네 채였습니다. 우리의 숙소는 9층짜리 건물 아래에 있었습니다. 다다미 여덟 장 정도 너비의 방 하나를 6~8명이 함께 사용했습니다. 한 사람 당 두 장의 모포를 받았습니다. 감독은 경상도 출신으로 사람이 친절했습니다. 일본인 감독은 나이가 든 사람으로 역시 친절했습니다. 당시 저는 가나코(金子)로 창씨개명한 상태였기 때문에 "가나코, 가나코"라고 불렸습니다.

탄광 안은 덥고 공기가 나쁜데 그런 곳에서 8시간 이상 앉아서 일했습니다. 저도 한 번은 산소 결핍으로 죽을 뻔 한 적이 있습니다. 식사는 콩깻묵, 납작 보리가 거의 전부고 양도 적어서 항상 배고프다고 생각했는데, 4년 사이에 익숙해져 버렸습니다. 임금은 60~90엔이었습니다. 차차 숙련공이 되어 임금도 올랐습니다. 송금도 했고 전달도 되었습니다. 현금으로도 받았지만, 지금 같은 걸 한 금액은 통장도 주지 않았기 때문에 잘 모르겠습니다.

하시마에서의 생활을 견디지 못하고 도망치는 사람도 있었습니다. 배설물을 처리하는 배가 섬에 들어올 때, 당시 귀했던 왜버선 모양의 작업화를 모아서 건네는 대가로 배 밑에 숨어서 도망친 사람도 있었고, 헤엄쳐서 도망가는 사람도 있었습니다. 침목을 두 자루 짜서 뗏목같이 만들어 그것을 잡고 헤엄쳐 가는 겁니다. 그래도 저는 도망칠 생각은 못했습니다. 잡히면 반죽음을 당하니까요. 벌겨 벗겨 놓고 가차없이 때리지요. 식당에도 감시가 있었습니다. 게다가 일본어를 못하면 도망치더라도 결국 잡히니까요. 그러면 허리띠로 엉망진창이 될 때까지 두들겨 맞기도 했습니다. 함께 갔던 황덕성(黃德聖) 씨는 창씨개명을 하지 않는다고 자주 두들겨 맞았습니다. 칼을 맞아 찢어진 상처도 있었습니다.

조선인 함바의 정반대 측에는 중국 사람들이 있었는데, 조선인보다 더 심한 취급을 받았습니다. 그러나 중국인과의 접촉은 금지되어 있었기 때문에 자세히는 모릅니다. 전쟁이 다 끝나갈 무렵에는 일본인과 중국인 사이에서 큰 싸움이 있었습니다.

8월 9일 저는 일을 마치고 바다에서 헤엄을 치고 있었어요. 점심 때쯤, 나가사키에 원폭이 떨어져 그 충격으로 하시마에서도 유리창이 깨졌습니다. 원폭이 떨어지고 7일째쯤 되는 날에 나가사키로 갔습니다. 시내로 들어갔지만 마을 이름 같은 것은 기억나지 않습니다. 처음 하시마에 가던 날, 부두 가까이에 파출소가 있는 걸 보았는데 그 파출소도 불에 타 사라졌습니다. 4년간 하시마에 있는 동안 한 번도 나가사키에 가본 적이 없어서 나가사키에 대해서는 전혀 몰랐습니다. 그래서 어떻게 걸어갔는지도 기억이 나지 않지만, 거리에 말이 죽어 있었던 것만큼은 분명히 기억하고 있습니다. 제가 걸어가는 방향으로 말 머리가 향해 있고 배가 엄청나게 부푼 모습으로 죽어 있었습니다.(※ 죽은 말을 찍은 사진은 '나가사키 원폭자료관'에서 볼 수 있다) 전봇대도 구부러지고 집은 모두 화재로 소실된 상태였습니다. 도로는 어느 정도 정리가 되어 있었습니다. 원폭이 투하된 지 벌써 일주일 정도 지났으니까 거리에 방치된 사체는 없었습니다. 뒷정리를 위해 일하러 나간다고 해서 끌려갔지만, 도착했을 때는 이미 오후 4시를 넘고 있었기 때문에 실제로는 거의 뒷정리 같은 것은 하지 않았습니다. 나가사키에서 하루를 묵고, 다음날 하시마로 다시 돌아왔습니다. 그때 함께 간 것은 다섯 사람입니다. 다른 징용공이 사체 처리나 뒷정리 일을 하러 나가사키에 갔는지 어쨌는지는 기억나지 않지만, 제가 나가사키에 갔던 것은 이때입니다.

원폭 후 20일 정도 지나서 8월말에 귀국했습니다. 나가사키에서 배가 온다는 소리를 들었지만, 도무지 오지를 않아서 발동선에 목선을 끌게 해서 3일 걸려 부산으로 돌아왔습니다. 그때는 조선인 징용공도 많이 남아 있었는데 전라도 사람 중에는 이질로 죽는 사람도 있었습니다. 회사가 준비해주는 배는 오지 않으니까 대개 저희와 비슷하게 배를 구해 귀국했으리라 생각합니다. 귀국할 때 쌀 두 되, 대두 한 되를 받고 왔습니다. 부산까지 오는 도중에 다른 섬에도 들렀고요. 이 배로는 100명 정도가 돌아왔을 거라고 생각합니다. 그때 중국인은 아직 남아 있었습니다. 그들이 어떻게 귀국했는지는 모릅니다.

같은 면에서 끌려갔던 네 사람 가운데 한 사람은 군대에서 죽었습니다. 남은 세 명은 살아서 돌아왔지만, 한 사람은 서울에서 죽었습니다. 황 씨는 작년에 죽었고요. 살아 있는 것은 저뿐입니다. 같은 배로 돌아온 100명의 소식도 모릅니다. 하시마 유족회에 대해서도 모릅니다.

하시마에서 4년을 지냈고 몸도 이렇게 되었기 때문에, 하시마에서 있었던 일은 어제 일처럼 선명하게 기억하고 있습니다. 하지만 말로는 다 표현할 수 없는 감회가 듭니다.

원폭에 대해서는 당시 원폭이 투하되어서 해방이 된 거라고 생각했습니다. 미국이 도와주었다고요.

귀국해서 스물세 살에 결혼을 했습니다. 자식은 남자 4명, 여자 1명이고 손자도 많이 있습니다.

(1995년 5월 3일, '나가사키현 원폭피폭2세 교직원 모임'
(長崎県原爆被爆二世教職員の会)이 주최한 '하시마 현지 조사'(端島現地調査)
자료에서)

제2절 한국 거주 생존자의 증언과 호소

최장섭(崔璋燮) 씨
속여서 강제 연행하고, 내 인생을 망가뜨렸다

최장섭 81세 남
1929년 11월 10일 출생
주소 한국 대전광역시 동구 판암동
증언한 날 2010년 12월 31일, 2011년 1월 30일, 동년 2월 10일 및 11일
(청취자=이대수, 전은옥, 다카자네 야스노리, 시바타 토시아키)

－언제, 어떻게 해서 일본으로 연행되셨나요?

1943년 2월에 소학교를 졸업하고 고등국민학교에 다니고 있을 때였지. 아직 열네 살이었어. 내가 사실은 1928년생이거든(※호적상으로는 1929년 출생으로 되어 있지만 실제 출생연도는 1년 빠르다고 함) 학교에서 나무총을 가지고 하는 청년 훈련을 한창 하던 중에 갑자기 붙들려서 익산군청으로 끌려갔어. 군수인 임춘성(林春成)이 나를 보더니 "왜 이런 어린애를 끌고 온 거냐?"라고 직원에게 호통을 쳤지만, '인원을 채우기 위해서'라는 이유로 그대로 하룻밤을 군청에서 자게 하고는 다

최장섭 씨와 다카자네 야스노리 씨
(2011년 1월 30일)

음날 함열(咸悅)역에서 기차를 태워 부산으로 이동시켰지.

- 1943년이라면 소위 징용이 시작되기 전인데 피할 방법은 없었나요? 그리고 가족에게는 이러한 사실이 전달되었나요?

아버지가 벌써 아오지(阿吾地) 탄광(*조선 북부의 함경북도에 있었던 일본인 경영의 탄광)에 연행되어 가계셨기 때문에 형도 붙잡혀 갈까봐 늘 도망을 다녔거든. 그래서 내가 대신 끌려갔지. 집에 있으면 도망칠 방도가 없어. 손에 잡히는 대로 잡아 간 거니까. 가족에게는 알려졌지. 어머니와 여동생이 집에서 20리(※일본어 원문에는 2리로 표기되어 있으나 20리의 잘못된 표기로 생각됨)나 떨어진 함열역

증언하는 최장섭 씨(2011년 1월 30일)

까지 배웅을 나와서 눈물바다가 됐어. 어머니의 사랑은 호연지기야. 어머니가 가면서 먹으라고 떡을 싸주셨는데 함께 있던 사람들에게 나눠줬어.

- 하시마까지는 어떤 식으로 가셨나요?

부산부터는 일본인이 인솔해서 데려갔어. 그때 원대 대장 이름이 하라다(原田)였어. 하카타(博多, ※지금의 후쿠오카)에서 내리라더니 도로 기차에 태워서 나가사키로 데려가는 거야. 거기서 또 배를 타고 닿은 곳이 하시마였어. 하시마가 어떤 곳인지 아무 말도 해주지 않고 무조

건 좋은 곳이라고 속여서……. 갖은 방법으로 도망치는 걸 막으면서 끌고 갔어. 그렇게 무서운 탄광이란 걸 알았다면 어떻게든 도망쳤어야 했는데……. 나는 고등국민학교에서도 일등 아니면 이등으로 공부를 잘했어. 일본어도 잘 했고 글자도 쓸 수 있었기 때문에 도망치려고 생각하면 도망 나갈 수 있었는데, 그 기회를 놓치고 말았지.

　–하시마에 도착한 후에는 어떻게 되었지요?
　섬 북쪽 중앙부에 있는 9층짜리 건물(*최장섭 씨가 하시마에서 직접 진술한 현장증언에 따르면 16~19호동 중에 하나로 생각된다)의 지하 1층에 세 방으로 나눠 약 40명을 집어넣었는데, 나는 하라다 대(隊) 제2중대 제2소대 6105번이었어. 소름끼쳐서 지금도 잊혀지지 않는 번호야. 정읍, 팔봉(八峰), 익산, 목포 사람들이 함께 있었는데 햇빛도 들어오지 않는 방에다 습기가 심했어. 힘든 일을 마치고 돌아오면 목욕탕에 들어갔다 나와도 막상 잠을 자려고 하면 땀이 줄줄 흘러서 잠을 잘 수가 없는 거야.

　–어떤 노동을 강요당했나요? 또 노동현장은 어떤 곳이었습니까?
　석탄을 파내는 일, 채탄 일이었어. 고작 1주일 동안 채탄 현장을 견학시키고는 바로 일을 내보냈지. 1조, 2조, 3조 이런 식으로 3교대로 하루에 16시간을 일할 때가 있고, 2교대로 하루에 12시간씩 일을 하고 나올 때도 있었어. 한 번에 40명씩 내려가는데, 갱구에서 3,000척 쯤은 되는 지하로 엄청난 속도로 내려가니 몸이 쪼그라드는 것 같았어. 일하는 곳은 너무 더워서 땀범벅이 되기 때문에 1년 내내 훈도시 한 장만 두르고 일했지. 현장에 나가면 '사키야마(先山, ※탄광에서 앞에 서서 석탄 채굴작업을 맡아 하는 숙련공)'라고, 일본인 현장 감독이 노동자 스무 명에 한 명씩 배치되어 오고 가고 했어. 사키야마들은 위험을 감지해서 후배 노동자들을 보호할 의무와 책임이 있었고, 누군가 다치면 제일 앞장서서 해결했지. 석탄을 많이 캐낼 수 있는 곳과 그렇지 않은 곳이 있기 때문에, 한 사람 한 사람에 대한 할당량이 주어진 건 아니지만 조 전체가 맡아야 할 채탄량이라는 것은 있었어. 한 조는 100명 규모이고, 전체로는 다섯 조가 있었을 거야. 밥 한 그릇을 먹고는 장시간 땀 흘리며 일을 해야 했으니 모두 영양실조 상태였지. 일이 끝나고 7미터 쯤 되는 방파제 위에 모포를 깔고서 몸을 눕혀 쉬고 있으면, 다리에 경련이 일어났어. 주위에선 "나 죽겠네" 하는 신음소리도 들렸지. 게다가 임금도 받은 적이 없어. 내 기억은 확실해.

지금은 사라진 수직 갱도 타워로 들어가는 계단과 입구(2016년 3월 3일)

-부상을 당하거나 사망한 사람은 없나요?

물론 있었지. 전라도 구례(久禮) 사람이 석탄 같은 걸 저장하는 큰 통에 미끄러져서 빠져 죽었어. 나도 천장에서 돌이 무너져 파묻힌 적이 있는데, 사키야마가 와서 끌어당겨 꺼내 줬지. 그때 허리를 다쳐서 지금도 좋지 않아. 치료는 해주지 않고 약도 없었어. 또 손에 부스럼이 생겨서 곤란했는데 참으라고 하더라고.

-목숨을 잃은 구례 사람은 제대로 된 장례를 치러주었나요?

하라다 대장이 시신을 깨끗하게 닦아서 수의를 입혀 염을 해주었지. 화장을 했는지 어쨌는지는 못 봤지만, 어쨌든 한국으로 다시 돌려보내줬어.

-섬에서 탈출한 사람은 없었나요?

도망을 치다 심한 꼴을 당했지. 목포나 정읍에서 온 수영을 잘하는 사람들이 통나무로 뗏목을 만들어 바다를 건너려고 했지만, 도중에 완전히 힘이 빠져서 붙잡힌다든지, 육지까지는 갔는데 결국 잡힌 사람도 있고. 붙잡히면 고무줄 같은 걸로 피부가 벗겨질 정도로 두드려 맞았어. 비명을 듣고 달려 간 우리 눈앞에서 엄청나게 고문을 당했지. 67호동이 있는 데서, 당시 있었던 공터에서 있었던 일이야. 대체로 11명 정도였지 아마. 그 사람들은 감옥에 들어간 거 같은데, 그 뒤로는 어떻게 되었는지 우린 볼 수가 없었어. 목포 사람은 노래도 잘 부르고 똑똑한 사람이었는데…….

-쟁의나 파업, 이런 저항 사건 같은 것은 없었나요?

그럴 여지가 없었지. 죽느냐 사느냐 하는 기로에 빠져 있는데. 그냥 우린 '살고 싶지도 죽고 싶지도 않다'는 기분으로 형무소 안에 꽁꽁 갇혀있는 것 같았어.

  - 중국인도 강제 노동을 당하고 있었는데, 혹시 만난 적이 있나요?

내 눈으로 직접 봤지. 상당히 많았어. 그 사람들도 굶주림을 견디면서 갱내에서 위험한 작업만 하고 있었어. 우리도 뭐냐 하면 이등국민이라고 차별 대우를 받았는데, 중국인이 훨씬 심한 취급을 당했지.

일본에서는 패전 이전부터 탄광의 가동이 이미 중단되었는데, 하시마에서도 미군의 공습으로 정전이 되어 8월 초부터 이미 가동이 멈추었다. 또 그 전에 석탄연락선이 미군의 어뢰공격을 받아 뻥하니 구멍이 난 일도 있었다. (*1945년 6월 11일, '하쿠주마루(白寿丸)'가 미 잠수함 티란테(Tirante)의 어뢰 공격을 받아 침몰)

  - 그러다 드디어 해방을 맞았는데요. 그 이후에는 어떻게 되었습니까?

예비군 소령이 육군 대좌였는데 8월 16일에 우리에게 뭐라고 말했는가 하면, "우리 대일본제국은 삼천 년의 역사를 깨고 미영에 항복했지만, 이에 따라 여러분은 고향에 돌아가게 되었으니 안심해주십시오" 하며 눈물을 흘려. 그 이틀 후인 18일로 기억하는데, 모두와 함께 나가사키로 갔어. 원자폭탄이 투하된 것은 알고 있었지. 우린 원폭 피폭지의 뒷정리 작업을 명받은 거야. 시내는 폐허가 되어 있었어. 타고 남은 창고 안에 콩이 사방으로 흩어져 튀어있어서, 우린 배가 고프니까 그걸 주워 물에 씻어서 가마에 구워 먹었지. 원폭을 쪼인 콩이기 때문에 먹어서는 안 된다는 사람도 있었지만, 배가 고파서 견딜 수가 있어야지. 내일 죽어도 된다는 생각으로 먹었어. 다행히 설사도 하지 않고 몸에 이상은 없었어. 시내에 있는 절에서 1박을 하고 하시마로 돌아왔어. 원폭이 떨어지기 전에 나가사키에 가 있다가 피폭당한 사람들도 섬에 돌아왔는데, 병원에 누워 있는 모습을 보니 정말 불쌍했어. 피부가 개물죽처럼 흐물흐물 벗겨져 있는 사람이 많고, 일본인만이 아니라 한국인도 적지 않았지. 동포 할아버지 중에도 혼자서 그런 상태로 있는 사람이 있었는데, 불쌍해서 보고 있을 수가 없었지.

─원폭 전에 나가사키에 가 있던 한국인이란 어떤 사람들이었나요?
우리처럼 강제 연행된 사람이 아니고, 혼자서 아니면 가족을 동반해서 돈을 벌러 나와있던 사람들일 거야. 그런 사람들은 일본인들이랑 마찬가지로 섬을 나갈 자유가 있었던 것 같아. 평소에 우리들과의 교류는 없었지.

─하시마에 연행당한 사람들 중에서 이름을 기억하고 있는 사람이 있나요?
최오복, 김병성, 서정욱. 귀국할 때 같은 배를 타고 돌아왔지. 고향인 익산에서 가끔 만난 적도 있지만, 내가 대전으로 옮기고 나서는 뿔뿔이 흩어지게 됐어. 최오복은 지금 어디 사는지도 모르겠고, 김병성은 노동하는 사람이었지. 서정욱은 성남시에 산다고 들은 거 같기도 하고.

─어떻게 귀국하셨어요?
일본인이 장난감 마냥 작은 배를 준비해 주어서, 고토(五島)를 경유해 마산에 닿았지. (※최장섭 씨는 '오시마'라고 하였으나 나가사키 인근의 고토 섬(다섯 '오'자와 섬 도자의 일본식 발음 '시마'를 섞어서 '오시마'라고 발음했을 가능성도 있으나, 본인도 정확히 기억하지는 못함)인지, 오시마(大島) 혹은 또 다른 섬을 가리키는지

군함도자료관의 2층 테라스에서 하시마를 가리키는 최장섭 씨(2011년 2월 11일)

는 불명확함) 1945년 11월 5일의 일이야. 귀국하는 도중 바다의 파도가 높아서 위험하니까 고토에서 1박을 했어. 회사는 우리가 귀국할 때 50엔을 주었는데, 마산에서 도둑을 맞아 한 푼도 안 남았지. 정읍의 동료가 밥을 사 주고 돈을 조금 쥐어준 덕분에 무사히 집까지 돌아올 수 있었어. 다시 살아난 기분이 들었어.

－부친께서 아오지 탄광으로 징용되었다고 하셨는데, 무사히 돌아오셨습니까?

손이 절단된 모습으로 돌아오셨어. 보상은 못 받았어. 똑같이 강제 징용된 건데 징용지가 국내라고 해서 보상금을 주지 않는 것은 도리에 맞지 않아. 이미 돌아가셨지만 분해서 참을 수가 없어. 아버지까지 징용당하고 집은 완전히 기울어 졌으니까. 나는 2005년에 '강제 동원 피해자조사위원회'에 신고해서 일 년에 80만 원의 위로금을 받고 있지만, 눈곱만큼이라도, 아버지의 몫도 지급하는 것이 당연하다고 생각해.(*한국에서는 2005년에 강제 동원 피해자의 진상규명과 보상에 관한 법률이 제정되어, 그 업무를 맡아보는 위원회가 설치되었다. 피해자는 사실관계증명 서류를 덧붙여서 위원회에 신고하면 조사결과 그 사실이 인정될 시, 일정액의 위로금이 지급된다)

– 하시마·군함도를 근대산업화 세계유산으로 지정하는 것에 대해서 어떻게 생각하시나요?

하시마가 우리에게 대체 어떤 곳이었는지 알고나 있는 건지! 속여서 강제 연행하고, 사람을 무지막지하게 부려먹고, 인간으로서는 살 수가 없는 곳이었어. 사방이 바다라 도망쳐 나가지도 못하고, 그저 자포자기하는 심정으로 산 송장처럼 살았어. 하시마 탄광은 내 인생을 망가뜨렸어. 그 지옥은 잊으려고 해도 잊을 수가 없지. 세계유산으로 하는 데는 전면적으로 무조건 반대하는 것은 아니지만, 역사적으로 증명된 사실은 숨기지 말라고 말하고 싶어. 독도 문제도 그래. 하시마에서 한국인이 죽고 살고 하던 그 역사를 말살하고 자신들의 관광지로만 이용한다고 하는 것은 절대로 인정할 수 없어.

*최장섭씨는 2011년 1월 30일 현재, 아내 및 두 아들과 함께 대전의 한 아파트에서 살고 있다. 2년 전에 협심증 수술을 받고 협심증과 전립선 약을 복용중이며, 월 10만 원 정도의 약값이 든다고 한다. 그의 아내는 1년 전에 낙상을 당하여 병석에서 일어나지 못하는 상태로 장남이 간호를 맡고 있었는데, 1월 30일에 자택을 방문했을 때는 병원에 입원 중이었다.

전영식(田永植) 씨

세계유산이라니, 일본인은 그 섬의 역사를 자랑할 수 있나

전영식 90세 남 1921년 1월 16일 출생
주소 전라북도 정읍시 산외면 오공리
증언한 날 2011년 1월 31일
(청취자＝이대수, 전은옥, 다카자네 야스노리)

– 언제, 어떤 식으로 해서 하시마로 연행되셨나요?

우리 나이로 스물다섯 살 때(*1944년 1월, 생일 전으로 생각된다) 면의 노무계 사람이 와서 소집해 갔어. 징용영장 같은 것은 없었어. 부산까지는 면의 담당자가 인솔해가고 부산부터는 하라다(原田)라는 일본인이 하시마까지 데리고 갔지. 우리 마을에서는 나 혼자였는데, 이웃동네 정량 사람도 같이 해서 전부 삼사십 명이 갔어. 일본에 닿은 것은 밤이었기 때문에 거기가 어딘지는 모르지만, 기차로 나가사키까지 가서 배를 타고 도착한 곳이 하시마였지. 탄광에 간다는 것도, 미쓰비시 회사에서 운영하는 곳이라는 것도 몰랐어.

– 가족과 이별할 때 상황은 어땠습니까?

나는 아홉 살 때 어머니가 돌아가시고 나서 가정 사정이 복잡해졌기 때문에 가족 일은 말하고 싶지 않아. 연행되기 두 해 전에 결혼을 했던 터라 혼자 남은 안사람의 고생은 이만저만이 아니었지.

– 하시마에선 어디서 생활하셨나요? 생활환경은 어떠했는지 말씀해주세요.

9층 건물의 맨 아래 반지하였어. 일본인들은 거기서 안 살고, 환경이 더 좋은 곳에서 살았지. 우리 살던 데는 빛이 안 들어오고 항상 습기가 차고 바람도 들지 않아 기분이 나빴어. 연령별로 나누어서 한 방에 일고여덟 명 내지는 열 명이 함께 지냈어. 섬은 주변을 높은 방파제로 둘러쌓아서 그 위를 걸어 다니거나 근처를 돌아다니는 것은 가능했는데, 회사 배는 왔다 갔다 해도 우리가 섬 밖으로 자유롭게 나가는 건 불가능했어. 숙소는 별로 좋지는 않아도 일이 힘드니까 몸을 누이고 잠을 잘 수 있는 것만으로도 만족할 수밖에 없었지.

– 하시마에 도착하고 보니 어떤 생각이 드셨나요?

모두 새까만 얼굴을 한 갱부밖에 없어. 지긋지긋했어. 돈도 없고 배운 것도 없어서 이런 꼴을 당하는 거라고 생각하니 한심스러웠지. 돈을 조금 가지고 간 사람도 있었는데 나는 그런 돈이 없었어. 살는지 죽을는지 그런 것은 깊이 생각할 수가 없었고, 그저 하루하루를 보낼 수밖에 없다고 생각했어. 하지만 그게 악몽의 시작이었지.

– 어떤 노동을 해야 했지요?

갱구에서 100미터 이상 지하로 들어가서 석탄을 파가지고 탄차에 싣는 일을 했어. 하루 2교대 12시간 근무였고. 일주일마다 주야간 근무 조를 바꾸었는데, 낮에는 어찌어찌 해도 밤에는 졸려서 다치는 사람도 많았어. 다리가 부러진 사람도 있었지. 사흘에 한 번은 다치는 사람이 나왔어. 나도 손가락을 다쳐서 지금도 이런 식으로 똑바로 펴지지를 않아(*오른손 검지에서 새끼손가락까지 첫 번째 관절이 기역자 모양으로 구부러져 있다.) 수술을 하면 낫는다는데 그냥 놔뒀어. 돌에 부딪혀서 배를 다친 적도 있어. 흉터는 사라지고 없는데 여기를 다친 거야(*옷을 올려 옆구리를 보인다.) 병원에는 갔지만 주사를 한 방 놔주고 약을 주고 그뿐

정면이 조선인을 수용하던 16호동으로 지옥계단이 사선으로 보인다
(2016년 2월 27일)

조선인이 수용되었던 16호동의 지하로 바닷물이 차있다(2016년 2월 27일)

이었어. 석탄 캐는 건 할당량이라는 것은 특별히 없고 정해진 시간을 채워 쉬지 않고 일하면 됐어.

－그 정도로 위험한 중노동을 했는데 임금은 어느 정도였나요?

그런 건 없는 거나 마찬가지였어. 얼마였는지 기억이 안 나. 매월 용돈이라고 조금씩 줬어. 원래 급여가 얼마였는지도 모르겠고, 몇 년 간 일을 해야 한다든가 하는 것도 아무 것도 듣지 못했어.

－식사는 어땠나요?

죽 같은 거를 먹고, 식사 때마다 식권을 배급받아서 그걸 가지고 식당으로 가. 양이 적어서 항상 배를 곯고 살았지. 가끔 용돈 받은 걸로 콩을 사서 볶아 먹으면 삼일 정도는 배고프지 않았어.

－탄광에 간다는 사실도 모르고 가셨는데 채탄 작업 훈련은 받으셨나요?

처음에 50일 간 교육을 받았어. 우선 시력 조사를 해서 시력이 지나치게 나쁜 사람은 갱내에는 들여보내지 않고 갱 밖에서 작업을 시켰지.

－가혹한 노동이나 열악한 생활환경을 견디지 못해 섬에서 도망치고 싶다는 생각은 하지 않으셨나요?

거기는 감옥이나 마찬가지야. 사면이 바다라 도망 나가고 싶어도 어떻게 도망을 치겠어? 포기할 수밖에 없지. 전라남도 어딘가 해안 쪽에 살다온 사람이 헤엄쳐서 탈출을 시도한 적이 있는 것 같은데, 실패해서 죽었다고 나중에 들었어. 그렇게 가까운 거리도 아닌데도 헤엄쳐서 건너는 건 무리지. 한국인 작업장은 일본인 작업장과는 따로 있었고 갱 밖에서도 거의 접촉할 일이 없었지만, 언젠가 문득 징역형을 받았다는 일본인들과 섞인 적이 있는데, 그 사람들이 "일본 정부는 빨리 망하는 게 좋다. 그렇게 되면 여기서 빠져나갈 수 있다"고 하는 말을 들었어. 무서워서 그 후에는 가까이하지 않았는데 그 사람들한테도 하시마는 감옥의 연장이었던 거 같아.

－중국인도 강제 연행되어 있었다고 하던데요.

작업장은 달랐지만 섬에서 본 적은 있어. 중국 사람들은 일본이 패전할 거라는 걸 감지하고 저항을 했어. 우리는 저항을 안 했지. 전쟁이 끝나고 중국 사람들은 식량 사정이 좋아져서 순식간에 살이 올랐는데 우리의 식량 사정은 달라지지 않았어.

－나가사키에 원폭이 떨어진 후에 전 선생님도 나가사키에 시내 청소나 사후 처리작업을 하러 가셨나요?

갔지. 회사의 정기선을 타고 갔어. 누가 명령했는지는 기억나지 않아. 원폭이 떨어지고 10일도 지나지 않아서였던 것은 확실한데, 뒤처

다카자네 야스노리 씨와 전영식 씨(2011년 1월 31일)

리는 어느 정도 거의 다 되어 있었고 나는 사체는 보지 못했어. 우리는 미군을 위한 도로를 만들라는 이야기를 들었지만, 아무 일도 하지 않고 식량을 찾아 무너진 공장 창고 안에 있던 콩을 끄집어내서 불에 구워 먹었어. 일본인이 "먹으면 안 된다"고 말렸지만 허기가 져서 먹지 않고는 배기지 못하지. 나중에 현기증이 나서 의식을 잃었는데 그 이유는 모르겠어. 50명 이상이 함께 갔었고 이 나가사키 파견은 2, 3일 계속된 걸로 기억하지만 우리 조는 당일치기로 그때 한 번 나갔다 온 게 전부야. 다카시마가 폭격을 맞아서 하시마에도 전기 공급이 멈춰서, 8월 초부터 일을 할 수 없었던 것도 시내로 파견을 나갔던 이유가 아니었나 싶어. 하시마에도 미군의 잠수함이 와서 석탄을 실은 배를 폭발시킨 일도 있어.

　- 원폭 투하 후 열흘 안에 시내로 들어오신 적이 있다면 입시(入市) 피폭
(※일본정부는 원폭피폭자에게 피폭자건강수첩을 발급하고 의료비와 일정액의 원호수당을 매월 지급하는데, 나가사키에 원자폭탄이 투하된 후 2주 이내로 방사능의 영향권에 있다고 인정되는 시내 지역으로 진입한 일이 있는 사람을 입시피폭자로 분류하여 원폭피폭자로 인정하고 있다)의 가능성이 있는데, 피폭자 건강 수첩을 받고 싶으세요? 그때 함께 나가사키 시내에 파견을 나갔던 사람 중에 기억나는 분이 계신가요?
　수첩은 받을 수 있으면 받고 싶어. 동료 한 사람은 김제에 있다고 들었는데 귀국 후에는 만난 적이 없어.

　- 그러다 드디어 해방을 맞은 셈인데요. 그 후 어떻게 해서 귀국을 하셨나요?
　그때는 한 시라도 빨리 고향으로 돌아가고 싶은 마음뿐이었지. 글자를 못 배워서 집으로 편지도 못 보낸 채로 2년 정도를 그곳에서 생

정읍의 마을회관에서 만난 전영식 씨(2011년 1월 31일)

활했으니……. 인생의 즐거움이란 자유에 있어. 자유가 전혀 없고 바다 한 가운데서 징역살이 같은 생활을 강요당하고 있던 섬에 그대로 남고 싶은 사람이 어디 있겠어? 회사는 우리가 귀국할 수 있도록 아무런 준비도 해주지 않았어. 그래서 음력 8월에 가족을 동반해 하시마에 와 있던 동포가 수배한 밀선을 타고 돌아왔지. 완전히 거지같은 행색으로 돌아왔어. 지붕도 없는 작은 배였는데 대금은 얼마를 줬는지 기억나지 않아. 함께 배에 탄 삼사십 명이 조금씩 돈을 서로 냈어. 희망자 전원이 배를 탈 수는 없었어. 나는 가족을 동반해서 하시마에 와 일하며 살던 동포들과는 평소에 교류한 적이 없지만 운 좋게 배에 탈 수 있었어.

－가족을 동반해서 와 살던 동포는 몇 명 정도였나요? 또 동포는 전부 몇 명 정도였나요?

그렇게 자세한 것은 몰라.

－하시마를 군함도라고 해서 지금은 세계유산으로 등재하려고 하고 있는데, 어떻게 생각하세요?

세계유산이라니, 일본인이 그 섬의 역사를 자랑할 수가 있나? 외국인을 강제로 잡아다 일 시킨 장소 아냐? 말도 안 되지. 그런 곳을 관광지로 만들어 세계 사람들에게 보여주겠다는 것은 돈을 벌기 위해서 그러는 건데, 말도 안 나와. 애시당초 일본은 강제 연행의 역사를 사죄도 하지 않고 있다잖아. 이건 도리에 어긋나는 일이지. 모든 일에는 순서와 사정이 있고, 예의와 도리라는 게 있는 법이야. 잘못을 저질렀으면 사과하는 게 인간의 도리지.

박준구(朴準球) 씨

피폭지의 뒷정리 작업을 명령받고, 인간이나 말 사체를 많이 보았다

박준구 91세 남
1920년 1월 3일 출생
주소 전라남도 순천시 송광면 장안리
증언한 날 2011년 1월 31일
(청취자＝이대수, 전은옥, 다카자네 야스노리)

－언제 어떻게 해서 하시마로 연행되셨나요?

1944년 겨울 음력 11월에 이장이 징용
영장을 가지고 왔어. 당시도 이 촌에 양
친과 형제자매 여덟 식구가 살고 있었는
데, 장남인 내가 끌려간 거지. 나중에 둘
째도 홋카이도(北海道)로 징용당하니까,
아버지가 "왜 밑에 아들까지 징용하는
거냐"고 이장에게 항의했다고 들었어. 그
남동생은 귀국하고 나서 죽었어. 권력이
나 돈이나 연줄 있는 사람은 제외되고,
우리 같이 학교 교육도 받지 못한 가난
한 사람들이 징용된 거야. 우선 송광(松
光)면 면사무소로 갔다가 다음에 여수로
갔는데, 거기에는 각지에서 셀 수도 없
을 만큼 많은 사람이 모여 있었어. 나가
사키로 간다고만 했지. 좋은 곳이라고
했어. 미쓰비시라는 이름은 듣지 못했어.

순천의 자택에서 만난 박준구 씨
(2011년 1월 31일)

나가사키에 도착하니 3, 4열의 조로 짜서 총을 가진 경관이 따라붙
으며 부두까지 걸어가게 했지. 정말 도망쳐 나올 수 있는 데가 아니
었어. 50명, 100명으로 나누어서 작은 배를 타고 도착한 곳이 하시마
였어.

– 그때 같은 동네에서 함께 연행된 사람이 있나요?

이 촌에서 두 사람, 유병묵과 박종근은 우리 집 앞에 살고 있던 사
람이야. 하시마에서 함께 일했는데 두 사람 모두 벌써 죽었지.

－하시마에 도착하고 나서 어떻게 되었나요? 어디에 사셨고요?

거기는 서울처럼 8층 건물이나 9층 건물이 빼곡히 세워져 있어서 갑갑하기 그지없었어. 우리가 들어간 숙사는 9층 건물의 제일 밑이었는데, 언제나 끈적끈적하고 파도가 거세지면 바닷물을 뒤집어쓰거든. 그러면 숙사까지 바닷물이 밀쳐 들어와서 자고 있는 사이에 다다미 위로 옷이 젖어 버리는 일도 자주 있었어. 일본에서는 방에 다다미를 깔아.

－숙사 가까이에 학교나 병원이 있었나요?

학교가 가까이에 있었지. 병원이 있었나 그건 확실히 기억나지 않지만, 파출소도 근처에 있었어. 하여튼 하시마라는 곳은 바다 한복판에 있었고 주위를 높은 콘크리트 방파제로 둘러싸서 몇 천 명이나 되는 사람이 거기 살고 있었고 군청 같은 것도 있었어. 학교는 갱내의 가스가 자꾸 새어나와서 그랬는지 나중에 문을 닫은 것 같아. 학생들은 다른 학교에 간 것 같은데, 그런 것은 옛날 일이고 자세히 기억이 안 나.

－박 선생님이 가시기 전부터 하시마에 연행되어 있던 조선인이 있었나요?

있었지. 벌써 3년 이상 지난 동포도 있고, "여기 들어온 이상 이제 나갈 수 없다. 너희들도 고생할 거야"라고 말할 때는 놀라서 마음이 포기가 되더라구. '적진에 들어와 버렸다. 이제 내 인생은 끝났구나' 생각했지. 강제 연행이 아니고 가족을 데리고 와서 살던 동포도 있었는데, 어디에 몇 명이 있었는지는 몰라. 우리는 갱내로 이동할 때나 제방 위를 걷는 정도 말고는 그다지 움직이지 않았으니까.

–노동은 어땠어요?

갱내에서 엘리베이터로 지하 1,000미터까지 바로 내려가는 거야. 1번, 2번, 3번, 4번 식으로 조 단위로 들어갔어. '구도(工藤) 씨'라는 일본인이 우리를 지휘해서 일을 시켰어. 한국인이 지시를 하는 일도 있었는데 그 사람은 군대에 간 적이 있던 사람으로 회사에서 명령을 받고 있었던 거지. 나는 석탄을 캐는 일이 아니고, 굴(*갱도를 말하는 것으로 생각된다) 파는 일을 했어. 유병묵이 암반에 굴착기를 갖다 대서 움직이지 않도록 고정하면, 내가 뒤에서 그 굴착기를 밀었어. 탄층에 다이너마이트를 설치해 폭발시켜 석탄을 밖으로 내기 때문에 우리들은 그 사이에 또 굴을 파고 삼으로 된 통나무로 버팀목을 세웠지. 갱도에는 물이 사방에서 뚝뚝 떨어져서 그 물을 모아 밖으로 퍼내면 큰 시내를 이뤘지. 또 갱내는 가스 냄새가 확 끼쳐서 숨쉬기가 고통스러웠어. 하시마는 무엇이든 기계로 움직이고 최고의 기계를 썼어. 석탄을 쌓아 올리고 내리는 기계, 승강기도 있었어. 홋카이도의 석탄이 제일이다 뭐다

병원과 제방, 그리고 안쪽이 조선인이 구타당하던 곳(2016년 2월 27일)

여러 가지 말을 해도 하시마의 탄이 가장 좋은 거였다고 들었어. 잡아도 잡아도 잘 잡히지 않는 밀가루 같았지.

–중노동을 하는 데 비해 식사 사정은 어떠했나요?
쌀은 반도 들어가 있지 않고 주로 콩을 섞은 밥을 줘. 그것도 양이 적어서 항상 배를 주리고 지냈지. 회사가 운영하는 정해진 식사 외에는 술집이나 식당에 갈 수 없었어. 급료를 주지 않았으니까. 회사에서 담배를 하루에 7개비 주는 게 다였어. 밤낮으로 일을 했는데 겨우 주먹밥 작은 걸로 2개 밖에 먹지 못했어. 아이고.

–옆의 섬, 다카시마도 미쓰비시의 탄광이 있었는데 가 본 적이 있으세요?
없어. 섬에서 나가는 게 허락되지 않았으니까. 제방 위를 빙글빙글 돌아 걸으면, 다카시마도 나가사키도 보였지만 섬에 완전히 갇혀있었기 때문에 다카시마보다 하시마가 더 크다고 생각했지. 낮에도 밤에도 일만 하고 밥도 충분히 먹을 수가 없으니 견디지 못하고 뗏목을 만들어서 도망친 사람도 있었어.

–중국인도 강제 연행되어 있었는데, 보신 적이 있으세요?
노동 현장을 본 적은 없지만 중국인은 엄청 많이 있었어. 포로로 끌려와 있었지. 위험한 일은 중국인에게 시키고 먹을 것은 궁핍했기 때문에 말라서 뼈하고 가죽밖에 안 남아있었어. 그래도 전쟁이 끝난 후에는 힘을 얻어서 식량사정이 개선되어 2개월이 지나자 살이 쪘는데 우리들은 주먹밥 하나인 채라서 오히려 차별이라고 생각했지.

–나가사키에 원폭이 투하되고 일본이 패전을 맞을 때 선생님은 어떤 상황

이셨죠?

다카시마 · 하시마에는 소이탄 같은 것이 바다 쪽으로 떨어져 위협을 느낄 정도였어. 미군 비행기가 날아오면 "경계경보, 경계경보, 뛰어!" 하는 소리가 들리고 무서워서 도망치기도 했지. 8월 15일 천황이 항복한 후에, 그러니까 원자폭탄이 나가사키에 떨어지고 나서 일주일인가 열흘 지나고 하시마에서 처음으로 나왔어. 나가사키 시내로 들어간 거야. 다카시마의 발전소에 폭탄이 떨어져서 하시마에 송전이 멈추어 8월 초부터 일을 못하고 놀았기 때문에 원폭 떨어지고 시내 뒷정리라도 시키려고 했겠지. 일본인이 통역을 두고 명령을 했어. 큰 배는 아니지만 많이 태워서 동료들이 전부 같이 나간 거 같아. 한국인 감독도, 유병묵도 박종근도 함께 갔어.

– 원폭이 투하된 나가사키의 거리는 어떻게 되어 있었나요?

공장도 건물도 비슬비슬하게 넘어져 붕괴되어 있었어. 주재소도 엉망진창이 되어 있었고. 사람이 통째로 불타 버린 시체가 많았어. 말의 사체도 그대로 방치되어 있는 것을 봤지. 깜빡 모르고 사체를 밟으면 형태가 사라져버릴 정도로 그냥 맥없이 부서졌어. 타고 남은 재보다 못한 정도였지.

– 거기서 청소라든가 뒷정리 작업을 하신 건가요?

청소는 전혀 안 했어. 천황이 이미 항복해서 쇼와시대가 끝난 뒤이고(*쇼와시대는 그대로 유지됨) 나라에 힘이 없어졌는데 우리에게 일을 시킬 수 있겠어? 게다가 우리는 배가 고파서 견딜 수가 없으니까 불에 타서 파괴된 창고 안에 남아 있던 탄 콩 같은 것을 끄집어내서 볶아 먹었지. 그런 창고가 거리 여기저기에 있었어. 배탈은 나지 않았어. 그리고 그 날 안에 하시마로 다시 돌아왔어. 8월에는 비가 엄청나게 내린 것도 기억하고 있어.

─피폭자 건강수첩은 취득하고 싶지 않으세요?

가능하다면 갖고 싶지. 증인이라고 하면 병묵이나 종근이도 죽었기 때문에 증인은 없는데…….

─귀국 전후에 있었던 일들이나 상황에 관해 좀 들려주세요.

어찌되었든 빨리 돌아가고 싶었어. 한참 있다가 무허가 배라도 뭐라도 좋으니깐 동료들과 서로 이야기해서 목조선을 발견했는데 너무 작아서 불안했지. 누가 소개했는지 모르겠지만 선장은 러시아에도 간 적이 있다고 하니 서로 돈을 내서 그걸 빌리게 되었어. 희망자가 모두 탈 수는 없었고. 몸을 서로 밀착시켜 한 배에 탔는데 도중에 바람이 강하게 불어서 어딘가에서 1박을 하고 마산에 도착했어. 선장에게 얼마를 지불했는지는 기억이 나지 않아. 회사가 불러준 것은 아니고, 회사에서 돈을 받은 것도 없어. 귀국하고 나서 한국의 가게에 맛있는 것이 많이 있는 것을 보고 감격했지. 하시마에서는 매일 주먹밥 2개만 먹고 지내는 굶주린 생활이었는데. 말로는 다할 수 없는 고생을 했지만, 살아서 돌아온 것은 하늘이 도왔다고 생각해.

─하시마를 군함도라고 해서, 세계유산으로 만드는 것에 대해서는 어떻게 생각하세요?

일본은 이웃 나라이니까 좋은 일 아닌가? 별로 관심은 없어.

*박준구 씨는 귀국 후에 결혼했고 농사를 지으며 여섯 아이를 길렀다. 11년 전에 아내를 잃고 지금은 혼자서 생활하고 있다. 아내는 절에 다니는 걸 좋아하는 사람이었다고 한다.

제3절 '역사스페셜 – 지옥의 땅·군함도'(KBS 제작 다큐멘터리)

일본 규슈 나가사키 앞 바다에 떠있는 작은 섬, 하시마. 1974년 이후 무인도가 된 이 섬은 군함처럼 생겼다하여 군함도로도 유명하다. 최근 관광 코스로 개발돼 이곳을 찾는 이들이 부쩍 늘어나고 있는데 여기에는 또 다른 이유가 있다.

　나가사키시 세계유산추진 실장의 코멘트
　"이곳 군함도는 통칭 군함도라 불리는데요. 에도막부 말기부터 메이지에 걸친 근대화산업 유산으로 세계문화유산 등재를 추진하고 있습니다."

그러나 70여 년 전 이곳에 끌려온 조선인들에게 이곳은 감옥이자 지옥이었다.

　군함도 생존자, 전영식 씨
　"이곳은 죄를 많이 지어가지고 무기징역 받은 사람을 저기로 보내는 거에요."

　군함도 생존자, 최장섭 씨
　"수용소도 이만저만한 수용소가 아니고 인간의 지옥 자리가 여기구나 나는 생각을 했던 겁니다. 아 고냥 병신이 되어 나오든지 송장이 되어 나오든지."

폐허가 된 건물 잔해 속에 끔찍한 비밀을 묻어둔 채 유령처럼 남아 있는 섬, 군함도. 대체 이 섬에서는 무슨 일이 있었던 것일까.

(나가사키의 역사와 미쓰비시, 한수산 씨의 소설 『군함도』의 소개와 설명, 인터뷰 등이 이어짐)

(당시 탄광 노동 및 군함도 내 탄광 노동의 자세한 상황에 관해서 설명이 이어지고 다카자네 야스노리 씨의 인터뷰와 함께 '오카 마사하루 기념 나가사키 평화자료관' 소개가 이어짐)

군함도에 끌려간 강제동원피해자들의 진상을 확인하기 위해 제작진은 군함도의 조선인 생존자들을 찾아 나섰다.

대전에 사는 올해 여든한 살의 최장섭 할아버지는 군함도에서 2년 반 동안 강제노역에 시달렸다. 할아버지가 군함도에 끌려간 것은 불과 열네 살 때인 중학교 1학년 때의 일이다.

최장섭 씨(81세, 군함도 강제노역, *대전광역시 판암동 거주)
"그냥 무조건 잡아서 숫자 채우기로 간 거이지. 막 잡으러 댕겼어요. 잡으러. 나는 인자 소학교 졸업하고 학교에서 훈련도중에 잽혀갔어."

할아버지는 아직도 당시의 고통스럽던 생활을 또렷이 기억하고 있었다.

"모기는 모기대로 그냥 뎀비고 도저히 살 수가 없고 그냥 밤에는 영양실조로 그냥 다리가 쥐가 났어서 세상 그냥 사느니 죽는 것만 같지 못하다는 그런 형색이었어요. 그래 그것이 1년만 지속되었으면 다 자살하던지 그냥 어떻게 해버릴라고 각오를 가졌던 거에유 그게."

또 다른 생존자도 만날 수 있었다. 전북의 한 농촌 마을에 사는 전영식 할아버지 역시 군함도에서 악몽 같은 삶을 견뎌야 했다. 스무 살 때 끌려가 어느덧 70여 년이 흘렀지만 그때 겪은 일은 아직도 뇌리에 또렷이 기억되어 있다.

전영식 씨(89세, 군함도 강제노역, *전라북도 정읍시 거주)
"사람이라는 것이 낙이 자유가 낙 아니오. 자유가 없고 꽉 멕혀가지고 밥주면 밥먹고 구뎅이 속으로 들어가서 탄 캐고 날마다 생활하는 것이 그것인디 뭔 취미가 있것어요. 아무 취미 없어요."

제작진은 다시 한 번 군함도 취재에 나섰다. 나가사키의 한 어촌 마을(난고시 어촌)에서 낚싯배를 얻어 타고 군함도 잠입취재를 시작했다.

강제 동원된 조선인들은 파도가 거세게 몰아치면 물에 잠기는 저지대에 주로 살았다. 숙소마저 일본인들과는 격리된 채 서로 다른 구역에서 지내야 했는데, 9층짜리 콘크리트 아파트 중에서 빛도 잘 들지 않고 환기도 안 되는 반 지하 1층이 조선인들 차지였다.

전영식 씨(※원서는 최장섭 씨로 표기하고 있으나 이를 바로 잡음)
"구 층짜리서 제일 하부에 지하에가 조선 사람 사는 장소거든요. 그러니깐 거기는 햇빛도 안 들고 뭐이냐 바람도 그렇게 많이 통허지 않았고..."

반지하에 있는 숙소는 비좁고 습기가 차 항상 악취가 진동했다. 게다가 숙소의 창문은 이중으로 되어 있었는데, 당시에는 탈출을 막기 위해 쇠창살이 박혀 있었고 부근에는 10미터 높이의 감시탑도 있었다. 감옥이나 마찬가지인 숙소에서 지내야 했던 이들이 겪은 어려움 중의 하나는 일상적인 굶주림이었다. 하루 열두 시간에서 최장 열여섯 시간까지의 탄광 노동 중에 먹을 수 있는 것은 콩깻묵으로 만든 주먹밥 두 덩이가 전부였다. 영양실조로 쓰러지는 사람들이 많았고 배가 고파 잘 움직이지 못하는 나머지 탄차 사이에 끼여 죽는 사람도 있었다.

전영식 씨

"배는 늘 고프지요. 근디 뭐이냐 거기도 일본 사람들이 콩을 야메로 들여와요. 그러면 그 야메로 콩을 사가지고 볶아서 먹으면 한 사흘간은 배고픈 줄을 잘 몰라요."

최장섭 씨

"일을 갔다와가지고서 지쳐가지고서 그 옹벽 담 밑에서 콘크리트 담 있단 말이여. 거기 누워있으면 그냥 발에 쥐가 나가지고서 말이야 여기저기서 나 죽는단 소리 나오고 막 눈물 바다였었어요."

그렇다면 강제노역에 시달렸던 이들의 작업 현장은 어떤 모습이었을까.

최장섭 씨

"하루에 16시간 2교대, 2교대에 8시간 (기자: 한번 들어가시면 16시간 계신 거에요?) 아니 8시간씩 8시간 허고 나와서 또 밤 2교대로 8시간 하고 그러니까 16시간."

빛 한 줌 들어오지 않는 해저 수백 미터에 있는 갱 안에서의 작업은 공포 그 자체였다.

전영식 씨

"그러고 또 이렇게 100메다를 땅 속으로 들어가요. 땅속으로 들어가 가지고 그기서 탄줄을 찾아 가서 굴을 뚫고 들어가요."

지하로 내려 갈수록 비좁은 막장에서는 지층에서 뿜어내는 가스와 열기로 인해 덥고 습했다.

최장섭 씨

"아니 옷이 필요가 없지요. 그것만 걸치고서는 거기서 준 것 걸치고서 는. 팬티만 하나 가지고 가면 되니까...그냥 딱 벗어재끼고 팬티 하나만 차고 작업을 하니까 (기자: 훈도시라는 거 말씀하시는 거죠?) 네 훈도시. (기자: 왜 훈도시만 입고 하시는 거죠?) 아 더우니깐 땀으로 막 매질을 하 니까 땀을 주체를 할 수가 있어야지."

(당시의 군함도 해저 탄광을 컴퓨터그래픽으로 복원해 보여줌)

탄광에서 가장 위험한 이 막장이 강제 동원된 조선인들의 작업장. 이들은 이곳에서 훈도시만 찬 채 서 있지도 못하고 바닥에 엎드리거 나 옆으로 누워서 탄을 캐야만 했다. 막장 안 작업에서 무엇보다 위험 한 것은 천정의 암석이 떨어져 내리는 낙반 사고. 한 달이면 대 여섯 차례의 사고가 발생했다.

전영식 씨

"밤에는 아무래도 그냥 잠에 취하고 하니까 다치기도 많이 다치고 그려요. 그래가지고 저도 거기서 큰 돌멩이를 맞아가지고 손이 뻗혀지질 않아요, 제대로…. 이렇게 밖에 안돼요. 사오 일 만에 큰 부상자는 하나씩 나와요. 다리도 부러진 사람도 있고."

최장섭 씨

"전라남도 사람 하나 죽었죠. 이 탄 나오는 그 구멍에 미끄러져 가지고서 구멍에서 그냥 가로막아 가지고서 하나 죽었어요."

아프기라도 해서 일을 쉬겠다고 하면 끌려가서 무자비한 폭력에 시달려야 했다.

최장섭 씨

"그 가왓줄 그걸 그냥 말채만이로 맹글어가지고 그놈을 냅다 후리면 막 살이 막 묻어내고. 아, 막 죽는 소리가 나고 그냥 옆으로 큰소리 좀 질르니껜 그냥 그렇게 때린다고요. 다시는 그런 일이 없도록 허기 위해서 일본놈들이 경각심을 줘가지고 서는."

굶주린 채 가혹한 노동에 시달리며 감옥이나 마찬가지인 숙소에서 지냈던 이들이 고향을 그리며 탈출을 시도한 것은 어쩌면 당연한 일일까. 실제로 많은 조선인들이 죽음을 무릅쓰고 탈출을 시도 했다. 하지만 헤엄쳐 도망가다 바다에 빠져 죽기도 하고 도중에 붙잡혀 모진 고문을 당하기도 했다.

최장섭 씨

"아 직접 봤어요. 목포사람이야. 목포사람, 정읍사람. 뗏목을 맹글어 가지고서 막 이렇게 거기서 육지에 나갈라 하면 한 십 키로 이상 되거든요. 거기를 헤엄쳐가다가 중간에 그냥 허우적거리고 잽혀 온 사람이 있고, 육지로 도착해가지고서는 또 며칠 만에 잽혀 와가지구 갖은 고문을 다 당하고 그냥."

나가사키시 노모자키에 소재한 군함도자료관의 전시(2011년 2월 11일)

'군함도자료관'에는 정작 그 섬에서 억울하고 한 맺힌 삶과 죽음을 맞았던 강제 동원 피해자들에 관한 자료는 없다. 오히려 군함도에서 일어난 참혹한 과거는 지운 채 관광 자원으로 삼기 위해 군함도를 나가사키와 후쿠오카 일대의 탄광들과 함께 유네스코 세계문화유산으로 등재하려고 애쓰고 있는 현실을 목도할 수 있다. (※이런 현상은 '오카마사하루 기념 나가사키평화자료관'과는 대조적이며, 군함도자료관에서는 1935년부터 1947년까지의 사진 자료는 전시하고 있지 않다)

전영식 씨(※원서는 최장섭 씨로 표기하고 있으나 이를 바로 잡음)
"그것은 관광지로 삼아가지고 세계 사람에게 알린다는 것은 일본 사람이 그걸 자랑거리는 못되지요. 큰 수치지. 한국서 외국 사람들이 다 잡아다가 강제로다가 다 일 시킨건디."

(KBS 역사스페셜 <지옥의 땅 군함도>, 2010년 8월 7일 방송, 58분 24초, 일부를 발췌)

나가사키시 니시자카(西坂)에 소재한 오카 마사하루 기념 나가사키 평화자료관
(2017년 2월 16일)

제4절 강제 연행·강제 노동을 고발한 선구적 기사 및 증언

패전 소식에 환호 – 차별받은 조선인·중국인

"중국인이 포로라는 명목으로 온 것은 1943년이었을 거야. 240명 정도 있었지. (*미쓰비시광업이 외무성에 제출한 보고서에 의해 정확하게는 204명으로 판명되었다) 옛날 큰 창고 건물을 숙사로 삼아 그 일대를 철조망으로 둘러쌓았어. 방위대(재향군인을 주체로 편성)가 총을 가지고 경계를 서고 있었어.

조선인도 '근로봉사대'라는 이름으로 5백 명 정도 와 있었어. 나도 조선인을 모집하러 조선에 갔지. 조선총독부에서 세 마을 정도에서 모집해오라고 할당을 주고 한 마을에 사오십 명씩 나오게 했지. 그냥 강제야.

인솔 도중에 관부연락선을 타는 부두가 혼잡하니까 사람들이 막 섞여 들어가기도 하고, 열차에서 뛰어 내려서 도망치기도 했어. 우리는 세 사람뿐이니까 잡으러 쫓아갔다가는 그새 다른 사람들이 또 도망가니까……. 내지로 가는 도항증명은 우리가 일괄 보관하니까 경찰이나 헌병대에 연락해 두면 결국은 잡혀 버리지.

조선인한테는 일본인과 같은 임금을 지불했고 자유를 주었어. 가족을 불러들이는 사람들도 있었어. 그렇지만 섬 밖으로는 못 나가게 했지."

(고사코 마사유키(小迫正行, 56세) 씨. 1939년에 입사해 외근계 근무, 1954년에 퇴직, 현재 니시소노기군(西彼杵郡) 다카시마정 어협 조합장)

"중국인 두 명이 갱내에서 담당자를 삽으로 때린 사건이 있었어. 두 사람을 홋카이도로 호송했는데 담당자도 나쁜 사람이었어. 중국인, 조선인은 평상시에 차별을 받았거든. 자급용 소나 염소를 잡아먹을 때도 그 사람들에게는 머리나 뼈밖에 돌아가지 않았어.

전시 중의 탄광이 얼마나 힘든가 하면, 군대보다 더 해. 헤엄쳐서 도망을 치려다 물에 빠져 죽는 사람이 일 년에 네다섯 명은 있었어. 외근계라는 것은 탄광의 사설경찰인 셈이야. 이 외근계의 말에 복종하지 않는 사람은 전부 외근 본부로 끌고 왔어. 그렇다고 해서 조선인이라는 이유로 괜히 폭행하거나 하는 일은 없었어. 중국인은 때리지 않았어(*중국인에게도 폭력을 휘둘렀다는 사실은 숱한 증언을 통해 확인되었으므로 이 증언은 거짓이다) 폭동을 일으킬까봐 무섭거든. 중국인은 얌전했어. 갱내에서 일이 늦게 끝나더라도 불평을 하지 않았고, 쉴 때는 고리 던지기 놀이나 죽(竹) 세공을 했어. 그중에는 상당히 대단한 놈도 있었는데, 그는 '언젠가는 돌아간다. 일본은 반드시 우리에게 진다'고 말했어"

"종전은 8월 15일 밤 8시인가 9시 무렵에 외근 본부로 전화가 와서 알게 됐어. 모두에게 알리면 안 된다, 말하지 말라고 했어. 우리끼리 홧김에 술을 마시고 있는데 다카시마에서 회사 측의 배가 왔어. 중국인과 조선인을 담당하던 직원들을 밤중에 하시마에서 도피시킨 거야. 우리가 우왕좌왕하니까 중국인들도 알아챘지. 다같이 '만세, 만세' 하고 외치는 소리가 한밤중까지 울려 퍼졌어.

나도 다음 배로 섬을 나가 벳푸(別府)의 휴양소에 한 달 반 정도 있었어. 그 사이에 중국인도 조선인도 되돌려 보냈지. 다른 탄광에서는 조선인이 난동을 부렸다는데, 하시마에서는 배가 떠날 때 '사요나라, 사요나라' 하면서 손을 흔들었다고 해"

(『아사히(朝日)신문』 나가사키 판, 1973년 10월 25일자)

아! 군함도 – 탈주 미수자는 반죽음 당해

패전되던 해에 이 섬에 들어왔고 폐광(1974년 1월 15일에 폐광되고, 4월 20일에 무인도화) 당시 하시마의 노조 서기장이었던 다다 토모히로(多田智博) 씨는 노조해방기념지 『군함도(軍艦島)』에서 "…어차피 사내 대장부로 산다면 오히려 서쪽 끝 작은 섬이 앞으로의 인생을 개척하는 데 가장 적합한 시험대라고 생각했습니다. 그러나 기숙사 방에 들어가 그곳에 시커멓게 적힌 '두 번 다시 오지 않겠다. 지독한 도깨비섬'이라는 낙서를 보자 달콤한 감상은 싹 달아나고 먼저 살았던 사람의 고통과 슬픔이 느껴졌습니다"라고 썼다.

다카하마에서 뱃사공 일을 하다가 나중에 하시마 탄광에 사공으로 정식 고용된 야마구치 쓰요지(山口津代次, 78세) 씨도 어렸을 때 장난치다 들키면 어머니가 "저 섬에 갖다 줘버릴 거야" 하고 겁을 주었다. 부두가 지금만큼 좋지 않아 큰 배를 갖다 댈 수가 없었기 때문에 먼 바다의 배와 섬 사이를 작은 배로 오가며 사람이나 화물을 운반하는 것이 그의 일이었다.

폭풍우가 몰아치겠다 싶으면 작은 배는 물가에서 떨어진 곳에 닻을 내린다. 안벽에 대면 배가 산산조각나기 때문이다. 그러나 거센 비바람으로 바다가 험해져도 작은 배를 내라고 명령이 내려지면 선장은 바다에 뛰어들어 작은 배 있는 데까지 헤엄을 쳐서 배를 안벽으로 가지고 와야만 한다. 목숨을 건 일이었다. 한 겨울의 거친 바다에서 그는 '왜 이런 괴로운 일을 하지 않고서는 끼니도 잇지 못하는 생활을 해야 하나' 하는 생각을 얼마나 했을까.

그러나 괴로운 것은 그만이 아니었다.

하시마 생활을 도저히 견디지 못해 헤엄쳐 도망가려는 사람, 갱목

으로 뗏목을 짜서 도망 나가려는 사람-'게쓰와리(ケツ割り)'라고 불린 탈주 시도자도 종종 있었다. 도망을 가자면 다카시마가 제일 가깝긴 하지만 그곳은 어차피 똑같은 미쓰비시의 탄광이 있는 곳이다. 노모(野母)반도를 목적지로 할 수밖에 없다. 그렇지만 바로 눈앞에 뭍이 보여도 조류 때문에 막힌다. 쓰요지(津代次) 씨도 게쓰와리에 실패해 물에 빠져 죽을 뻔한 남자를 배로 구한 적이 있다.

그러나 익사를 모면해도 탈주 미수자는 나야가시라(納屋頭)라고 불린, 지금으로 치면 사감에게 붙들려 반죽음을 당할 각오를 해야 했다.

패전이 다가와 일본 내 남성 노동력이 부족해지자 중국인 포로(*실제로는 납치되어 온 농민이 태반이었다)나 조선인이 많이 끌려왔다. 일본인 갱부가 사는 곳과 조금 떨어진 곳에 한데 모아서 처넣고 있었다. 좁은 섬에서 일어난 일이다. 지금도 쓰요지 씨는 그 사람들이 부르짖는 건지 우는 건지 알 수 없는 슬픈 소리가 귓전에 맴돈다.

딱 한 번 소리가 나는 방을 훔쳐본 적이 있다. 아직 스무 살 전으로 보이는 어린 조선인 남자가 무릎을 꿇린 채 앉아 있었다. 무릎 위에는 커다란 돌이 얹혀 있었다.(※관리자에게 벌이나 폭행을 당하는 장면을 엿보게 된 것으로 생각됨)

패전 후 얼마 되지 않아 이 사람들은 자기 나라로 돌아간 것 같다. 그들을 괴롭힌 회사의 외근계는 패전 소식을 듣고는 보복을 당할까 두려워 재빨리 몸을 먼저 숨겼다고 한다.

(본지 · 도요타 켄(豊田健))

(『아사히 저널(朝日ジャーナル)』, 1974년 5월 17일자)

군함도의 생활환경

(다음은 발췌임) 하시마에서의 조선인, 중국인 강제 노동 실태는 지금까지 거의 밝혀지지 않은 상태였다. 관계자는 이 문제에 관해서는 1956년의 태풍 재해로 인해 회사 사무소의 일부가 떠내려가 서류는 거의 남아 있지 않다고 말한다. 하지만 최근 실시된 조선인 강제 연행 조사(*1974년 4월 28일)에 의해, 패전 시 하시마 탄광에 있었던 강도시(姜道時, 60세) 씨로부터 다음과 같은 증언을 얻었다.(『나가사키(長崎)신문)』, 1974년 4월 29일자)

강 씨는 1940년에 대략 2,000명 정도의 동포와 함께 석탄선에 태워져 사할린으로 실려갔다. 미쓰비시의 타우로(塔路)탄광에서 4년간 일을 했고 처자식도 불러들였다. 그러나 1944년 9월, 사할린의 탄광 정리에 따라 하시마로 배치 전환되어 처자식을 사할린에 남겨 둔 채로 약 100명의 동료와 하시마로 왔다.

기숙사에 들어가 하루 2교대의 중노동을 했다. 노무계의 감시가 혹독하여, 너무 지친 끝에 일을 못 나가거나 가족에게 보내는 편지 안에 섬 생활을 있는 그대로 쓴다든지 하면 곧장 끌려갔다. 노무사무소 앞 광장에서 조선인의 손을 묶은 채 노무계 사람 셋이 돌아가며 군용 가죽 벨트로 그 사람을 때렸다. 의식을 잃으면 바닷물을 머리에 부어서 지하실에 가두고 다음날부터 다시 일을 시켰다. "하루에 두세 사람이 이렇게 폭행을 당했다"고 강 씨는 말했다.

(가타요세 도시히데(片寄俊秀) 나가사키조선대학(長崎造船大学) 조교수, 『주택(住宅)』통권 제261호, 일본주택협회(日本住宅協会), 1974년 6월 20일 발행)

(이상, 『원폭과 조선인』 제2집 pp.77~80)

류희긍(劉喜亘) 씨

군함도에서 탈출, 남태평양의 타라와 섬으로

류희긍 72세 남
1919년 8월 출생
주소 오사카부(大阪府) 가도마시(門真市) 이시하라정(石原町)32-18
　　　주(株)일본인감(日本印鑑) 관서본부특약부(関西本部特約部)
증언한 날 1991년 4월 모(某)일

나는 1919년 조선 인민이 조선 전역에서 일본의 식민지 통치에 반
대하여 '조선독립만세'를 외치며 일제히 봉기한 그 해 8월에 경상남도
통영군의 한 어촌에서 태어났다.

　일본 관헌이 조선 노인들이 입는 하얀 두루마기에 물대포로 먹물을
부어대거나 상투를 가위로 잘라 떨어뜨리는 것을 보고 어린 마음에도
분노했다. 그 후 무학으로는 안 된다고 생각해 공부를 위해 열네 살
때 도일(渡日)했다. 5년간 전문학교에서 공부를 하고 사회인이 되긴
했지만, 차별과 편견으로 인해 제대로 된 직장을 구하지 못해서 일자
리를 얻기 위해 전전했다. 아마가사키(尼崎) 모리베(守部)에 있을 때
동포 청년들과 학습회를 조직해 민족문제나 차별문제를 논했는데 그
만한 죄로 헌병대에 끌려가 열흘간이나 죽을 정도로 고문을 받은 적
이 있다. 나는 민족주의자로 찍혀 특별고등경찰의 감시를 받았는데
틈을 엿봐 규슈로 도망쳤고, 동포들이 많이 일하고 있다는 나가사키
현 노모반도에서 멀리 떨어진 미쓰비시의 하시마 탄광에 지원했다.

　해저탄광섬인 하시마의 모습이 바다에 떠있는 군함 같다고 해서 군
함도라고 불렸다. 군함도의 주위는 콘크리트 방파제로 둘러쳐져 있었

고, 단 두 개의 출구가 있을 뿐이어서 육지에서 4.5킬로미터나 떨어진 채 격리된 '수용소' 같았다. 거기에는 조선에서 '모집'해 연행해 온 동포를 비롯해 나처럼 일자리를 구해 응모하여 들어온 재일동포가 많이 있었다. 우리 사이에서는 "너무한 거 아닌가, 이 섬에서 살아나갈 수가 없다"고 하는 이야기가 매일처럼 들렸다. 지하 수백 미터를 엘리베이터로 내려가 막장에 들어가서 석탄을 파는 일을 했는데, 일본인은 탄층 천장이 높고 채굴하기 쉬운 곳을 맡고 우리 조선인은 폭이 50~60 센티미터밖에 안 되는 낮고 좁은 곳에 들어가 몸을 옆으로 굽혀 곡괭이를 가지고 손으로 채굴을 해야만 했다. 장시간의 노동 끝에 우리는 새까맣게 되어 지상으로 올라왔다. 매일 그런 생활이었다. 나는 어느 순간 이곳에는 더 이상 아무런 희망도 없다는 것을 깨닫고 섬에서 탈출하기로 결심했다. 도망치기 전에 이전까지 도망친 선례를 동포들에게 들으며 만전의 준비를 다했다. 드디어 그날이 왔다. 네 명의 동료를 모아 철사 줄 하나에 모든 것을 걸고 방파제를 내려왔다. 만조가 된 물길을 헤엄쳐 건너 드디어 육지에 다다랐다. 하시마 건너편에 있는 노모반도의 해변이었다. 나중에 들었는데 썰물 때 바다에 들어갔다가 죽은 사람도 많이 있었다고 한다.

나는 다시 아마가사키로 돌아가서 스물세 살에 결혼했다. 1941년경이었다. 당시 '징용'이 한창이던 시기였기 때문에 징용을 피하기 위해 시마네현(島根縣)의 군수공장(히타치(日立)제철의 채탄부)에 들어갔는데, 조선에서 '모집'으로 온 독신자가 15명, 가족이 함께 온 그룹이 8세대 있었다. 그렇지만 회사 사무소 패거리들이 설탕이나 술 등의 배급품을 독점하고 조선인 동포를 항상 불공평하게 대하며 못살게 굴었기 때문에 나는 두 명의 동포 친구와 함께 처우 개선을 요구하며 제탄소장(製炭所長, 육군 오장(伍長)=하사관)이나 경찰을 상대로 담판을 지었고, 그 결과 어느 정도의 개선을 쟁취해냈다. 그래서 살았다고 생각하고 안심하고 있었는데 '징용'으로 잡혀가는 꼴을 당했다.

징용으로 끌려간 곳은 히로시마의 구레(吳) 해군병단으로, 나는 거기서 총검술이나 행진 훈련을 받았다. 1942년 10월 20일, 해군 제111 설영대가 편성되어 훈련을 받았는데, 동경 시바우라(芝浦) 안벽에 집결하여 화물선을 타게 하였다. 같은 해 12월 25일, 화물선 7척의 선단은 서태평양 길버트 제도(현재의 키리바시 공화국)의 타라와에 도착했다. 타라와라는 곳은 하와이와 마셜 군도의 중간에 있는 적도 바로 아래에 있었는데 매우 덥고 작은 섬이었다. 거기에는 벌써 선발대가 도착해 있었고 조선 북부 평안도에서 강제 연행되어 온 180명의 동포가 있었다. 그들 중에는 고향의 산과 들에서 일을 마치고 내려오는 길에, 혹은 밭일을 하고 있을 때 헌병이나 경찰, 총독부의 공무원에게 붙잡혀 행선지도 듣지 못하고 가족과 제대로 작별인사도 하지 못한 채 강제로 붙잡혀온 불쌍한 사람들이 많았다. 우리 해군 111설영대의 주력은 조선인 약 1,500명으로 편성되어 있었는데, 대장, 지휘관, 소중대장은 모두 일본인이었다. 작업은 활주로를 확장한다든지, 야자수를 베어 통나무로 만들어서 방공호를 짓는다든지, 산호를 굴착해서 밸러스트(※ballast, 배의 수평을 유지하기 위해 바닥에 싣는 중량물)를 만드는 중노동이었다. 아메바 이질이 유행했는데 한 번 걸리면 이틀도 못 되어 죽었고, 상당수의 사망자가 나왔다. 그러나 조선인은 몸이 튼튼했던 탓인지, 마늘 덕분인지는 모르지만 아메바 이질로 희생된 사람은 단 한 명뿐이었다고 들었다.

1943년 4월 23일과 24일, 타라와 섬이 미군 측에 매우 격렬한 공습을 받았다. 내 눈 앞에서 징용공이 픽픽 쓰러져 갔다. 나는 허둥대며 뛰는 동포를 구하려고 뒤를 좇아갔다가, 폭탄 파편에 맞아서 하마터면 왼쪽 발을 잃을 뻔한 큰 부상을 당했다. 그 후에도 소규모의 공습이 있었는데 9월 12일부터 3일간이나 계속된 대공습은 어마어마했다. 그때는 공습만이 아니라 함포 사격까지 당했기 때문에 하늘과 바다 양쪽에서 공격이 쏟아지는 형편이었다. 미일 쌍방이 서로 싸우는 전쟁이 아니라 일본군이 일방적으로 당하는 처지였다.

이쪽에서 고사포를 쏘아도 상대에게 전혀 닿지 않았다. 모처럼 고생해서 만든 활주로에도 점차 큰 구멍이 생기고, 탄약고나 연료 창고도 공격을 받아 큰 불기둥이 솟아오르고 땅이 울렸다. 굉장한 전장이었다. 우리가 쌓은 고사포대는 흔적도 없이 날아가 버렸다.

당시 타라와에 있던 같은 조선인이라도 나같이 일본에서 연행되어 온 징용공과 조선에서 연행된 사람—모집, 관 알선 모집, 징용, 강제 연행—에 대한 처우는 크게 달랐다. 군은 조선에서 끌려온 사람들과는 직접적인 접촉을 못하게 했고, 우리가 음식을 3을 받는다 치면 저들에게는 거의 제로에 가까운 양을 주었다고 한다. 조선에서 직접 연행된 사람들은 180명 정도였다고 하는데, 내가 귀국할 즈음에는 100명이 될까 말까 한 숫자만이 살아남았다. 그들은 그야말로 쓰고 버리는 존재 취급을 당했던 것이다.

결국 부상자들은 일본으로 송환되었고 나는 운 좋게도 그중 한 사람으로 뽑혀서 어용선(※공용으로 쓰는 배)에 올랐다. 서너 척의 공용 선단을 짜 태평양으로 나가긴 했지만 타라와 섬을 떠난 지 하루도 지나지 않아 미 잠수함의 어뢰 공격을 받았다. 그것이 우리가 탄 배에 명중해 수십 명의 징용공과 군인이 죽었다. 돛대에는 옷이나 사람이 축 늘어져 있고 피범벅이 된 갑판에는 사람의 팔이나 머리가 데굴데굴 굴러다녔다. 배 갑판의 승강구에 발이 끼여 "어머니, 살려주세요"라고 부르짖다 결국 숨을 거둔 동포 청년도 있었다. 우리는 분노와 슬픔을 안고 시신을 모으고, 신원 미상의 시체 등을 모포로 감싸 가까운 루오 트 섬에서 화장했다.

루오트 섬 부근에서 선단을 재편성해 트루크 섬을 지나 일본으로 향하는 도중에도 미군 잠수함에 의한 어뢰 공격에 몇 번이나 위협을 받았다. 그러나 다행히 잘 피해서 무사히 요코스카(横須賀) 군항으로 돌아왔다.

나는 1943년 12월 20일에 제대했다. 그런데 다음날 21일 신문보도를 통해 타라와 섬의 지휘관, 시마자키(島崎) 해군 소장 이하, 일본장병 2,955명, 조선인 군속 1,500명 전원이 11월 25일에 '옥쇄'(玉碎, ※사전적 의미로는 명예를 위해 깨끗하게 죽는 것을 말하는데, 이 단어는 천황을 위한 죽음으로 사용되었다)했다는 사실을 알게 되었다. 한 달이나 늦은 보도였다.

지금 생각하면 나는 구사일생으로 살아남은 셈이다. 타라와 섬에서 부상을 당해 먼저 일본으로 돌아가는 나를 배웅하며 손을 흔들던 동포들의 부러움 섞인 그 눈빛을 잊을 수가 없다. 그로부터 50년이 지났다. 일본인 관계자는 정부의 지원을 받아 현지에서 유골을 수습하고 추도비도 세우고 있다. 그러나 1,500명이나 되는 동포 희생자들과 그 가족에 대해서는 아직까지 방치하고 있다. 이런 후안무치한 일이 또 어디 있단 말인가.

나는 살아남은 자의 의무로서 유족을 찾아내 현지를 방문하고, 그 곳에 희생자를 위한 추도비를 세우는 한편, 구(舊) 군인·군속의 유족을 지원하는 관련 법률에서 '국적 조항'을 철폐하는 운동에 남은 인생을 바치고 싶다. (정리: 신기일(辛基一))

*류희긍 씨의 증언은 1991년 4월, 오사카부 조선인 강제 연행·강제 노동 진상조사단의 중간보고회에서 증언한 내용을 요약한 것이다. 이 집회를 계기로 류 씨는 오사카와 효고

(兵庫)의 진상조사단, 조총련 등의 협력을 받아 한층 열정적으로 활동한 결과, 그 결실을 일부나마 이룰 수 있었다. 1945년 조선 해방 후부터 지금까지 류 씨는 꾸준하게 217명의 조선인 전사자 명부를 만들어 왔는데, 최근 1년(※1990년~1991년) 사이에 새로운 정보를 얻어 417명으로 전사자 명부가 늘어났고, 그 가운데 33명(재일 16명, 북조선 1명, 남조선 16명)의 유가족을 찾아내 유족회도 결성했다. 류 씨의 놀라운 활동을 신문을 통해 접한 히라카타(枚方)에 거주하는 어느 절의 주지 와시오(鷲尾) 씨가 추도비 건립에 전면적으로 협력하겠다고 나서서, 1991년 11월 25일, 48년 만에 드디어 타라와 현지에서 추도비 건설과 추도식이 엄숙하게 행해졌다. 그러나 일본 정부 당국은 류 씨의 이러한 활동에 아무런 원조도 보상도 하지 않고 있다. 류 씨는 '타라와·메이킨 섬 우리 동포 희생자 유족회'의 고문으로 활약 중이다.(이 증언의 주선자=오사카시(大阪市) 기타구(北区) 니시텐만(西天満) 6정목(町目) 6-11 다카치호빌딩(高千穂ビル) 2층 소라노 요시히로 법률사무소(空野佳弘法律事務所)−변호사·소라노 요시히로(空佳野弘) 씨, 전화 06-361-5488)

(『원폭과 조선인』 제6집, pp.207~210)

제 2 장

소송 원고 중국인의 진술

이하는 나가사키 중국인 강제 연행 재판(2003년 11월 28일 제소)의 원고 10명 가운데 하시마 관련 원고 3명의 진술록 서면(2006년 11월 15일, 최종준비 서면으로서 나가사키 지방재판소에 제출)이다. 하시마에 연행된 경위를 포함하여 전문을 게재한다.

이경운(李慶雲) 씨
노공의 목숨은 무시되고, 저항은 폭력으로 탄압되었다

1. 신상

나는 이경운이라고 한다. 1929년 11월 8일 생으로 한족이며, 외아들에, 가업은 농업이다. 소학교를 졸업했다. 대대로 중국 하북성(河北省) 무읍현(武邑県) 파진서로(坡鎮西老) 장촌(庄村)에 거주했다. 우리 가족은 아버지, 어머니와 아내 이렇게 넷이서 함께 살고 있었는데, 1944년 6월 나가사키 미쓰비시 주식회사 다카시마 광업소 하시마 탄광으로 강제 연행되었다.

2. 강제 납치와 고문

나는 1942년 팔로군(八路軍)의 정규군으로 들어가, 나중에 현의 대대에 배속되었다. 1943년 11월 무강현(武強県) 조목촌(鳥木村)에서 일본군을 만나 전투를 하게 되었다. 우리 대대는 일본군이 촌의 행정사무소를 약탈하는 것을 저지하러 갔다가 금사원(金寺院)에서 일본군에 포위되고 말았다. 포위망을 돌파하려고 돌진하던 중에 일본군 기병대에 추격을 당해서 나와 다른 한 명의 대원이 율채하(津寨河)에서 붙잡

였다. 일본군은 일단 우리를 율채에 있는 토치카(tochka, ※두꺼운 철근
콘크리트로 공고하게 만들어진 구축물)로 연행해 가혹한 고문과 위협을 가하
면서 4일 동안 심문을 계속하다가, 손채(孫寨)의 토치카로 끌고 갔다.
이곳에서의 심문은 더욱 악랄했다. "너희들은 팔로군인가?" 하고 묻고,
시인하지 않으면 그때마다 곤봉으로 몇 차례고 후려 갈겨 전신이 상
처투성이가 되었다. 5일간의 취조 끝에 이번에는 무읍현의 유치장으
로 호송되었다. 여기서는 각종 형구로 지독한 고문을 당했다. 그들은
나를 긴 의자 위에 동여맨 다음 머리가 밑으로 오도록 의자를 세우고
내 입 안으로 찬물을 붓고 또 붓다가는 다시 똑바로 세워서 심문을 했
다. 묻는 말에 시인하지 않으면 다시 물을 부어넣으며 구타했다. 나는
이 고문으로 몇 번이나 기절을 했는데 그때마다 눈을 뜰 때까지 머리
에 물을 뒤집어 씌웠다. 무읍현의 유치장에는 6개월간 구금당했다. 그
후 나는 팔로군 혐의범으로 다른 포로들과 함께 묶여서 가축용 마차
에 실려 횡수(衡水)감옥으로 이송되었다. 여기서는 1박만 하였는데 일
본군은 도주를 우려하여 모든 포로의 목에 칼을 씌웠다. 다음날 5~6명
씩 한꺼번에 팔을 결박해 잇고, 열차에 태워 덕주(德洲) 노동자수용소
로 옮겼다가 이튿날에는 급행열차로 천율(天律)을 거쳐 당고(塘沽)수
용소로 보냈다. 열차 안에서는 총을 가진 두 일본군이 감시하고 있었
다. 당고수용소에서는 경찰이 오렌지색 군복을 입고 챙이 넓은 모자
를 쓰고 방 안에서 보초를 섰다. 경비대의 매국노들은 녹색 군모(※경
비대임을 나타내기 위해 착용)를 쓰고 그 위에 철로 만든 전투모(※일반 군인
착용)를 덮어 쓰고 있었다. 일본군은 수용소 밖에서 기관총을 들고 보
초를 섰다. 일본군은 나사(※두꺼운 모직물을 통틀어 일컬음)로 된 카키색 군
복을 입고 있었다. 당고수용소 주위에는 고압 전류망이 둘러쳐져 있
고 다수의 일본군과 경관이 엄중하게 경비를 서며 두 시간마다 보초

를 교대했다. 일본군은 매일 우리에게 구보 훈련을 시키고 밤에는 자기 전에 점호를 했다. 게다가 몇 번이나 조사를 했다. 소변은 방 안의 변기에서 볼 수 있지만 대변은 신고하여 허가를 받아야 했다. 그 때문에 우리는 매일 밤 잠을 편히 잘 수가 없었다. 식사는 하루 두 번으로 옥수수가루로 만든 작은 워터우(※잡곡 가루를 원뿔 모양으로 빚어서 찐 음식)를 한 사람에 두 개씩 받았다. 물은 하루 한 잔의 생수가 전부라서 목이 말라 견딜 수가 없어 자신의 오줌을 마신 사람도 있다. 또 수용소에서는 매일 죽는 사람이 나와 밖으로 메여 나갔다. 당고수용소에 열흘간 구치되었다가 신체검사를 받고 200명 이상되는 사람들이 기차를 탔다. 팔자수염을 한 군복 입은 남자는 수용소에서도 본 기억이 있다. 배가 부두를 출발하자 그제서야 우리를 일본의 조선소에서 일할 노동자로 보낸다고 들었다. 배는 화물선이고 중국에서 약탈한 대량의 석탄을 꾹꾹 채우고 있었다. 우리는 이 석탄 위에 앉혀져 갑판으로 올라가는 것은 허락받지 못했다. 일본인이 갑판 계단에서 망을 보고 있다가 중국인 한 사람이 갑판으로 올라가려고 머리를 내밀자 곤봉으로 한 대 내려쳤다. 크고 넓은 바다로 나가자 드디어 갑판 위에 올라 바람을 맞을 수 있게 해주었는데 마침 갑판 위에서 식사를 하러 갔을 때 산동성(山東省) 출신의 한 사람이 바다에 뛰어들어 도망친 탓에 이후에는 갑판으로 올라가는 것이 엄금되었다. 아홉 밤 아홉 날을 항행하는 동안 굶주림과 배의 흔들림, 배 멀미로 고생했다. 식사는 하루에 두 번 제공되었는데 한 끼에 작은 워터우 두 개뿐이라서 배를 채우기에는 턱없이 모자랐다. 또 먹고 나서 토해버리거나 병에 걸리는 사람도 적지 않았다. 심현(深県)의 류학동(劉学東)은 심한 감기에 걸려 병증이 점점 나빠지더니 숨이 끊어질 듯 말 듯한 지경이 되었다. 그러자 일본인이 그는 이미 틀렸다며 덮는 이불로 그를 싸서 바다에 던져버렸다. 시모노세키의 부두에 도착해 하선해서 몸을 소독한 후, 그 전에 탔던 같은 화물선을 타고 나가사키의 하시마로 옮겨졌다. 여기서부터 또 우리의 지옥 생활이 시작된 것이다.

3 수용 생활, 강제 노동

(1) 하시마에서 우리가 살아야 했던 곳은 허술한 목조 가옥으로 천장이 낮고 그늘이 져 햇빛이 거의 들어오지 않는 열악한 곳에 있었다. 방안에는 다다미가 깔려 있었지만 습기가 많이 차서 몸에 옴이 생기고 더 악화되기만 했다. 한 방에 40~50명을 집어넣었다. 잠을 잘 때는 기어 들어가야 했고 간신히 몸을 눕힐 수 있을 뿐 몸을 뒤척이거나 할 수도 없을 만큼 비좁았다. 침구는 거칠게 짠 찢어진 요와 작고 얇은 이불 한 장이 전부여서, 겨울엔 춥고 여름엔 모기에 물리느라 제대로 잘 수가 없었다. 우리는 번호로 불렸는데 나의 노동자 번호는 165번이었다. 우리 대대는 여섯 개의 소대로 나뉘어 나는 4소대에 속했다. 대대장은 정자전(鄭子田), 부대장은 처음에는 왕문원(王文元)이었고 나중에는 서귀상(徐貴祥)으로 바뀌었다. 소대장은 처음 진요증(陳耀增)에서 나중에 양(楊)이라는 사람이 대신했다. 부대장은 윤회천(尹會川)이었고 통역은 허(許)였다.

(2) 하시마에 있던 1년 남짓의 기간 동안 의복은 홑옷 한 벌, 반바지한 벌, 반팔 셔츠 한 장이 지급되었는데, 찢어져서 수선할 수 없게 되어도 재지급은 없었다. 그밖에 훈도시를 한 달에 한 장씩 주었는데, 갱내에서는 이것 한 장만 입고 일하거나 알몸인 채 일했다. 마치 원시사회로 돌아간 듯하였다. 겨울철에는 중국의 고향보다는 따뜻하다고

해도, 정말이지 추위와 체력 저하로 인해 감기에 걸렸다.

　(3) 우리에게 제공된 음식은 혼합 가루로, 주로 가축용 사료인 콩깻묵을 먹었다. 기계를 사용해 원반 모양으로 굳힌 콩깻묵 덩어리를 분쇄했고 거기에 검은 가루가 섞여 있었다. 200명이나 되는 많은 인원에게 고작 냄비 하나에 죽을 끓여 작은 밥그릇에 죽 한 그릇을 퍼주었다. 일상식은 만터우(※소를 넣지 않은 중국식 만두 또는 찐빵)였다. 갱내에 들어가기 전 아침 네 시에 일어나서 먹는 조식은 양 손으로 감싸면 보이지 않을 정도로 작은 혼합가루로 만들어진 만터우 두 개였다. 조식 때 미리 점심용으로 먹으라고 만터우가 두 개씩 지급되었지만, 배고픔을 참지 못하고 아침에 다 먹어버리는 사람도 있었다. 일본인 감독이 검사했을 때 만터우를 가지고 있지 않으면 두들겨 맞았다. 밤에 일하고 돌아와서 먹는 식사는 만터우 한 개와 한 그릇의 스프, 혹은 만터우 두 개였다. 야근을 할 때도 식사는 낮 근무를 할 때와 변함이 없고 밤에 먹는 식사는 따로 없었다. 또 입갱 시에는 수통을 하나 몸에 지니고 들어갔는데 더워서 목이 말라 다 마시고나면 더 이상 보급해주지 않았다. 공복이기 때문에 눈앞이 캄캄해지고 심할 때는 탈진 상태에 빠졌다. 많은 사람이 길바닥에 떨어져 있는 귤껍질을 줍거나 푸른 야생초를 뽑아서 먹었다. 그마저도 일본인 감독에게 들키면 엄청난 구타를 당했다. 중국의 우리 집에 있을 때는 주식으로는 하루에 밀가루 두 근(1kg)을 먹고 거기에 부식까지 먹었는데, 하시마의 주식은 기껏해야 300g밖에 되지 않는 분식으로 부식은 거의 없었다. 55kg이었던 내 체중은 몇 개월 사이에 45kg으로 줄었다.

　(4) 환자 방은 있었지만 병이 들어도 치료를 해주지는 않았다. 거동

을 할 수 없게 되어 환자 방에 들어가면 아무도 챙겨주지를 않기 때문에, 그저 죽음을 기다릴 수밖에 없는 사람도 있었다. 병에 걸려도 치료를 안 해줄 뿐 아니라, 일하지 않는다는 이유로 식사를 반으로 줄였다. 원래부터 식사가 충분하지 않았는데 거기서 반이 더 줄면 어떻게 견디고 살아남을 수가 있겠는가. 언젠가 한 번은 등 뒤에서 배터리액이 새어나와 넓적다리에 물방울처럼 떨어져 퍼지는 바람에 화상을 입은 적이 있다. 이것은 노동 재해였지만 일본인 감독은 거들떠보지도 않았다. 나는 하도롱지(※다갈색의 질긴 종이로 포장지나 봉투를 만들 때 사용한다) 자투리를 주어다 넓적다리 위에 덮고, 거칠게 뜯어낸 천으로 묶어 통증을 참고 일을 계속할 수밖에 없었다. 일을 쉬면 최소한의 식사마저도 더 줄어들어서 버틸 수가 없기 때문이다.

(5) 입갱은 주간과 야간조로 나뉘어 보름에 한 번씩 교대했다. 휴일은 없고 매일 열 두 시간을 일해야 했는데, 석탄이 많이 나오는 날은 더욱 연장되었다. 나는 한 때 갱내에 판 구멍 안에 돌을 채워 넣는 일을 하였는데, 한 조에 12명이 일했고 통상 하루에 180차를 채워넣도록 할당량을 받았다. 그 목표치를 정해진 시간 내에 달성하지 못하면 벌로서 잔업을 해야 했고, 목표치를 달성할 때까지 지상으로 올라올 수 없었다. 또 채탄을 하다가 일이 끝날 시간이 가까워지면 배고픔으로 인해 현기증이 나서 석탄 쌓는 작업이 늦어지기도 했는데, 그럴 때는 감독이 곤봉으로 내 머리를 뒤에서 후려쳐서 큰 혹이 생겼다.

4. 자유와 인권의 억압

(1) 자유는 거의 없었다. 하시마 탄광에서 우리는 로봇과 같이 취급

받았다. 아무 말 없이 정렬하여 갱내를 내려가고 올라가고 노동을 할 뿐 동료끼리 이야기를 나누지도 못하고 대소변조차도 제한당했다. 한 번은 일하러 나가는 길에서 우연히 같은 고향 사람 소계향(肖桂香)을 발견해 서로 이름을 물어보고 하는데, 일본인 감독이 느닷없이 가죽 구두 신은 발로 내 한쪽 발을 짓밟고는 나를 넘어뜨리고 허벅지를 걸 어찼다. 나는 오륙일간은 한쪽 발을 질질 끌며 걸어야 했다. 당고수용 소에서 같은 배에 태워져 하시마로 납치되었는데도 원고인 이지창(李 之昌)은 한 번도 본 적이 없고, 2003년 가을에 다쓰다(龍田), 아사이(浅 井) 등의 변호사들이 석가장(石家莊)에 와서 원고 전원이 한 자리에 모였을 때 처음 알게 되었다.

(2) 강제 노동이었다. 병에 걸려도 쉬는 것은 허락되지 않았다. 어 느 날 열이 나는데도 일하러 가도록 감독이 강요해서 일하러 가는 노 상에서 혼절한 적이 있는데, 짐승 같은 이 감독은 꾀병을 부린다며 점 심식사용으로 지니고 있던 작은 만터우까지 내게서 빼앗았다. 보곤 (宝坤)이 나를 감싸고 기숙사로 돌아갈 수 있게 해주었지만 이 날은 완전히 식사를 주지 않았다. 인권이나 자유는 상상조차 할 수 없었다.

5. 학대, 학살

회사는 중국인의 생명을 돌보지 않았고 갱내에서 우리의 안전을 지 켜줄 생각을 전혀 하지 않았다. 신체의 안전 보장은 없었고, 항상 상 처나 사고를 당할 위험이 있는데도 방치했다. 게다가 일본인 감독이 구타와 학대를 가했기 때문에 이로 인해 죽게 된 중국인도 적지 않다. 예를 들면 다음과 같은 일이 있었다.

(1) 부상 사고가 빈번히 발생했다. 나와 함께 일하고 있던 원구거(袁久居)는 돌에 의해 엄지발가락에 부상을 당했다. 나도 일하던 중에 떨어진 돌에 맞아 발을 다쳐서 발이 심하게 부었다. 신체의 안전을 보장하는 작업복이나 방호구를 주지 않고 알몸으로 일을 시켜 부상을 당해도 아무런 치료도 해주지 않았다.

(2) 안전설비, 구조 활동을 하지 않았다. 신청애(新青崖)는 갱내에서 몰아친 바람을 맞아 쓰러져 온몸이 파묻혔는데, 석탄 분진에 코와 입이 막혀버려 질식사했다.

(3) 왕옥란(王玉蘭)은 몸이 약해서 걸음걸이가 느렸는데 일본인 감독이 화를 내며 엘리베이터를 타는 순간 잔인하게 걷어차서 추락사시켰다. 우리 중국인은 생존권조차 빼앗겼다.

(4) 왕운기(王雲起)는 원인은 잘 모르지만 무언가에 의해 식중독에 걸렸는데도 치료를 받지 못했다. 그는 노동자들 중에서도 높은 교양을 가진 인물이었고 침과 뜸을 할 줄 알아서 동료들의 신망도 매우 두터웠다. 일본이 항복한 후 귀국하기 직전 어느 날 우리가 생선을 구워 먹고 있을 때였다. 그가 옆에서 보고 있다가 갑자기 쓰러지더니 인사불성이 되었다. 얼굴이 파래지고 입술은 보랏빛이 되고 온몸이 거무스름해지더니 입에서는 거품을 내뿜었다. 지금도 그 광경이 눈앞에 선하다. 나와 동료들은 탄광장을 찾아내어 환자를 병원으로 옮겨 긴급구조를 하도록 요청했지만 "치료해도 소용없다. 죽었다. 이미 죽었다"며 그는 전혀 손을 쓰려 하지 않았다. 왕운기는 일본인들이 버리고 돌보지 않아서 죽은 것이다. 우리는 그가 중독으로 인해 사망한 것은

인정한다. 그러나 그 중독의 원인이 무엇인가. 왜 탄광장은 죽어가는 사람을 구조하지 않았는가. 지금도 의문을 풀 수가 없다.

6. 노동자의 인명무시, 탄압

(1) 어느 날 갱내에 가스누출이 발생했다. 일본인 주임 감독은 안에 있는 중국인 노동자의 생사를 돌아보지 않고 서둘러 갱도의 입구를 막으려고 했다. 양회민(楊会民)과 보곤(保昆) 두 사람이 아직 안에 남아있다는 사실을 알아차린 나와 애걸삼(哀傑三) 그리고 임운덕(任運德)은 생명의 위험을 무릅쓰고 다시 안으로 들어가 두 사람을 구출했다. 그때 그들은 아직 희미하게 숨이 붙어 있었다. 그러나 탄광장이 아무런 구명조치도 취하지 않아 결국 원통하게 이국 땅에서 죽고 말았다. 이 일이 있고 난 후, 나를 포함해 소계향(肖桂香), 윤회천(尹会川), 왕보안(王保安), 오석진(吳錫珍), 이복순(李福順), 임운덕(任運德) 일곱 명은 탄광장과의 교섭을 요구하며 파업을 시작했다. 탄광장은 경찰서로 전화해서 우리의 소동을 보고하며 경관을 불러들였다. 일곱 사람은 모두 꽁꽁 묶인 채로 무지막지하게 맞고 그대로 경찰서로 연행되었다. 거기서 "누가 주동자인가" 자백을 강요하며 "일을 할 거냐, 안 할 거냐?" 하고 물었다. 나는 "우리는 배를 건조하는 일이라고 듣고 왔다. 석탄을 캐러 온 것이 아니다"라고 대답했다. 그러자 경관 한 사람이 나의 머리를 칼로 내려치려고 달려들었다. 나는 순간 머리를 숙여 피하려고 했으나 목 뒷부분을 찔려 선혈이 분출하고 땅바닥에 쓰러져서 의식을 잃었다. 동료인 소계향이 몸에 두르고 있던 너덜너덜한 천을 찢어서 상처 자리를 싸매 주었기 때문에 겨우 목숨을 건질 수 있었다. 그때의 흉터는 지금도 목에 남아있을 뿐 아니라 목을 움직이

는 것도 부자연스러운 상태가 되었다. 경찰서에서는 삼일 밤낮을 음식을 끊고 밤에도 잠을 못 자게 했다. 소계향은 목이 말라서 어쩔 수 없이 자신의 신발에 소변을 보고 그것을 마셨다. 마지막에는 우리를 줄로 묶어서 노동 현장으로 끌고 가 규탄집회(吊し上げ集会, ※경고성으로 다른 노동자들을 전부 모아 놓고 집단 구타를 가하였다)를 열고 우리를 '범죄자'로 비난하며 채광업무로 돌아가라고 협박했다.

(2) 장배림(張培林)은 갱목을 세우는 일을 맡고 있었는데 젊은데도 먹는 양이 부족하여 늘 배고픈 상태로 일을 했다. 그로 인해 감독과 자주 언쟁을 했고, 감독한테 맞는 것이 일상화되었다. 그러다보니 결국 인내심이 폭발하여 그도 곤봉으로 감독을 패주었다. 죽일 생각으로 달려든 것은 아니지만 결과적으로 감독은 죽었다. 사건 후 탄광장은 장배림을 줄로 묶어 어딘가 갱 밖으로 데리고 나갔는데, 그 후의 소식은 모른다. 형무소에서 맞아 죽었다는 소문도 있고 원자폭탄으로 폭사했다는 소문도 있다. 지금도 그의 유골이 어디에 있는지 우리는 모른다.

7. 가족이 입은 피해와 귀향

나는 일본이 전쟁에 패한 덕분에 겨우 강제 수용과 강제 노동에서 해방되었지만, 마치 당연한 일처럼 임금을 지불받지 못했다. 그저 일을 시키기만 했을 뿐이다. 귀국 여비도 지불되지 않았다. 1945년 음력 11월에 나는 우리 집에 겨우 돌아왔다. 집에는 아내밖에 없었다.

나를 잡았던 일본군은 우리 마을을 습격하여 우리 집에서 모든 것을 빼앗고 세 동의 초가집을 모조리 불태워버렸다. 아버지는 망연자

실하여 내가 일본군에 잡혀간 다음 해인 1944년 3월인가 4월경에 내 몸을 걱정하면서 눈물을 글썽이다 세상을 떠나셨다. 어머니와 아내는 이웃에게 애원하여 극히 간단하게 아버지의 시신을 묻었다. 집에는 식량이 전혀 없어서 손님이 방문해도 대접할 것이 아무 것도 없었다. 나중에는 어머니의 눈이 보이지 않게 되어 아내가 어머니를 모시고 주위의 촌이나 읍에 구걸을 다니며 생계를 이어갔다. 1945년 초 겨울, 어머니는 배고픔과 추위에 견디다 못해 경현장촌(景県場村) 길가에서 병사했다고 한다. 아내는 촌 주민들에게 무릎을 꿇고 애원하여 선의의 사람에게 도움을 받은 덕분에 간단하게나마 어머니의 장례를 치렀지만, 또 다시 구걸하는 생활을 계속할 수밖에 없었다고 한다.

8. 제소 경과

내가 일본군에 납치당해 있던 2년 사이에 집은 파괴되었고 부모님은 죽음으로 내몰렸다. 생각만 해도 마음이 괴롭다. 일본 정부와 기업은 피해를 입은 우리에게 도리에 맞는 대응을 하고 공개적으로 사죄하고 배상할 의무가 있다. 가해자에게 피고로서의 책임이 있음을 안 것은 2001년 9월에 '나가사키 중국 노동 수해자 연의회'(長崎中国労工受害者聯誼会)가 결성되어 피고 미쓰비시 머티리얼에 대해 2002년 1월 16일부로 진상조사 및 보상 청구를 행하기까지 준비를 하던 기간부터였다. 원래 우리는 귀국한 후 일본의 침략 부역자로 취급당해 오랫동안 눈칫밥을 먹으며 살아야 했다. 그런 와중에 일본 정부나 기업에 보상이나 배상을 청구할 수 있다고는 생각도 하지 못했다. 알았다 해도 청구할 수 있는 법적 환경이 없었다. 재판을 시작하고 피고인 일본 정부나 기업에 배상을 청구해야 한다는 사실을 안 것은 2003년 가을에 석가장에서 아사이 등의 변호단으로부터 피고국가나 피고기업에 법적 책임이 있다는 설명을 들은 뒤부터다.

(1) 진술 녹취 시 소학교를 졸업했다고 말했는데 이는 정확한 표현이 아니다. 나는 농촌의 사설 글방에 다녔는데, 갈 때도 있었고 가지 않을 때도 있었다. 2년간 그곳을 다니다가 돈이 없어 그만두었다. 해방 전의 고향에는 공공학교가 없고 사설 글방을 학교라고 했다. 신문은 읽지 못한다. 나의 진술 녹취서에 뭐라고 쓰여 있는지는 부분적으로 알지 못하는 곳이 있다. 노전(老田) 씨나 왕홍걸(王洪傑) 씨가 읽어주어서 내용은 확인했다. 자신의 이름과 주소는 쓸 수 있다. 취음자(※ 한자 본래의 뜻과는 관계없이 음(音)이나 훈(訓)을 빌려서 쓰는 한자)를 사용하는 일이 많지만, 간단한 편지는 쓸 수가 있다. 말을 하고 듣는 데는 불편함이 없다.

(2) 신문은 구독하고 있지 않다. 봐도 삼분의 일밖에는 알지 못한다. 삼 년 전에 친척에게 받은 흑백텔레비전이 있다. 뉴스는 자주 보지만 잘 이해 못할 때도 있다. 국제 뉴스 등은 배경지식이 부족해 이해하기가 어렵다.

(3) 일본으로 끌려 올 때 배 안에서 일본인이 통역을 통해 미쓰비시 조선공장에 간다고 설명했는데도 도착해 보니 탄갱이었다. 미쓰비시 탄갱이라고 할 뿐, 제대로 된 회사명은 몰랐다. 미쓰비시 광업 주식회사라든가 미쓰비시 중공업 주식회사라는 이름은 들은 적도 없다. 조선소와 탄갱이 같은 미쓰비시가 경영하는 곳인지도 몰랐다. 당시에도 그랬고, 그 후로도 60년 가까이 하시마가 미쓰비시 광업 주식회사 관

할이었다는 사실을 알지 못했다.

*이경운 씨는 원고단장을 맡았으나 2009년 5월 2일 서거했다.

이지창(李之昌) 씨
도착하기 전에도 심한 고문을 받고, 섬에서는 굶주리고 늘 두들겨 맞았다

1. 신상

나의 이름은 이지창(李地昌)이며, 1919년 1월 25일 생이다. 외아들로 태어났고 대대로 가업은 농업이다. 염산현(塩山県) 소장향 서송촌(小庄郷西宋村)에서 살고 있다. 일본군에 잡혔을 때 나는 양친과 아내, 이렇게 네 식구가 함께 살고 있었다. 양친 모두 이미 노령에 가까운 연세였다. 아내와는 1942년 음력 5월 19일에 결혼했다. 일본군에 붙잡힌 것은 1943년 1월(양력 2월)이었다.

2. 강제 납치와 고문

(1) 나는 1940년에 일본군에 저항하는 공작 조직에 참여했다. 당시 우리 마을 주변 7개 촌과 공동방위조직을 형성해, 철도·도로·전화선 등 적의 거점 연락망을 파괴하는 일이었다. 나는 그중에서 마을의 민병대장이었다. 낮에 팔로군(八路軍)이 편지로 임무를 지시하면 우리는 밤에 임무를 실행했다. 1943년 음력 1월 9일(양력 2월 13일), 일본군은 우리 마을에 소탕작전을 펼치러 왔다. 마을은 포위되었고 한 명의 배신자로 하여금 마을의 간부를 찾아내 끌고 갔다. 지도원인 장비명(張

조明), 주임 왕금정(王金亭) 그리고 나 세 사람이었다. 음력 1월 11일 (양력 2월 15일), 우리는 성불(聖佛)의 거점으로 연행되었다. 당시 성불은 하나의 진(鎭)으로서 우리가 살고 있는 촌에서 서남쪽으로 15리 (중국의 단위 1리＝500m, 7.5km) 지점에 있었다. 일본군은 성불진 안에 있는 촌 바깥의 북측에 거점을 만들어 두고 있었다. 거점에는 출입구가 딱 1개 있고, 주위는 담으로 둘러싸여 있었다. 담 안에 토치카를 두고 일반 민가도 강제로 수용하여 그곳에 살던 주민은 내쫓은 상태였다. 거점 안에는 경비대원이 100명 남짓 있었다. 특무가 20명 남짓이고, 일본 군인이 열대여섯 명 있었다. 우리는 토방 한 방에 갇혀서, 어떨 때는 20명 정도, 어떨 때는 30명 정도가 우겨넣어진 채로 볏짚이 아주 조금 깔렸을 뿐인 토방에서 일어나고 자고 했다. 바깥에는 경비대가 망을 보고 있었다. 나는 여기서 하룻밤을 자고 다음 날 다시 취조를 받았다. 배신자가 밀고했기 때문에 일본인은 벌써 내가 민병대장인 것을 알고 있었다. 나를 취조할 때 강(康, 중국인이 아니다)이라는 이름의 통역자를 두고 심문이 이루어졌다. 또 다른 일본인 한 사람은 기록을 했고, 주위에 몇 사람인가 일본군이 더 있었다. 그 보스의 별명이 '소모'(小毛, ※毛(모)씨 성을 가진 사람이 또 있었기에 붙인 별명으로서 작은 모 씨라고 부름)라고 했다.

(2) 심문을 시작할 때는 짐짓 점잖은 체 하며 먼저 나를 의자에 앉히고, 물 한잔을 따라놓고 통역을 통해서 질문을 했다. 우선 "당신들은 몇 명인가?"라고 물으니 나는 "다수다. 각 촌에 모두 있다"고 대답했다. 또 "총은 어느 정도 가지고 있는가?"라는 질문에 "총은 없다"고 답했다. 그러자 그들은 내가 사실대로 말하지 않는다며 나를 밀어 넘어뜨리고는 가죽 채찍으로 등을 후려쳤다. 등에서 선혈이 방울지며

떨어졌다. 뒤이어 상처 난 자리를 소금물에 절인 죽비로 고문했다. 그러고 나서 나를 일으켜 세워 다시 취조를 시작하는데 밀고자가 내 앞에서 "인정하라. 인정하고 우리들과 함께 일하자"고 꾀었다. 내가 "총은 없는데 어디서 찾아내라는 건가" 하고 반박하니, 이번에는 일본군이 나를 봉으로 짓누르고 특무들이 짊어져다 놓은 큰 나무를 한 그루째 내 발 위에 얹어서 네 명의 남자가 그 위에 올라가 밟게 했다. 그냥 딱 한 번 밟히고는 너무 아픈 나머지 혼절했다. 일본군은 나의 머리에 물을 쏟아 부은 후 젖은 수건으로 씌워 의식이 회복되면 또 다시 심문을 되풀이했다. 내가 아무리 해도 협력하겠다고 수그러들지 않자 호의자(虎椅子, *고문 형구)를 사용했다. 특무들이 긴 의자를 메고 와서 나의 다리를 의자에 동여매고, 발아래에 벽돌을 끼워 넣었다. 다섯 개의 벽돌이 깔리자 나는 기절했다. 그들은 또 물을 퍼부어 눈을 뜨게 하였다. 하루 종일 이러한 심문을 몇 번이나 반복했는데 결국 필요한 정보를 얻지 못하자 나를 방으로 돌려보내 감금했다. 이 방의 면적은 6~7제곱미터 밖에 안 되는데 20명 정도를 집어넣고 구금했기 때문에 간신히 앉아있을 정도였다. 하루에 세 번씩 고문을 하면서 심문을 계속했다. 하루의 마지막 취조는 '관량수'(灌凉水), '장강자'(庄杠子), '호의자'를 당한다. '관량수'는 우선 내 머리를 갈퀴 사이에 끼워 넣어 고정하고, 줄로 양발을 묶고 동시에 두 사람이 나의 양팔을 붙잡고 있으면서, 손수건을 얼굴에 뒤집어 씌워 주전자로 입 안에 물을 부어넣는 고문이다. '장강자'는 무릎을 꿇리고서 큰 봉을 무릎 뒤에 끼워 넣고, 동시에 천으로 머리를 꽉 둘러 감고 넘어지지 않도록 양쪽에서 두 사람이 붙잡은 채로 네다섯 명이 봉 위에 올라가 힘껏 눌러대는 고문이었다. 참기 어려운 것은 두세 사람이 봉 위에 올라타 시소를 타는 것처럼 힘주어 움직일 때였다. 그런 고문을 당하면 나는 곧 기절해버렸다.

'호의자'는 나를 긴 의자에 앉혀놓고 발을 의자에 묶어 뒤꿈치 밑에 벽돌을 하나하나 집어넣는 고문이다. 기절하면 또 차가운 물을 끼얹어 의식을 되돌려서 취조를 반복했다. 취조가 끝나면 방 안에 가두고 경비대가 밖에서 감시했다. 갇힌 방은 진흙으로 만든 단층으로, 흙 우리와 마찬가지였다. 방이 작은 데도 불구하고 사람을 너무 많이 채워 넣으니 누우려고 해도 몸을 펼 수가 없었다. 인원이 적을 때도 앉아있는 것이 고작이었다. 식사로는 워터우 한 바구니를 운반해 왔다. 하루 두 번의 식사 배급이 이뤄졌는데, 한 사람 당 한 끼는 워터우 두 개였다. 물은 하루에 한 통을 받았지만 몹시 부족했다. 하루에 두 번 문 밖으로 잠시 나갈 수 있게 했지만, 이때 겨우 변소에 다녀왔다. 다른 시간에는 변소조차 갈 수 없었다. 제대로 먹지 못하니 며칠씩 대변을 못 보는 경우도 있었다. 소변은 방 안에서 보도록 했기 때문에 위생 환경이 열악했다. 나와 함께 붙잡힌 사람은 모두 같은 고통을 받고 학대당했다. 지도원 장비명(張丕明)은 고문 끝에 공산당원인 것을 인정하고 일찌감치 수용소로 보내졌다. 구금이 계속되는 사이에, 새로 잡혀 온 사람과 나가는 사람이 교체되곤 했는데 나만이 그곳에 오랫동안 갇혀 지냈다.

(3) 성불의 거점에서 1개월 남짓 고통을 받고 염산현의 감옥으로 이송되었다. 염산 감옥에서 다시 한 달을 유치된 후, 일본의 고바야시(小林)부대(해방 후에는 염산현 은행의 소재지, 현재 건물은 철거되지 않은 상태로 남아있다)로 옮겨졌다. 거기서 감시자는 모두 일본군이었다. 열 몇 명인가 거기에 구금되어 있었다. 수감자 중 간부 한 사람은 적 공작부장이고, 또 다른 한 사람은 왕(王)이라고 하는 참모로 나도 잘 알고 있었다. 이윽고 '팔(八)'자 모양의 콧수염을 기른 일본인이

등장했다. 군복에 견장을 달았는데 대략 50세 정도로 아마 중대장일 거라 생각했다. 그는 중국어를 할 수 있었다. 우리에게 얼굴을 들게 하더니 '쿨리(※중국인 하층 인부를 비하하는 말)가 하는 힘쓰는 일을 할 수 있느냐'고 물었다. 모두는 "할 수 있다, 도로나 철도 일 전부 가능하다" 고 답했다. 그는 조금 웃었다. "됐다. 너희들은 확실히 일해라. 너희는 쿨리다"라고 말했다. 그때는 탄광 일 같은 것은 해본 적도 없었다. 반 년 동안을 갇혀 지내던 중에 차가 왔다. 차가 오는 것을 보고 또 어디 로 연행되어 가는 건가 두려웠다. 일본인은 우리를 두 사람씩 가느다 란 줄로 팔을 묶었다. 다 묶고는 우리를 차에 밀어 넣었다.

자동차로 창현(滄県, 지금의 창주시)에 있는 감옥까지 이송되었다. 창현 감옥에 수감되어 있는 동안에는 매일 검은 콩가루로 만든 워터 우 두 개가 먹는 것의 전부라 배가 고파서 참을 수 없었다. 며칠인가 지나서 우리 일행 7~8명은 열차에 실려 당고로 옮겨졌다.

(4) 당고수용소에서의 상황 : 당고수용소에는 안뜰이 없이 북쪽만 육지가 계속 이어졌고 동, 남, 서쪽은 전부 해하(海河, ※중국 하북성 최대 의 강)의 수면이었다. 강에 면하는 동남서 세 방향으로는 전부 철조망 이 둘러쳐져 있었다. 철조망 앞에는 '전류가 흐르고 있음'이라고 쓰인 간판이 세워져 있었는데 진짜로 전류가 흘렀는지는 모른다. 그러나 폭동을 일으켰을 때에는 전류가 흐르지 않았다. 정문에는 경찰이 보 초를 섰다. 우리가 도착하자 수용인원이 전부 320여 명이 되었다. 우 리는 그곳에 20일 남짓 감금되었다. 어떤 중국인이 보초를 서는 순사 한테서 우리를 언제 일본으로 보낼 것인지 알아봤는데, 알아낸 정보 에 모두가 동요했다. 그래서 폭동을 일으켜 도망치기로 했다. 밤에 전 기 스위치를 끄고 전류망을 넘어 밖으로 탈출하자는 계획이었다. 당

고의 수용소는 북측으로 철도가 지나고 천진(天津)으로 통했는데 북측은 일본군의 경계가 엄했다. 동료들은 의논 끝에 해하의 조수가 빠지는 사이에 남쪽으로 도망치면 수심이 깊은 곳이라도 1미터니까 현지 사람이 안내해주면 도망칠 수 있을 거라고 생각했다. 실제로 그 날 밤 대형 스위치가 내려가 전등이 꺼졌다. 우리는 서로에게 말을 걸면서 밖으로 도망쳐 나왔다. 수감자의 도주를 우려해 야간에는 신발 착용이 금지되었던 터라 모두 맨발이었다. 전류망은 삼중으로 쳐져 있었다. 내가 첫 번째 전류망을 넘었을 때 뒤에서 총성이 들렸다. 일본군이 기관총을 연달아 쏘아 동료들은 픽픽 쓰러져 갔는데, 그 대혼란 속에 어떤 이는 더욱 밖으로 돌진하고 어떤 이는 되돌아왔다. 결국 몇 명은 도망쳤다. 우리 촌의 주임이었던 왕금정(王金亭)은 이때 탈출에 성공했다. 나는 끝까지 도망갈 수 없는 상황임을 간파하고 돌아왔다. 총을 가진 일본군이 곧 뛰어와 도망자의 숫자를 조사했다. 다음날 수용소에서는 전원을 집합시키고 도주 현장에서 붙잡혀 온 이삼십 명을 회장 중앙에 무릎 꿇렸다. 나머지 200명을 그 주위에 앉히고 직책 있는 일본인이 조사를 하기 시작했다. 중국어 통역자가 곁에서 통역을 했다. "너희들은 일본에서 일을 시키겠다고 했는데 왜 도주한 것인가. 도주하는 자는 모두 죽인다"는 것이었다. 한참 있다가 중앙에 무릎 꿇린 자들을 어디론가 끌고 갔다. 그중 16명은 총살되었다고 나중에 들었다. 그로부터 또 1개월 정도 더 구금되었는데 그 사이 산책이나 다른 방에 들어가는 일도 전부 금지되어, 화장실 갈 때 말고는 방 밖으로 나갈 수 없게 되었다. 일본인은 우리를 일본의 하시마로 보낸다는 사실을 말해주지 않았다. 경비대원으로부터 일본으로 간다는 것만 들었지 구체적으로 어디로 가는지는 알 수 없었다. 일본에 가기 전에 우리는 일본인과 어떠한 계약서도 교환한 적이 없다.

(5) 일본으로 연행된 상황 : 우리를 일본으로 보내려고 고바야시 부대에서 끌고 나갈 때 일본인 책임자는 팔자 콧수염을 단 그 사람이었다. 당고에서 우리에게 옷을 지급할 때 그도 있었다. 일본으로 떠나는 배를 탈 때도 그가 우리를 데리고 갔다. 하시마에 도착한 후 역시 그가 우리를 관리하였다. 승선 전에 각 사람에게 솜 직포와 헌옷이 지급되었다. 가는 도중에 먹을 식량으로는 각자 반쪽의 과병(鍋餠, *밀가루 등을 구워서 만든 두께 3cm·직경 60cm 정도의 큰 떡)을 받았다. 출발하기 전날 밤에 우리는 정렬하여 미쓰비시 회사에서 온 수염을 기른 남자의 인솔 하에 동대고(東大沽)로 이동했다. 배를 탈 때 양쪽에 일본군이 서서 감시를 했고, 우리에게 그 사이를 지나 널판을 건너 배에 오르도록 했다. 배에는 팔자수염의 일본인 책임자와 통역을 하는 장(張, 산동 사람)이 있었다. 배를 탄 후에는 몸을 결박하고 있던 끈을 풀어주었다. 선창에서 갑판으로 자유로이 드나드는 것도 가능했다. 배가 바다 입구에 접어들었을 때, 내가 보고 있는 눈 앞에서 다섯 명의 중국인이 바다로 뛰어들었다. 한 사람은 창주 연진(連鎭) 사람이었다. 귀국 후에 그를 다시 만난 적이 있다. 그는 바다로 뛰어든 후에 어민에게 구조되었다고 한다. 하구에서 다섯 명이 도망을 친 후로는 200여 명의 피연행자 전원이 화물창 안에 감금되었다. 화물창 입구를 큰 돛천으로 덮어 갑판에 올라가지 못하게 했다. 화물창은 높이가 3, 4미터 되고 계단이 갑판까지 이어져 있었다. 안에는 적하물 외에는 아무것도 없고 의자조차도 없었다. 배 안에서 처음에는 과병을 먹었지만 나중에는 배 멀미로 인해 먹을 수가 없었다. 일본인이 쌀밥을 내어 주었는데 설익어서 먹을 수가 없었다. 항행을 한지 사오일 뒤에 사람 하나가 죽었다. 일본인 책임자가 모두를 정렬시키고 추도를 하도록 중국인을 지휘했고, 죽은 사람을 거적으로 싸서 바다에 던져 넣게 했다. 시모노

세키에 도착하자 아침 식사 후 하선하여 검역을 받았다. 시모노세키에 도착했을 때 그들은 2년이 지나면 돌아갈 수 있게 한다고 말했지만 일의 내용이나 급료에 관해서는 전혀 말해주지 않았다. 검역이 끝나자 같은 배를 타고 하시마에 도착했다.

3. 수용 생활, 강제 노동

(1) 하선한 뒤에야 우리가 도착한 곳이 하시마라는 걸 알았다. 하선 후에 모임이 열렸는데 그곳에서 처음 우리가 일할 곳이 탄갱이라는 것을 알게 되었다. 우리는 선상에서 한 번 부대 편성을 받았지만 하시마에 도착한 후 새롭게 다시 편성이 되었고, 나는 제3중대의 제2반에 소속되었다. 반장은 창주 사람으로 호주삼(胡柱三)이라고 했다. 나의 번호는 70호였다. 기숙사는 어느 방이나 사람으로 가득했다. 우리가 살아야 했던 곳은 하시마 제6기숙사로 2층 작은 건물이었다. 침대는 없고 바닥에서 자야 했는데 바닥에는 다다미에 돗자리가 깔려 있었다. 제6기숙사 안에는 출입구를 감시하는 네 명의 경관과 기숙사장이 있었다. 평소 밖으로 나가는 것은 허락되지 않았으며 다른 기숙사 건물로 가볍게 왕래하는 것조차 할 수가 없었다. 만일 허락 없이 나갔다가 일본인에게 발견되면 이유도 묻지 않은 채 끌려가 구타당했다.

(2) 일을 처음 시작하기 전에 우리를 탄갱으로 데려가 현장을 보여주었다. 탄갱을 보고 돌아온 뒤로 부대대장으로 임명되어 있던 중국인이 목숨을 걸고 저항하고자, 장작을 패는 도끼로 통역하던 사람에게 달려든 사건이 있었다. 통역자에게는 맞지 않고 출입구를 감시하던 경관에게 부상을 입혔다. 아마도 부대대장 역할을 맡게 된 사람은 '저 통역자는 우리에게 탄갱에 가서 일하게 된다는 말을 해주지 않았

는데, 결국 우리를 탄갱으로 납치했다. 이러다가는 여기서 죽게 될 거다. 빨리 해치워 버리는 게 낫다'고 생각해서 우선은 통역자를 없애려고 달려든 것이 아닐까. 이 사건으로 인해 우리를 입갱시켜 일하도록 하는 일정이 계획보다 하루 이틀 늦어졌다. 그리고 일본인은 우리 중국인 피랍자 전원을 집결시키고 집회를 열었다. 일본인들은 아직 누가 범인인지 몰랐다. 일본인이 먼저 "누가 한 짓이냐?"고 물었다. 한 사람씩 순서대로 심문해 볼 생각이었는지도 모른다. 이때 부대대장이 쑥 일어서 말했다. "내가 했다. 다른 자는 아무 관계없다" 일본인은 곧 중국인 부대대장을 꽁꽁 묶어서 데리고 갔다. 일본이 항복한 후 우리는 부대대장을 돌려달라고 요구했는데, 귀국하기 이삼일 전에 겨우 돌아왔다. 부대대장은 줄곧 피복공장에서 일했다고 한다. 부대대장의 성은 정(鄭)이었던 것으로 기억한다.

(3) 우리가 지낸 기숙사는 평지에 있었다. 서쪽에 한 동, 동쪽에 두 동이 있었고, 그중 한 동이 취사장이었다. 기숙사 밖에는 광장이 있었다. 판자로 만들어진 기숙사에는 창문이 없어서 방 안이 너무 어두워 물건도 확실하게 보이지 않을 정도였다. 각 층마다 내부 복도가 있고 복도를 따라 작은 방이 이어져 있었다. 폭 1미터 남짓의 복도 양끝에는 오르내리는 계단이 있다. 건물은 남북 방향이었는데 내가 지낸 방은 서향이었다. 한 방에 한 반(班)이 들어가서 약 7, 8명이 일렬로 자야 했다. 건물에 들어가려면 신발을 벗고 들어가야 했고, 다다미 위에 돗자리가 깔려 있었다. 우리 건물은 서남쪽의 구석에 있었고, 밖의 광장은 해안가였다.

(4) 갱구는 북쪽에서 입갱했고 동쪽에는 항구가 있었다. 도착 이틀

후, 우리는 갱내를 미리 훑어보았다. 하시마 탄광에는 하나의 수직갱도(竪坑)와 하나의 비스듬한 사갱(斜坑)이 있는데, 수직갱도는 석탄을 위로 옮겨내는 데, 사갱은 갱부의 출입에 사용되었다. 첫 입갱 시에는 일은 시키지 않고, 감독이 우리를 데리고 45도로 기울어진 사면을 따라 탄갱의 아래까지 걸어 내려가서 여기저기를 둘러보고 올라왔다. 그리고 각자의 일이 분담되었다. 다음 날부터 일을 시켰다. 주야간 2교대로 각각 12시간 노동이었다. 나는 일본인이 구멍을 뚫고 발파한 뒤를 파 들어가는 일에 배치되었다.

(5) 일본인은 일 할 때 사용하는 도구를 전부 중국인에게 지웠다. 하지만 우리는 일본어를 모르기 때문에 감독이 어떤 도구를 달라고 말을 해도 못 알아들어서, 빨리빨리 건네지 않으면 감독에게 맞았다. 가까이에 곡괭이가 있으면 곡괭이로 때리고, 삽이 있으면 삽으로 때렸다. 우리 모두 항상 맞고 있었다.

(6) 매일 어느 정도 굴진(掘進)을 해야 하는지는 수치가 정해져 있었다. 매회 약 3미터 정도였다. 그러나 일이 순조롭게 진행될 때는 시간 내로 마치지만, 잘 되지 않을 때는 종료 시간이 되어도 끝이 나지 않았다. 일본인 감독은 언제나 혹독하게 일을 시켰다. 일하는 도중에도 틈만 나면 이유도 모른 채 마구잡이로 얻어맞아야 했다.

(7) 하시마에 도착하고 나서 우리는 사람이 입을만한 옷을 받아본 적이 없다. 일본으로 납치하는 배 안에서 각자에게 반팔 셔츠 한 장과 짧은 바지 하나 그리고 홑옷 한 장을 준 게 전부였다. 훈도시는 한 달에 한 장을 받았다. 갱내에서 일할 때 일본인 광부에게는 작업복이 주

어졌지만 중국인에게는 지급되지 않았기 때문에, 달랑 훈도시 한 장에 짚신을 신거나 맨발이었다. 일을 시작한 뒤로는 매일 아침, 점심, 저녁 하루 세 번의 식사를 주었는데, 보통식은 만터우 두 개(100g 정도)였고, 아침이나 저녁 식사는 연한 죽 두 그릇으로 줄 때도 있었다. 점심은 아침부터 만터우를 받아 가지고 있다가 갱내에서 일하다 먹게 했다. 굶주렸기 때문에 갱내에 가지고 가도록 되어 있는 만터우를 입갱하기도 전에 먹어치우곤 했다. 평소의 식사도 중국에 있을 때 먹던 우리 집 식사의 삼분의 일보다 못한 양을 먹었다. 그 배고픔은 지금도 잊을 수가 없다. 하시마는 작은 섬이라 먹을 것도 마실 것도 모두 외부에서 운반해 왔다. 때로는 음료를 실어올 수 없을 때도 있어서, 부엌에 있는 것만으로 끼니를 때워야 하는 경우도 있었다. 어떤 때는 죽을 먹었고, 어떤 때는 콩깻묵 죽을 먹었고, 또 어떤 때는 검은 만터우를 먹었다. 나가사키에는 귤나무가 많아서 중국 노동자에게 몇 번인가 귤을 준 적이 있는데 굶주림 때문에 모두들 껍질까지 다 먹었다. 또 일을 마치고 돌아오는 길가에 귤껍질이 떨어져 있으면 슬쩍 주어다 숙소에 돌아와서 씻어 먹었다. 그러나 감독에게 들키면 반드시 구타를 당했다. 한 번은 부엌에 해조류가 한 차 운반되어 왔는데, 내가 뒤에서 한 움큼을 빼돌렸다. 이것을 일본인에게 들키는 바람에 경비실로 끌려가 심하게 따귀를 얻어맞아 입 안에서 피가 뿜어져 나왔다.

(8) 배고픈 고통이 너무 심해서, 병이 들어 쉬게 되면 식사를 절반으로 줄이기 때문에 아프다는 말을 꺼낼 수 없었다. 기후풍토에 적응이 되지 않아 많은 노동자가 설사를 했지만, 일본인은 우리를 치료해 주지 않는 것은 물론이고 식사도 주지 않았다. 배에 생긴 병은 설사를 하면 오히려 더 좋아진다며 환자에게 아주까리 기름 한 공기를 주거

나 사리염(瀉利塩, *에프솜 소금, 설사약으로 사용한다) 반 공기를 주었다. 이것은 모두 설사약인데, 먼저 배를 비우게 한 뒤에 나중에 음식을 먹도록 했지만, 중국인 노동자들은 이미 몸이 쇠약해질 대로 쇠약해진 상태라 이런 식으로 하면 병세가 오히려 더 악화되었다.

(9) 일본인은 중국인을 정기적으로 병원에 가도록 했다. 하지만 체중을 재는 것이 전부였다. 취사 담당자에게 들은 이야기로는 중국인의 체중이 늘고 있는지 줄고 있는지를 조사해서 식량을 최소한으로 줄일 목적이라고 했다. 내가 중국에서 살던 무렵에는 몸무게가 70kg은 나갔는데, 하시마로 납치되고 나서는 50kg 정도로 줄어 버렸다.

4. 기타

(1) 1945년 8월 9일, 미국이 나가사키에 원자폭탄을 투하했을 때 우리는 갱내에서 일하고 있었기 때문에 그 사실을 몰랐다. 정전이 되어 갱 안은 칠흑 같은 어둠에 싸였다. 엘리베이터도 정전으로 움직이지 않았다. 우리는 도대체 무슨 일이 일어났는지도 모른 채 필사적으로 기어 올라갈 수밖에 없었다. 갱 밑은 깊어서 밖으로 나가는 데 오랜 시간이 걸려 배고픔에 기운이 다 빠져버렸다. 이대로 갱 안에서 아사할 것 같은 상태의 사람도 있었다. 지상에 있던 동료들이 만터우를 가져다주려고 아래로 내려와 준 덕분에 다시 오랫동안 기어서 간신히 바깥으로 올라왔다.

(2) 일본이 항복하자 곧 우리는 더 이상 입갱을 강요받지 않고 자유로워졌다. 일본이 항복한 후에도 두 달 정도 하시마에 남아 있다가 겨우 귀국할 수 있었다. 나가사키에서 열차를 타고 사세보로 가서 미군

의 수송선을 타고 중국으로 돌아온 것이다. 나는 귀국 제6진이었다. 중국의 고향집에 다다른 것은 음력 11월 2일(양력 12월 6일)이었다.

(3) 하시마를 떠나는 것이 결정되자 미쓰비시 측이 중국인 노동자에게 귀국비를 지급한다고 하더니 수표를 주었다. 한 장의 백지 위에 글자가 몇 개 적혀 있었는데 내가 받은 것은 800위안(元) 남짓의 수표였던 것 같다. 수표를 나누어 주는 자리에 일본인 기숙사장과 통역이 있었다. 통역이 "당신들은 이제 슬슬 귀국하기 때문에 돈을 주기는 하지만 여기서는 사용할 수 없다. 천진에 도착하면 은행에 가서 수표를 돈으로 바꿔라" 하고 말했다. 모두가 빨리 돌아가고 싶은 마음에, 그들이 시키는 대로 수표를 수령한다는 서류에 지장을 찍은 기억이 있다. 천진의 일본 조계 은행에 가면 현금으로 바꿀 수 있다고 했지만, 귀국 후 그 은행을 찾았을 때는 이미 철수해버려 돈은 받을 수 없었다.

(4) 귀국할 때 하시마에서 셔츠, 바지, 검은 색의 일본 해군복, 가죽 구두 한 켤레와 모포를 받았다. 북양(北洋)대학에서 귀국한 우리의 접수를 맡은 국민당군이 군대에 들어오라고 말했지만 집으로 돌아가고 싶었기 때문에 거절하고 열차를 이용해 창주로 돌아왔다. 날이 저물어 집에 닿아보니 양친은 건재했지만 아내는 만날 수 없었다. 어머니로부터 아내가 이미 죽었다고 들었다. 결혼한 지 몇 개월 만에 남편이 강제 연행된 후로 아내는 나를 걱정하다가 병에 걸려 죽었다고 한다. 불과 스물 두 살이었다. 일가는 얼굴을 마주하고 울 뿐이었다. 내가 살아서 돌아오리라고는 생각지도 못했다는 것이다. 일본에서 1년 넘는 세월을 강제 노동을 하며 보냈는데, 어떤 명목으로도 돈은 한 푼도 못 받았다. 많은 사람이 병에 걸려 장애를 갖게 되거나, 그곳에서 죽었다.

(5) 살아 돌아온 우리는 고향에 돌아와서도 일본에 납치된 과거 경력이 중국사회에서 살아가는 데 큰 장애가 되었고 괴로움을 당했다. 공연히 일본으로 납치당해 강제 노동을 할 수밖에 없었던 사실을 감추고 살아야 하는 불행한 삶이었다. 일본의 누구에게 어떤 방식으로 사죄와 배상을 요구해야 할 지 알 수가 없었다. 그런 상황이 오랫동안 이어졌다. 변화가 시작된 것은 나가사키의 다카자네(高實) 씨나 히라노(平野) 씨 같은 분들이 진상조사 활동을 하면서 우리를 만나게 된 때부터이다.

(6) 나는 일본 정부와 기업이 우리에게 정의와 인간의 존엄을 돌려주고, 중국의 납치 피해 노동자에게 사죄와 함께 물질적·정신적 보상을 할 것을 요구한다. 이러한 요구가 가능하다는 사실을 알게 된 것은 연의회(聯誼会)를 결성하여 피고 미쓰비시 머리티얼에 진상조사에 협력할 것과 보상을 청구하는 활동을 시작하고부터이다. 나의 인생도 길게 남지는 않았다. 이 재판을 통해 납치의 진상을 밝히고, 정의가 실현되기를 바라며, 날마다 마음을 새롭게 다지고 있다.

(7) 나는 이경운의 존재를 작년 가을이 되어서야 처음 알았다. 하시마에서는 같은 장소에서 수용생활을 하고 같은 갱내에서 일을 했는데도 불구하고 말이다. 이는 중국인 노동자들이 서로 일상적으로 접촉하는 것조차 얼마나 억압당하고 있었는지를 증명한다.

*이지창 씨는 2004년 10월 5일, 서거했다.

왕수방(王樹芳) 씨
일본과 미쓰비시는 아버지를 빼앗고, 한집안의 생활을 파괴한 보상을 하라

1. 원고와 강제 연행된 자와의 관계

나는 왕수방이라고 하며, 포로로 일본에 끌려갔던 노동자 왕운기(王雲起)의 아들이다. 1941년 6월 17일에 태어났고, 한족이다. 고등소학교를 졸업하고 대대로 거주지인 중국 하북(河北)성 동광(東光)현 등명사(灯明寺) 진서대오촌(鎭西大吳村)에 사는 농민이다.

2. 강제 연행된 자의 상황

나의 돌아가신 아버지 왕운기는 1914년 3월 21일 생으로, 사범학교를 졸업하고 침과 뜸도 가능했다. 1938년 혁명군에 참여하고 같은 해 중국공산당에 입당했다. 일본군에 잡혀가기 전에는 마을에서 교사를 하면서 동광현청 선전실의 간사도 겸임했다. 1944년 3월 15일 오후, 현의 이습촌(李習村)에 주재하고 있던 일본군과 매국노가 마을 소탕작전을 왔을 때, 왕운기는 등명사 진후기촌(鎭後祁村)의 북쪽에서 일본 헌병에게 붙잡혔다. 그리고 동광감옥에 감금되어 혹독한 고문과 비인도적 고난을 받았다.

며칠 후 나의 외조부와 어머니는 아직 세 살인 나를 데리고 감옥으로 찾아가 아버지를 만났다. 잡힌 지 며칠 지났을 뿐인데 아버지는 벌써 고문으로 인해 몸이 만신창이가 되어 있었다. 감옥 철창을 사이에 두고 아버지는 상처투성이의 손으로 나를 쓰다듬었다. 가족은 소리도 못 내고 울었다. 이것이 나와 아버지의 마지막 순간이 되리라고는 생

각도 하지 못했다. 반 년 후 우리 집은 일본에서 날아온 엽서를 받고 왕운기가 일본으로 연행된 사실을 겨우 알았다. 나가사키에 있는 절해고도 하시마에서 석탄을 파는 고된 노동에 시달리고 있었던 것이다.

1945년 8월 15일, 일본 침략자가 무조건 항복을 선언했기 때문에 우리 가족은 왕운기가 어서 귀국할 것을 기다렸다. 그러나 도착한 것은 부고 소식이었다. 살아남아 귀국한 노동자 이경운과 최옥신(崔玉臣)이 나의 아버지는 이미 미쓰비시 하시마 탄갱에서 돌아가셨다고 전해주었다. 이 소식은 일가에 청천벽력이었다. 우리는 심한 충격을 받아 깊은 슬픔에 빠졌다. 이경운과 최옥신은 울면서 설명했다. 그들은 아버지와 함께 일본 나가사키 하시마 탄갱으로 강제 연행되어 해저에서 석탄을 캤고, 인신의 자유는 일체 없이 날마다 어두운 탄갱에서 하루 12시간이나 그 이상의 초중노동에 종사해야 했다. 게다가 급료도 한 푼도 받지 못하고, 먹을 것, 입을 것 등도 최저 생활조차 불가능했다. 가엾은 중국인 노동자들은 일본인 감독의 매질을 받아가며 지독하고 괴로운 육체노동에 시달렸고 비인간적인 대우를 받았다고 했다.

불쌍한 아버지는 1945년 10월 6일, 점심식사 후 노동자들과 생선을 굽고 있던 찰나에 갑자기 혼절하여 사경을 헤맸다. 얼굴색이 검푸르게 변하고 입에 거품을 품는 중독 증상을 보였다. 그때 이경운을 비롯한 노동자들이 일본인 탄광장에게 아버지를 병원으로 옮겨 구급조치를 취하도록 강하게 요구했지만, 일본인들은 아무런 조치도 취하지 않았다. 아버지는 두 시간가량 고통스러워 하다가 원통하게 죽었다고 한다. 탄광장의 이러한 비인도적인 행위는 엄중하게 규탄 받아야 한다. 당시 서른두 살에 불과했던 아버지는 일본 미쓰비시 광업에 의해 마지막 한 방울의 피까지 쥐어 짜인 채 목숨을 빼앗긴 것이다.

3. 중국에 남겨진 원고들(피해자 왕운기의 가족들)의 그 후 상황

아버지가 잡혀가기 전, 아버지는 마을의 교사로서 방이 일곱 개 딸린 집과 약 4묘(※약 800평)의 경지를 가지고 있었다. 가족은 할머니, 아버지, 어머니와 나 넷이었다. 아버지가 받아오는 급여까지 해서 우리 가족의 생활은 비교적 윤택했다. 그러나 아버지가 사라지자 아버지의 교사 수입도 없어졌고 경작도 할 수 없어, 가족의 생활은 갑자기 힘들어졌다. 게다가 우는 얼굴에 침을 뱉는 격으로 일본군은 마을 소탕을 하러 와서 집안에 있는 모든 귀중품을 비롯하여 두 점의 귀한 옛 그림을 약탈하고 방화까지 저질러 집이 잿더미로 변했다. 가족은 어쩔 수 없이 이웃집의 별채를 빌려서 지냈다. 여름에는 햇빛을 차단할 수 없고 겨울에는 추위를 막을 수 없는 방이었다.

연로하신 조모는 갑자기 닥쳐온 타격을 견디지 못하고 음식물을 아무 것도 넘길 수 없게 되었다. 하루 종일 눈물로 얼굴을 적시며 울기만 했다. 그러다 두 눈 모두 실명하여 혼자서는 아무 것도 할 수 없게 되어 버렸다. 우리 가족은 어머니의 길쌈으로 얻은 조금밖에 안 되는 수입에 의지해 겨우 생계를 유지했지만, 그나마도 생사의 갈림길을 헤매는 형편이었다.

1945년 12월, 큰아버지 왕윤장(王潤章)이 당고에서 내 아버지의 유골을 집으로 가지고 돌아왔을 때 온 가족이 목 놓아 울었다. 어머니는 비통함에 몇 번이나 의식을 잃었는데 긴급구조조치로 겨우 목숨을 보존했다. 원래 병상에 누워있던 할머니는 양 눈이 실명 상태였지만 눈물을 흘렸다. 근처에 있던 사람들도 울기 시작하여 온통 울음바다가 되고 천지도 함께 어두워졌다. 우리 집은 가난 때문에 1.5무(※300평)의 토지를 팔아 관을 사서 간단하게 왕운기의 유골을 매장했다. 그리고 가정 형편은 더욱 어려워져 어머니 한 사람의 어깨에 무거운 부담이 얹혀졌다. 앞을 못 보는 할머니는 아들을 잊지 못하며 지내다 반 년 후에 절망 속에서 세상을 떠나셨다. 이때 또 1무(※200평)의 토지를 팔아 장례를 치렀다.

4. 원고의 현재 상황

나와 어머니는 둘이서 서로 도우며 지금까지 살아왔다. 근면하며 선량한 어머니는 낮이나 밤이나 실을 뽑고 천을 짜서 간신히 집안의 생계를 이어 왔다. 인민정부의 배려 덕분에 나는 드디어 학교에 갈 수 있었고, 오늘에 이르렀다.

우리 집의 이 비참한 역사, 피와 눈물의 역사는 일본의 침략 전쟁이 그 원흉이다. 나는 제2차 세계대전 당시 중국인 강제 연행 피해 노동자의 유족으로서 일본 정부와 미쓰비시 회사가 노동자들을 강제 연행하여 일을 시키고 학대한 사실을 인정하고, 생존자 및 유족에게 공개적으로 사죄와 배상을 하고, 미불된 임금 지불은 물론 우리가 당한 정신적, 육체적, 가정적 피해에 대해 배상할 것을 강력히 요구한다. 또 역사적 비극을 재차 반복하지 않기 위하여 중국의 하북성과 일본 나가사키에 각각 기념관을 건설하여, 후세 사람들에게 이러한 역사적 사실을 가르치고 전해서 두 번 다시는 비극의 역사를 되풀이하지 않을 것을 요구한다.

제3장
묻혀진 진실을 비춘 '하시마 자료'
(하시마 조선인들의 사망실태) 분석

1974년 4월 20일, 동중국해에 뜬 외딴 섬, 일찍이 '지옥섬'이라 불린 하시마(군함도)는 무인도가 되고 그대로 폐허가 되었다. 노출탄이 발견된 1810년부터 164년 동안의 긴 시간을 거쳐 근대 일본의 번영을 뒷받침했던 해저 탄광은 이제는 '기념비적 섬'으로 변모해 버렸다. 해를 거듭하면서 폐허의 땅과 건물은 더욱 풍화하고, 방문하는 이는 나룻배를 타고 찾아드는 낚시꾼뿐이다. 섬의 황폐화는 날로 가속도가 붙었다.

그때 우리는 '하시마 자료'를 발견했다. 1925년부터 1945년에 걸친 약 20년 동안 이 섬에서 사망한 태아, 영아, 유아부터 노인에 이르기까지 모든 일본인과 조선인, 중국인(인원이 많은 순서대로 나열)의 사망진단서, 화장인허증교부신청서(火葬認許証交付申請書)이다. 이 자료를 한 번 보면 누구라도 그 참혹한 죽음을 통해 당시의 비참했던 생활을 상상할 수가 있을 것이다.

그들의 죽음으로부터 40~60년이 경과한 지금. 사람들의 아스라한 기억 속에는 죽은 이들의 기쁨이나 슬픔, 분노와 한탄, 고통, 아픔의 흔적이 먼지처럼 사라져가고 있을 것이다.

그러나 이 방대한 서류—우리는 이것을 '하시마 자료'라고 이름 붙였다—를 면밀히 검토하면 과거 이 섬에서 살고 일하며 다양한 상황 속에서 죽어간 사람들의, 우리로서는 알 수 없는 '신음 소리'가 들려올 것이다.

특히 그리운 가족과 떨어져 조선에서 강제 연행돼 이곳까지 와 노동을 강요당하고, 학대와 차별, 압제에 짓눌려 살던 끝에 한을 품고 죽어간 조선인 노동자와 중국인 노동자들의 '신음'이 원혼으로 되살아나는 것을 뼈저리게 느낀다.

1헥타르 당 400명이 넘는 초과밀도(긴지름으로 고작해야 480m, 폭

160m 남짓의 좁은 공간)에서, 그들이 나야제도(納屋制度, ※전근대적인 노무관리제도), 다코베야(蛸部屋, ※열악한 노동자 합숙소)를 중심으로 밑바닥 생활을 강요당하고, 1943년부터는 하루 12시간 이상의 강제 노동에 충분한 식량이나 휴식시간도 제공받지 못하며 노예와 같은 나날을 보냈으리라는 사실은 쉽게 미루어 짐작할 수 있다.

죽임을 당한 자의 '신음'―그 알려지지 않은 진실에 양심의 빛을 비추고, 그들이 왜 그곳에서 죽어야만 했는가, 그들을 끌고 와 학대하고 죽게 만든 것은 과연 누구인가를 밝히는 일이 우리의 책무라고 생각한다. 그것이야말로 죽임을 당한 이들을 위해서도, 또 다시는 우리가 그들을 죽음으로 내몰지 않기 위해서도 반드시 필요한 일이다.

지붕이 허물어져 넘어져가는 학교 건물(2008년 1월 1일)

"왜 조선인 노동자들이 하시마에서 강제 노동을 당해야 했는가", "어째서 일본인 노동자에 비해 조선인 노동자·중국인 노동자의 '변사' 비율이 높은 것인가"

우리는 '하시마 자료'를 통해 이러한 근본적인 질문을 던지고 다시 보기를 함으로써, 일본 제국주의가 조선인·중국인에게 어떠한 범죄 행위를 저질렀고, 왜 그런 짓을 했는지에 관해 통찰할 수 있는 시야를 얻게 되었다.

사망한 조선인(123명)의 출신지

경상남도(77명)＝통영군 2명, 울산군 2명, 함양군 2명, 고성군 4명, 김해군 7명, 밀양군 3명, 진주군 17명, 산청군 1명, 양산군 6명, 부산부 2명, 사천군 1명, 진양군 5명, 함안군 2명, 의령군 1명, 거창군 1명, 그 외 1명

경상북도(12명)＝경주군 1명, 영일군 2명, 성주군 1명, 청도군 1명, 김천군 1명, 경산군 1명, 달성군 2명, 대구부 1명, 고령군 2명

황해도(4명)＝신천군 2명, 신주군 1명, 벽성군 1명,

도 불명(1명)

전라남도(11명)＝순천군 1명, 함평군 2명, 목포부 3명, 무안군 2명, 곡성군 1명, 제주도 1명, 그 외 1명

전라북도(2명)＝진안군 1명, 김제군 1명

충청남도(3명)＝논산군 2명, 서주군 1명

충청북도(5명)＝청주군 3명, 충주군 1명, 제천군 1명

강원도(5명)＝울진군 3명, 강릉군 1명, 원주군 1명

경기도(3명)＝강화군 1명, 부천군 2명

조선인 부분

1. 조선인 노동자의 높은 사망률

1925년부터 1945년까지 하시마에서 사망한 모든 사람들의 '화장인 허증 하부(下附) 신청서'는 1,296장으로 구성되어 있다. 그 내역은 사산아(태아)를 포함해서 일본인 1,162명(남자 741명, 여자 421명), 조선인은 (사산아를 포함하여) 123명(남자110명, 여자 13명), 중국인(남) 15명이다.

하시마의 인구에 관해서는 다음의 자료가 있다.

- 『오사카아사히신문(大阪朝日新聞)』 1919년 10월 11일 기사. '하시마 총 인구 3500명'
- 하시마탄갱노동조합 편집·발행, 『군함도－하시마탄갱해산기념사』 (1974년 1월 1일 발행)

〈하시마 탄갱 작업원 수〉

연도	직원	광원	계
1940		1,622	1,622
1941	123	1,818	1,941
1942	126	1,950	2,076
1943	130	2,122	2,252
1944	157	2,151	2,308
1945	163	1,436	1,599
1946	148	1,717	1,865

- 다카시마정 자료＝'1945년 하시마 인구 4,022명'
- 1973년 10월 25일자 『아사히신문』 나가사키 판 기사＝1943년, 중국인 포로 내도(來島)－약 240명(*중국인을 연행해 온 것은 다음 해 6월이고, 대다수는 농민으로서 총 인원 204명인 것이 판명되었다) 같은 해 조선인 노동자

500명 내도.

• 1974년 4월 29일자 『나가사키신문』 기사 = '1944년 9월, 조선인 노동자 내도 — 약 100명'

〈표 1〉 하시마(군함도)에서 사망한 전(全) 조선인 · 중국인 수 1925년~1945년

연도 \ 구분			조선인						중국인		비고
		남	녀	영유아 (5세이하)		사산 (死産)		계	남	녀	
				남	녀	남	녀				
1925年	大正 14年	3	0	0	0	0	0	3	0	0	
1926年	〃 15年	5	0	0	0	0	0	5	0	0	
1927年	昭和 2年	3	2	0	0	0	0	5	0	0	
1928年	〃 3年	7	1	0	0	0	0	8	0	0	
1929年	〃 4年	3	0	0	0	0	0	3	0	0	
1930年	〃 5年	4	0	0	0	0	0	4	0	0	
1931年	〃 6年	1	0	0	0	0	0	1	0	0	'만주'침략개시
1932年	〃 7年	1	0	0	0	0	0	1	0	0	
1933年	〃 8年	1	0	1	0	0	0	2	0	0	
1934年	〃 9年	2	0	1	0	1	0	4	0	0	
1935年	〃 10年	4	0	1	2	0	0	7	0	0	
1936年	〃 11年	3	0	1	1	0	0	5	0	0	
1937年	〃 12年	2	1	1	1	0	0	5	0	0	중일전쟁 발발
1938年	〃 13年	4	0	0	0	1	0	5	0	0	
1939年	〃 14年	6	0	0	0	0	0	6	0	0	
1940年	〃 15年	6	1	0	2	0	0	9	0	0	
1941年	〃 16年	3	0	1	0	0	0	4	0	0	태평양전쟁 개전
1942年	〃 17年	3	0	2	0	0	0	5	0	0	
1943年	〃 18年	9	0	0	0	0	0	9	1	0	
1944年	〃 19年	12	0	2	0	1	0	15	8	0	
1945年	〃 20年	12	1	2	1	1	0	17	6	0	일본 패전
소계		94	6	12	7	4	0	123	15		
합계		138									

※ 위 표에서 조선인 사망자 수는 123명으로 표기되어 있다. 그러나 현재 '나가사키 재일조선인의 인권을 지키는 모임'은 122명을 공식적 입장으로 취하고 있다. 이러한 차이는 동일 인물인 사카모토 봉일(坂本鳳日)과 박봉일(朴鳳日)을 중복 계산하였기 때문으로 사카모토 봉일은 피폭당한 나가사키 형무소에서 사망한 '전재사'로 처리하였으며, 박봉일은 '원폭사'로 처리하였다. (사카모토 봉일에 대해서는 이름의 발음을 정확히 어떻게 하였는지는 알 수 없다)

〈표 2〉 하시마에서 사망한 일본인 수 1925년~1945년

연도		남	녀	계	사산(死産)			합계	비고
					남	녀	계		
1925年	大正 14年	33	11	44	0	0	0	44	
1926年	〃 15年	30	14	44	0	0	0	44	
1927年	昭和 2年	46	11	57	0	0	0	57	
1928年	〃 3年	29	16	45	4	1	5	50	
1929年	〃 4年	30	24	54	3	0	3	57	
1930年	〃 5年	34	20	54	4	0	4	58	
1931年	〃 6年	33	28	61	1	2	3	64	'만주'침략개시
1932年	〃 7年	16	28	44	8	3	11	55	
1933年	〃 8年	29	21	50	1	0	1	51	
1934年	〃 9年	25	14	39	1	1	2	41	
1935年	〃 10年	41	20	61	3	2	5	66	
1936年	〃 11年	31	13	44	2	2	4	48	
1937年	〃 12年	20	27	47	2	1	3	50	중일전쟁 발발
1938年	〃 13年	48	42	90	3	2	5	95	
1939年	〃 14年	23	22	45	1	6	7	52	
1940年	〃 15年	41	15	56	1	2	3	59	
1941年	〃 16年	39	17	56	1	3	4	60	태평양전쟁 개전
1942年	〃 17年	33	11	44	3	1	4	48	
1943年	〃 18年	28	11	39	4	1	5	44	
1944年	〃 19年	43	18	61	3	0	3	64	
1945年	〃 20年	42	11	53	2	0	2	55	일본 패전
소계		694	394	1088	47	27	74	1162	
합계		1162							

<표 3> 인원 능률 및 출탄량의 변천

연도별	다카시마 후타고갱				하시마광			
	출탄량 (t)	인원		재적직원 1인당 1개월 능률(톤)	출탄량 (t)	인원		재적직원 1인당 1개월 능률(톤)
		직원	광원			직원	광원	
15					384,800		1,622	19.77
16	279,900	223	2,110	11.05	411,100	123	1,818	18.84
17	297,400	247	2,615	9.48	387,600	126	1,950	16.56
18	287,100	262	2,695	7.88	357,900	130	2,122	14.06
19	243,100	285	2,957	6.85	243,000	157	2,151	9.41
20	95,055	277	2,098	3.78	81,845	163	1,436	4.75
21	129,400	246	2,340	4.61	80,100	148	1,717	3.89
22	185,610	246	2,781	5.56	126,070	144	1,928	5.46
23	225,900	253	2,800	6.72	136,000	139	1,909	5.94
24	252,500	300	2,838	7.40	143,100	163	1,728	6.90
25	326,600	334	2,776	9.80	164,000	168	1,643	8.30
26	373,800	340	2,513	12.4	193,000	170	1,597	10.10
27	333,800	343	2,531	11.0	199,500	169	1,601	10.40
28	373,900	336	2,463	12.7	178,800	143	1,531	9.70
29	422,300	333	2,450	19.4	140,600	140	1,463	8.00
30	449,400	338	2,359	15.9	143,700	132	1,407	8.50
31	495,500	341	2,403	17.2	180,300	130	1,427	10.5
32	536,000	358	2,517	17.7	189,400	127	1,430	11
33	429,500	363	2,616	13.7	213,200	128	1,412	12.6
34	530,200	389	2,667	16.5	230,000	130	1,388	13.8
35	730,600	384	2,715	22.4	245,000	126	1,326	15.4
36	640,100	393	2,707	19.7	233,700	122	1,153	16.9
37	759,500	379	2,628	24.1	289,900	110	1,094	22.1
38	1,002,100	373	2,485	33.6	245,200	112	1,038	19.7
39	1,209,100	377	2,529	39.8	98,200	99	749	(22.4) (10.9)
40	1,272,400	367	2,573	41.3	176,400	77	600	(47.8) 24.5
41	1,212,000	355	2,729	37.0	327,500	79	625	43.6
42	1,210,000	356	2,657	37.9	269,700	85	663	33.7

43	1,161,000	370	2,618	36.9	319,300	87	646	41.2
44	1,115,143	347	2,509	37.3	310,495	84	590	43.8
45	1,044,057	332	2,369	37.7	277,901	78	534	43.4
46	979,277	320	2,344	35.4	296,517	72	518	47.7
47	1,008,300	286	1,528	41.8	350,120	64	499	58.5

주: 1935년부터 1943년까지는 재적 광원 능률. 1944년도 이후 실 동원 광원 능률. 하시마
  광 ( )안 1939년도는 재난 이전. 1940년도는 생산 재개 후(하반기) 능률. 하시마탄갱
  노동조합편집·발행, 『군함도―하시마탄갱해산기념사』(1974년 1월 발행)에서 전재.

도내(島內) 인구는 메이지 연간에 일찍이 2,700~2,800명에 달했고, 그 후 최성기인 1945년에는 5,300명이 되었다.(폐광 직전인 1973년 12월에도 인구는 2,200명이나 되었다) (『원폭과 조선인』 제4집, p.67)

탄갱노동자는 1944년도를 기준으로 하면 일본인 1,603명, 조선인 500명, 중국인 205명(화북(華北)노공협회의 지도원 1명을 포함한다)이고, 합계 2,308명이다. 이 비율은 일본인 0.69, 조선인 0.22, 중국인 00.09다.(※총 합계는 1이 된다)

1925년~1945년 사이의 사망자는 일본인 1,162명, 조선인 123명, 중국인 15명인데, 태평양전쟁이 격렬해짐에 따라 석탄 증산이라는 지상명령이 강권 발동된 1944년에는 각 인수(일본인 1,603명, 조선인 500명, 중국인 205명)에 대한 사망률을 상세히 비교할 때, 15세부터 60세 남성에서 일본인 1.93%, 조선인 2.40%, 중국인 3.90%이다. 조선인·중국인 남성의 사망률이 높고, 특히 중국인의 경우는 반 년간의 사망률에 해당하는 수치라는 점을 주목할 필요가 있다. 또 태평양전쟁 개전 다음해인 1942년까지는 일본인 사망률이 조선인보다도 높았지만, 1943년에는 일본인 1.14%, 조선인 1.80%로 완전히 역전되는 것이 판명된다. 더욱이 1945년에는 일본인 1.81%에 대하여 조선인은 2.40%, 중국

인은 3.05%로 그 사망률이 더욱 높다. 게다가 이 해에는 조선인과 중국인 모두 일본의 패전 직후인 가을까지밖에 섬에 있지 않았기 때문에 그 사이의 사망률이다.

일본인 사망자 수는 다이쇼(1912~1926)연간부터 1945년 패전 때까지 매해 50~60명 전후로 일정하지만, 조선인의 경우는 그때까지 매년 평균 4.8명이었는데 불구하고 1944년에는 이전의 3.1배인 15명, 1945년에는 3.5배인 17명이 사망했고, 중국인은 강제 연행된 1944년 6월부터 2년 연속해서 아주 높은 사망률을 보이고 있다.

이는 태평양전쟁 중에 탄갱이 일본 제국주의 정부로부터 무리한 증산명령을 받고, 탄광 노동에 익숙하지 않은 조선인·중국인 노동자를 자재 부족 현장과 채탄 현장으로 보내어 가혹한 증산태세를 강행한 데 그 원인이 있음을 증명하기에 충분하다.

2. 조선인의 사망원인

① 병사(60명)

발육불량 2명, 설사 1명, 소화불량(급성을 포함) 6명, 뇌수종 1명, 직장 카타르성염(점막의 염증) 3명, 뇌출혈 2명, 간경변증 1명, 폐침윤 1명, 기관지 카타르성염 1명, 기관지 천식 1명, 기관지염 및 천식 1명, 기관지폐렴 5명, 선천성 매독 및 기관지염 1명, 각기 및 신장염 1명, 장티푸스 의사증 1명, 심장마비(급성을 포함) 2명, 폐결핵 1명, 노쇠 1명, 장티푸스 1명, 농독증 2명, 적리(이질의 한 종류) 의사증 1명, 심장성 천식 1명, 담낭염 1명, 백일해 및 기관지 폐렴 1명, 신장염(급성을 포함) 2명, 만성복막염 및 신장염 1명, 심장판막증 1명, 무릎 관절염 및 농독증 1명, 파상풍 1명, 폐렴(급성을 포함) 5명, 급성복막염 3명, 위암

1명, 충심성 각기 1명, 패혈증 1명, 사산 4명.

② 사고사(변사) (63명)

외상으로 인한 장 손상 1명, 외상으로 인한 뇌진탕증 7명, 외상으로 인한 복부내장파열 2명, 외상으로 인한 척수 손상·마비 2명, 외상으로 인한 급성복막염 1명, 외상으로 인한 심장 마비 1명, 외상으로 인한 뇌척수 손상 1명, 미상 1명, 두부타박증 1명, 자살 1명, 추락으로 인한 뇌진탕증 1명, 전재(戰災)로 인한 화상사 1명, 공습에 의한 사망 1명, 변사 1명, 변사(두개저골절)(뇌손상) 2명, 변사(폭상사(爆傷死)) 2명, 익사 4명, 압사(매몰에 의한 것을 포함) 9명, 질식(매몰에 의한 것을 포함) 24명.

3. 조선인 사망 원인의 규명

① 조선인의 사망 원인을 조사하면 '병사'(病死)가 60명인데 비해 '사고사'(변사)가 63명이다. 뜻밖의 죽음이 더 많은 것을 알 수 있다. 병사자의 병명을 살펴보면, 페니실린과 스토렙토마이신, 그 외 현대의학으로 보급되어 있는 의약품을 투여하면 치유할 수 있었던 병이 많은 점에도 주목할 수 있다. 당시의 하시마에는 병원과 진찰실도 있고 의사도 배치되어 있었는데, 우수한 의약품이나 의료기구가 불충분하고 수술실, 병리검사실도 정비되어 있지 않았을 것이라고 추측된다.

이들 병명은 일본인의 '화장인허증하부신청서'(火葬認許証下附申請書)에서도 다수 확인되며 조선인만이 병에 걸린 것은 아님을 알 수 있지만, 모처럼 진단을 받더라도 조선인의 경우는 충분한 조치를 받지 못하고 '방치'와 다름없는 수준의 처치만 받고 끝난 자도 많았을 것이다. 그것은 초기 치료로 치유할 수 있었을 병ー농독증, 파상풍, 급성

소화불량, 기관지폐렴, 급성심장마비 등으로 사망한 조선인이 일본인 보다 비교적 높다는 것으로 증명된다. 의사는 일본인·조선인 구별 없이 평등하게 치료했다고 말할지도 모르나, 이들 사망 조선인의 병 명을 일본인 사망자의 경우와 상세히 비교 검토했을 때, 조선인 노동 자와 그 가족들이 차별과 학대를 받았다고 추측할 수 있다.

다음으로, '사고사'(변사)한 조선인의 사망원인을 검토하면 너무나도 비참하며 암담한 생각을 금할 수가 없다.

'사고사' 중 가장 많은 것은 '질식'(매몰에 의한 사망 포함)으로 24명이 다. 그 다음으로 '압사'(매몰에 의한 사망 포함)가 9명, 그 외 외상으로 인한 사망이 총 15명이며, '변사'(두개저골절, 뇌손상) 2명, '추락으로 인 한 것', '두부타박상' 각 1명, '변사'(폭상사) 2명인데, 이것은 모두 '탄광 사고'(가스 폭발, 발파사고, 화재, 낙반 등)로 인한 죽음임이 명백하다.

하시마의 유골을 다카시마의 천인총(千人塚, ※공양탑)으로 옮길 당시의 영상에서 조선인 이름의 위패가 확인된다.
(NBC 나가사키 방송, 〈군함도가 가라앉을 때(軍艦島が沈むとき)〉, 1974)

1935년 3월 26일, 27일에 일어난 갱내 대폭발로 일본인 '탄갱 광부' 10명, '회사원'(기사) 1명, '회사원' 5명이 '변사'(폭상사)라는 병명으로 사망하는데, 이 중 조선인 '탄갱 광부' 곽효출(郭孝出, 35세) 씨, 김정두 (金丁斗, 25세) 씨 두 사람도 '변사'(폭상사) 사망자에 포함된다.

덧붙여 말하면 1925년~1945년에 발생한 '탄갱 내 사고'(화재, 낙반, 가스 폭발, 발파 사고, 출수 사고 등)는 다음과 같다.

        1925년 2월 25일 붕괴
        1925년 12월 18일 발파사고
        1926년 7월 29일 가스
        1927년 5월 24일 가스
        1929년 1월 5일 출수
        1935년 3월 26일 폭발
        1939년 9월 13일 낙반
        1940년 10월 8일 가스
        1941년 2월 5일 낙반
        1941년 5월 15일 낙반
        1942년 7월 14일 낙반
                9월 6일 가스
               11월 5일 낙반
        1943년 3월 8일 가스
                5월 10일 낙반
                9월 30일 낙반
        1944년 7월 11일 낙반
                9월 4일 낙반
               11월 5일 낙반
               11월 23일 낙반

1945년   4월   4일 낙반

1943년 6월에 '제2수직갱도 로프 절단 사고발생'이라고 하시마 연표에도 기재되어 있는 대사고가 발생했는데, 그때 이우복(李又福, 31세), 시라카와 준키(白川淳基, 53세 ※창씨개명한 일본식 이름으로서 본명은 백준기로 추정된다) 두 명이 '매몰로 인한 압사'로 사망했다. 하지만 일본인 노동자(갱부들)는 한 명의 사상자도 없었다. 안전과 위생 설비가 불충분한 극히 위험한 장소인데다 이 두 사람이 '조선인 노동자'였기 때문에 그런 위험한 곳에서 강제 노동을 해야만 했다는 분명한 사실이 이로써 증명된다.

광산, 탄광에서 재해가 발생한 경우, 상세한 모든 보고서를 관계 관청에 보고하도록 법률로 정해져 있었다. 지쿠호(筑豊)지방의 어느 광업소의 경우는 다음과 같았다.

광산 재해 사변 신고 시 주의 사항
1. 광종(鉱種), 광구 번호, 광산명, 광업권자 또는 광업대리인의 이름
2. 재해의 종류
3. 재해 발생연월일시
4. 사상자 직명, 이름, 연령 및 부상 정도
   직명은 업무별로, 또 계원·광부별로도 명확히 할 것. 반도인(注 당시 조선인을 이렇게 호칭하였다) 근로보국대일 때는 그 취지를 기입할 것
   부상정도는 즉사, 부상 후 사망, 중상 또는 며칠 휴업 예정으로 기입할 것
   사상 또는 중상자와 동시에 부상자도 생긴 경우는 그 부상자에 관해서도 앞의 조항에 따라 기입할 것
5. 재해 장소

어느 갱내의 어느 내리막길(卸), 어느 막장(切羽) 혹은 사갱(斜坑), 갱도 등 어떠한 장소인지, 또는 갱외의 어떠한 장소인지를 명기할 것

6. 재해의 원인 및 그 상황

원인은 명료히 기술해야 하고 만약 판명되지 않을 때는 그 원인과 추측되는 사실을 기입할 것. 예를 들면 낙반에 의한 재해 사변의 경우는 낙반의 원인, 탄차 탈선의 원인 등을 명료하게 기입할 것.

상황은 재해 발생 당시의 현장 상황 및 이재자(罹災者)의 작업 상황, 재해 경과를 특히 상세히 기입할 것

7. 담임 계원 직명 성명

재해 발생 현장의 담임 계원 및 직속 상관 계원에 관하여 무슨 담당(광업경찰규칙에 의한 신고 담당명) 아무개(某) 씨로 기입할 것

8. 담임 계원의 재해 발생 전 순시 시각 및 그 상황

재해 발생현장의 담임 계원 및 직속상관 계원별로 재해 발생 전 순시한 시각과 그때의 현장 상황, 이재자의 작업 상황 및 담당자가 뭔가 주의 또는 조치를 취한 것이 있다면 그 내용을 기할 것

9. 담임 계원의 재해에 대한 대응 조치

재해 발생 현장의 담임 계원 및 그 직속상관이 재해 발생을 발견했을 때 행했던 이재자 구출 구조 재해 현장, 치료 등의 응급조치를 기입할 것

10. 기술관리자가 재해에 대하여 취한 조치

기술관리자가 재해 발생을 보고 받았을 때, 그 재해에 대하여 취한 응급조치 및 동일 사고의 재발을 예방하기 위해 취한 선후처치(善後處置)를 기입할 것

11. 광업권자가 재해에 대하여 취한 조지

광업권자(또는 광업대리인)가 재해에 대하여 취한 응급조치 및 동일한 재해의 재발을 막기 위해 취한 선후 조치와 시설 방법을 기입할 것

12. 광업권자가 사상자에 대해 취한 처치

부상자에 대한 요양 조치 또는 시체의 처치에 관하여 기입할 것

13. 재해 상황의 설명도는 재해 현장의 약도를 평면도 및 정면도 또는 측면도로 나타내는 그림 안에 이재자의 위치, 이재 상황, 수용 위치를 명시할 것
① 가스 또는 탄진 폭발(연소도 포함한다)의 경우, 폭발 발생 관계 방면 또는 모든 갱의 통기도(通氣圖)
② 갱내 화재의 경우
화재 구역 및 화재에 대해 시행할 밀폐장소에 관계한 방면 또는 모든 갱의 통기도
③ 갱내 수해의 경우
출수 장소와 단층 또는 바다, 강, 연못, 옛날 갱 이외의 관계를 표시하는 도면, 방수벽 또는 문을 설치하는 경우에는 그 구조도 및 위치를 표시하는 갱내도
④ 가스 중독 또는 질식인 경우
화재 발생 방면의 국부 통기도
⑤ 운반 장치에서 강삭 절단인 경우
강삭(鋼索, ※와이어로프) 절단 장소를 표하는 도면
⑥ 기계의 제한, 계기 외의 주요 부분 파손인 경우
파손 장소의 도면

실제로 제출된 동 광업소의 재해 산업보고를 보면, 한 건 마다 철한 자료가 방대한 수량에 달하며 거기에 기술되어 있는 내용도 매우 상세하다.

제출된 보고에 근거해 열리는 재해심의회의 보고 심의내용도 매우 상세하며 질의응답도 아주 상세했다. 따라서 하시마 탄갱에서 발생한 '재해 사변'에 관해서도 미쓰비시 광업 측에 상세히 제출된 보고서가 존재할 것이다. 그러나 현장은 미쓰비시 광업이 보존하고 있고, 관계자 외에는 비밀로 취급되고 있을 텐데, 조선인 노동자의 재해 사고에

대한 보고서는 어떻게 보관되고 있는지 그것을 조사할 방법이 없어 매우 안타깝다. 미쓰비시 측이 공표해야 한다.

다만 '외상으로 인한 사망' 15명, '두부타박증' 1명, '추락으로 인한 사망' 1명, '변사'(두개저 골절, 뇌손상 등) 2명, '변사' 1명, 합계 20명은 거의 일본인 노동자나 감독의 사적인 형벌(私刑), 린치, 학대, 폭행에 의한 죽음으로 추정할 수도 있다. 그리고 이러한 추정은 거의 틀리지 않았다고 확신한다. 당시 조선인들은 일본인으로부터 '개, 고양이, 돼지, 짱꼴라(중국인), 조센징'과 같이 멸시적인 호칭으로 불리었고, 인간적인 대우를 받지 못했기 때문이다.

"그날, 노무계의 이데 키요미(井手淸美)는 노무대기소에 돌아오자 조선인 노동자 이산흥린(李山興麟)의 작업복을 벗겼다. 이산의 상반신을 발가벗긴 후 가죽 벨트로 마구 때렸다. 거기에 조선인 기숙사 전체의 대장인 사카모토 미쓰오(坂本光男)가 찾아왔다. 이데는 사카모토 대장에게 보고를 마친 후 교대 시간이 되자 요신(陽信)기숙사를 나와 탄주(炭柱 ※탄광종업원 주택의 줄임말. 함바보다 나은 집)로 돌아갔다. 그 후 노무계에 의해 어떠한 폭행이 계속되었는지 그 자신(이데)은 몰랐다. 오후 세시부터 시작되는 근무에 나가서 처음으로 이산흥린의 죽음을 알았다.

'그 정도로 두들겨 패는 일은 항상 있었기 때문에, 내가 패고 나서 여섯 시간 후에 죽었다는 것을 믿을 수 없었다. 지도원 다카야마(高山)에게 상황을 물으니 그 다음 당번 패거리가 교대로 손을 봐준다며 너무나 격하게 두들겨 패서 실금상태가 되어 똥오줌 범벅이 되었다. 사카모토 대장이 더러우니 목욕탕에 데려가 씻기라고 했다. 지도원 2, 3명이 축쳐진 이산을 안고 목욕탕에 던져 넣었다. 억지로 탕에 집어넣었기 때문에 심장 마비를 일으켜 죽어 버렸다. 지금에 와서 뭐라고 변명한들 죽어 버렸기 때문에 어쩔 수가 없다.'

후루카와(古河)병원으로 운반되어 온 이산홍린의 시체는 아직 따뜻하여 인공호흡을 했으나 숨이 돌아오지 않았다. 의사는 심장마비로 진단했지만 사인은 폭행에 의한 것임이 너무도 분명하다." (하야시 에다이(林えいだい), 『강제 연행, 강제 노동－지쿠호 조선인 갱부의 기록(強制連行,強制労働－筑豊朝鮮人坑夫の記録)』, 도쿠마쇼텐(德間書店), p.236)

지쿠호의 후루카와 광업 오미네(大峰)탄갱에서는 이산의 폭행 치사 사건으로 인해 조선인 광부들이 폭동을 일으켰지만(전게서, pp.237~239), 절해의 고도 하시마갱에서는 조선인 광부의 폭동 기록은 없다. 폭동의 기록이 존재하지 않는다고 해서, 하시마에서 조선인 광부에 대한 폭행사건이 전혀 없었다고는 할 수 없다.

② '익사' 네 명이라는 숫자도 비참하다. 지옥의 섬 하시마에서 밤낮으로 강행되던 석탄증산의 혹독한 노예작업을 참지 못해 바다 속으로 뛰어들어, 나무로 된 석탄상자나 사과박스 조각을 붙잡고 건너편 노모반도 다카하마촌 부근의 해안을 목표로 헤엄치기 시작하였으나, 중간에 기운이 빠져 익사한 자, 수색자를 따돌리려 바다 깊숙이 들어갔다가 익사체가 되어 떠오른 자……. 원통함을 가슴에 품고, 그리운 고향 조선을 떠나 멀리 이국의 바다에서 목숨을 잃은 그들의 비분을 생각해야 할 것이다. 일본인 노동자도 이 지옥 노동을 참지 못하고 섬에서 탈주를 기도하여 바다 가운데 뛰어들었지만 결국 뜻을 이루지 못하고 익사한 숫자는 1925년~1945년까지 13명에 달한다.(1926년 1명, 1928년 1명, 1938년 2명, 1941년 4명, 1942년 2명, 1943년 2명, 1945년 1명)

③ '공습에 의한 사망' 1명은 갱부 사카모토 봉일(坂本鳳日, 29세,

※이름으로 보아 한국인으로 추정됨) 씨로, 1945년 8월 9일 미국 항모의 함재기에 의한 저공사격으로 사망하였다. '병명 미상'의 이와타니 삼룡(岩谷三龍, 25세, ※이름으로 보아 한국인으로 추정됨) 씨도 같은 날 20시 17분에 사망한 점으로 볼 때 공습에 의한 사망으로 보아야 할 것이다.

단, 같은 날 '공습에 의한 사망'(폭사) 일본인은 F 남(12세)뿐인 점으로 보아서, 같은 날 옥외 작업에는 조선인 노무자만을 종사시키고 일본인 노무자는 대피하고 있었던 것으로 생각하는 게 타당할 것이다. 여기에도 조선인 멸시와 혹사, 학대의 흔적이 남아 있다.

납득할 수 없는 것은 '전재로 인한 화상사' 1명이다. 갱부 서기득(徐己得, 33세) 씨는 일본 패전 후 9일 뒤인 1945년 8월 24일 20시 5분에 사망했다. 패전 후의 혼란기라고는 하여도 '전재로 인한 화상사'라는 것은 8월 15일 이전의 '미국 공군의 공습 등에 의해서 피폭되었지만' 치료나 처치가 충분히 이루어지지 못한 탓에 상처가 화농 부패하여, 패전 후 10일을 경과한 시점에 사망한 것으로 짐작된다. 이 역시 비참한 죽음이다.

④ 여성 남지아(南只阿, 1911년 9월 27일생, 본적 강원도 울진군 울진면 신림리 255번지(※현재 경상북도에 속함)) 씨는 1934년 10월 26일 21시 0분, 임신 10개월에 남아를 분만했지만 사산했고, 그 이듬해 1935년 3월 27일 21시 20분에는 남편 곽효출(郭孝出, 1899년 4월 12일 생, 탄갱 광부) 씨를 '변사'(폭상사)로 잃는다. 2년 연속으로 '화장인허증하부신청'을 하는 비극을 겪은 것이다. 그녀의 비통한 심정을 생각하면 암울한 마음을 금할 길이 없다.

같은 해 3월 26일, 27일에는 탄갱 내에서 대폭발이 있어, 곽효출 씨 외에 김정두(金丁斗, 본적 경상남도 고성군 개천면 북평리 198번지,

1909년 6월 16일 생, 탄갱광부) 씨도 '변사'(폭상사)했다.(전술)

⑤ 여성 노치선(盧致善, 본적 황해도 신천군 신천면 무정리 193번지, 1919년 1월 1일 생, 호주 노석준(盧錫俊) 씨의 3녀) 씨는 술집의 작부로 일하다, 1937년 6월 27일 1시 0분경 '크레졸(※살균과 소독에 사용되는 액체) 음독'으로, 같은 날 3시 20분에 사망했다. 18세의 젊은 나이였다. 동거인이던 혼다 이세마쓰(本田伊勢松, 1883년 9월 17일 생) 씨가 같은 날 '화장인허증 하부 신청서'를 제출했다.

열여덟 살 어린 조선인 작부의 자살. 거기서 숨겨진 비극을 보는 듯하다. 매춘을 강요당했거나 강간을 당했을 수도 있으리라. 혹은 망향의 슬픔을 견디지 못한 염세적 자살인지도 모른다. 한 장의 '화장인허증 하부 신청서'는 아무런 진실도 말해주지 않지만, 이국 땅의 동중국해에 떠있는 외딴 섬 하시마에서 자신의 목숨을 끊을 수밖에 없었던 그녀의 원통함을 생각하면, 누구라도 연민의 눈물을 흘리지 않을 수 없을 것이다. 그녀의 죽음에서도 조국의 땅과 산업 등 모든 것을 약탈해간 일본 제국주의에 대한 원한을 느낄 수 있다.

중국인 부분

1. 중국인의 사망 원인

① 병사(10명)

신장염 겸 간경변 1명, 담낭염 1명, 말라리아 기관지염 1명, 패혈증 1명, 급성 폐렴 2명, 만성장염 1명, 심장 마비(급성을 포함) 3명.

② 사고사(변사) (5명)

두개골 복잡골절 1명, 열사병으로 인한 심장마비 2명, 압사 1명, 매몰로 인한 질식 1명.

2. 중국인 사망 원인의 규명

중국인의 죽음 또한 비참하다.

'두개골 복잡골절'로 1945년 2월 24일에 사망한 왕옥란(王玉蘭, 26세) 씨는 맹렬한 힘에 의해 머리에 타박상을 입었는데 폭행에 의한 것인지, 높은 곳에서 거꾸로 떨어진 것인지 쉽게 판단하기는 어렵지만 참혹한 죽음이다. 사자의 비분과 통한을 생각하면 누구라도 한결같이 실로 암담한 심정에 빠질 것이다.

'열사병으로 인한 심장마비' 2명은 1944년 8월 17일 15시 30분에 사망한 갱부 양혜민(楊慧民, 40세) 씨와 형보곤(邢寶崑, 21세) 씨인데, 8월의 폭염 속에서 충분한 휴식도 취하지 못한 채 강제 노동에 종사하다 결국 죽음에 이른 것으로 추측된다. 악마 같은 일본인 감독에게 혹사당했을 그들의 비참한 모습이 떠오르는 듯하다.

'압사' 1명은 갱원 염명재(閻銘財, 28세) 씨인데 1944년 10월 29일 23시 20분에 사망했다. 그 역시 탄갱 내 심야노동에 혹사 당하던 중 낙반 또는 붕괴사고를 만나 압사한 것으로 추측된다.

'매몰로 인한 질식' 1명은 이명오(李明五, 21세) 씨이고, 1943년 7월 13일 8시 0분에 사망했다. 그 역시 심야노동 중에 낙반이나 붕괴사고를 만나 매몰사한 것으로 보인다.(*다른 중국인 사망자와 마찬가지로 이 씨도 본적 미상으로 되어 있기 때문에 중국인으로 보이는데, 중국인 강제 연행은 다음해 6월이라는 점으로 미루어 조선인일 가능성도 있다)

모두 탄갱 내에서도 위험하고 혹독한 야간 노동에 혹사당하다, 사고를 만나도 구조해주는 사람도 없이 충분한 처치도 받지 못한 채 헤아릴 수 없는 원통함 속에 죽어갔을 것이다.

더욱이 '심장 마비' 1명, '급성심장마비' 2명도 평소부터 심장 질환을 가진 허약한 몸으로 심한 노동에 시달리다가 결국 어처구니없이 급사를 당한 것으로 추측되는데, 가혹한 노예 노동이 그들을 죽음으로 내몬 것이 틀림없다.

일본인 부분

① 일본인의 사망원인 가운데 주목되는 것은 '자살'이다. 1927년 목매어 죽은 1명, 1928년 목매어 죽은 1명, 1930년 입수 자살 1명, 1935년 목매어 죽은 1명, 1937년 이염화 수은 음독 1명, 1939년 목매어 죽은 1명, 1940년 목매어 죽은 2명, 1945년 목매어 죽은 1명, 합계 9명. 인구밀도가 높은 절해의 고도에서 가혹한 전시 중의 생활이 그들로 하여금 더 이상 살아갈 힘을 잃게 만든 것일까. 모두 청년, 장년인 점이 가슴 아프다.

다음으로 주의를 끄는 것은 좁은 섬 안에서의 전염병의 유행과 그로 인한 사망이다. 장티푸스(의사증을 포함) 62명, 적리 의사증 1명, 폐결핵 73명, 뇌막염 22명에 이른다.

② 하시마에서 '원자폭탄으로 인한 재해사'(8월 9일)는 Y남(8세), Y여(28세), Y남(14세) 세 명뿐이지만 모두 사망연월일은 9월 4일로 되어

있다. 아마도 나가사키시로 외출했다가 피폭된 후 섬으로 돌아와서 사망했거나, 나가사키시의 잿더미 속에서 가족 중 누군가가 사체를 발견해 섬으로 가지고 돌아와 사망진단서를 받은 서류상 날짜가 8월 9일일 것이다.

③ 일본인 여성 E씨(1913년 8월 20일 생, 간호사)는 1937년 4월 28일 14시 15분, 23세의 젊은 나이에 '이은화 수은 음독'으로 자살하였다.

(『원폭과 조선인』 제4집, pp.59~82, 집필＝오카 마사하루,
보충 주석·가필＝다카자네 야스노리)

제 4 장

하시마의 신음 소리

하시마(군함도) 탄갱과 조선인 노동자

역사

1. 하시마 탄광의 역사

지금은 무인도가 된 하시마. 멀리서 보면 전함 '도사'를 닮았다 하여 '군함도'라는 별명이 붙여진 이 섬은 나가사키항 앞 바다에 떠있는 섬들 중 특히 작은 섬 하나에 불과하다. 불과 1.2km밖에 되지 않는 섬 둘레를 높이 10m 남짓의 콘크리트 방파제가 둘러싸고, 섬 전체에 높고 낮은 빌딩이 빽빽하게 들어서 있는 모양은 과연 군함처럼 섬뜩한 '녹색 없는 섬'이다.

낚시꾼이 무심하게 낚싯줄을 늘어뜨릴 뿐, 폐허로 변한 이 괴이한 섬을 보고 사람들은 무슨 생각을 할까. 거무스름해진 상처투성이의 몸을 깊은 침묵으로 감싸고 말을 붙일 기운조차 잃은 듯이 보이는 이 하시마의 폐허에서, 그리고 저 해저에서 학대당하고 학살된 조선인의 신음소리가 들려올까. 어쩌면 그 이름처럼 그저 하찮은 '끄트머리의

하시마의 부두 자리와 낚시꾼(2016년 2월 27일)

섬'일뿐, 직접 그곳에서 살았던 경험이 없는 한은 아무런 감회도 느끼지 못할지 모른다. 그러나 내게는 하시마가 그러한 부당한 처지를 무엇보다도 슬퍼하며, 바다보다 깊은 침묵으로서 작은 몸 가득히 항의하고 있는 듯이 보인다.

그리고 지금 하시마는 침묵의 벽 한 모퉁이를 부서뜨리고 있다. '하시마 자료'의 발견은 단순한 역사의 우연한 사건이 아니고, 잊혀지는 것을 허락하지 않는 하시마의 내면으로부터의 슬픔과 괴로움이 참을 수 없는 분노가 되어 용암과 같이 흘러넘친 것이다.

이 '자료'의 상세한 분석과 고찰이라는 가장 중요한 부분에 관해서는 '제3장 묻혀진 진실을 비춘 '하시마 자료' 분석'을 정독하기 바란다. 이 장에서는 하시마 탄광 90년의 역사가 가지는 의미, 고뇌에 찬 하시마가 우리에게 던지는 질문은 무엇인가를 고찰해보고자 한다.

하시마에서 석탄이 발견된 것은 이웃 섬 다카시마보다 약 90년이 늦은 1810년경으로 여겨지는데, 탄광으로서는 1883년 사가번 후카호리 영주 나베시마 씨가 채굴을 시작하여 1890년에 이미 재벌 미쓰비시의 소유가 되었고, 1974년 폐광 때까지 줄곧 미쓰비시의 탄광이었다. 즉 하시마는 지리적으로도 역사적으로도 다카시마의 연장선에 위치하는 미쓰비시 광업 산하의 탄광섬이었다.

매립으로 인해 원시상태 면적의 2.8배로 확대되었다고는 하지만, 여전히 군함에 비유되는 작은 섬(면적 0.1㎢)임에는 변함없는 그곳에 1945년에는 5,300명이나 되는 사람들이 살았다. 그 초과밀한 모습이야말로 특필할 만한 것이다. 더욱이 정촌 합병으로 인해 1955년에 하시마가 다카시마정으로 편입되자, 다카시마는 일본 제일의 인구 밀도 마을이 되었다.(『원폭과 조선인』 제2집, pp.66~69 참조)

그 후 석탄산업 사양화 정책에 따른 업계 불황에 관해서는 알려진 바와 같다. 하시마도 폐광의 폭풍을 피할 수 없었다.

탄광 90년의 역사상 이 섬이 고향인 사람도 당연히 존재하고, 폐광이라는 종막이 가지는 의미도 중대함에 틀림없다. 그러나 증산 또 증산에 내몰려 밤낮으로 해저에서 중노동을 견딘 노동자의 기록이야말로 하시마 역사의 핵심이다. 특히 전시 중 목숨을 걸고 일해야만 했던 노동자들, 그중에서도 '인적 자원'으로서 소나 말처럼 혹사당한 조선인과 중국인의 탄광 안팎에서의 일상이야말로, 하시마의 슬픔 가운데 가장 아픈 부분이라고 하지 않을 수 없다. 그렇지만 폐광의 비극은 계속해서 이야기되고 있는 데 반해, 다카시마와 하시마를 '도깨비섬', '지옥섬'이라 부르며 두려워했던 사람들의 어두운 생활사에 대해서는 얼마만큼 알고 있으며 또 알기를 원하는 것일까.

(『원폭과 조선인』 제4집 pp.33~34, 집필 =다카자네 야스노리)

2. 다카시마 탄광(다카시마, 후타고지마(二子島), 나카노시마(中ノ島), 하시마)

다이쇼 초기부터 1945년의 태평양전쟁 패전에 이르기까지 미쓰비시 광업 '다카시마 탄광'의 조업 추이를 개괄적으로 정리하면 다음과 같다.(『미쓰비시광업사사(三菱鉱業社史)』, pp.397~402을 참고로 한다)

다카시마 탄갱

다카시마 탄갱은 그 광구가 대부분 해저에 걸쳐 있고 그중에 다카시마, 후타고지마, 나카노시마, 하시마가 모두 섬으로 여기저기 흩어져 있기 때문에, 이들 섬을 발판으로 채굴이 행해졌다. 더욱이 1937년 당시의 광구 면적은 약 802만 평이었다.

다카시마 및 하시마의 주요 탄층 중, 다카시마, 후타고지마 섬 쪽에는 십팔척층(一八尺層), 호마층(胡麻層)이 있고, 하시마 쪽에는 상팔척층(上八尺層), 호마오척층(胡麻五尺層), 반지오척층(磐砥五尺層), 십이척층(一二尺層), 일장층(一丈層)이 있다. 방향은 거의 남북으로 서로 경사지고, 각도는 다카시마가 20도 전후, 후타고지마가 25도 전후, 하시마가 30~50도였다.

　　또 탄질은 각 측 모두 점결성이고 발열량이 높으며, 유황·인의 함유량이 적은 최고급탄이었다. 그 용도로서는 덩어리 석탄은 선박의 분료(焚料, ※태우는 재료), 가루 석탄은 코크스용, 가스발생로용, 연탄용, 시멘트용 등으로 널리 사용되었다.

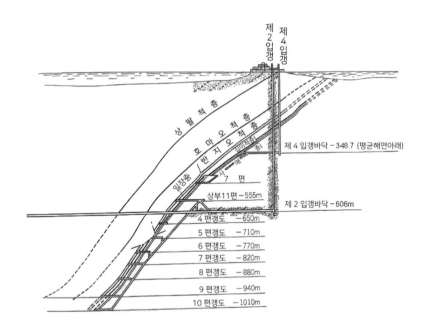

하시마 바다밑 탄광 구조 단면도
(미쓰비시 시멘트(주), 『다카시마 탄광사』, 1989 수록 그림)

1918년 미쓰비시 광업이 영업을 개시한 시점에서의 다카시마 탄광은 다카시마 갱, 후타고 갱, 하시마 갱 세 곳에서 조업하고 있었다. 여기서 상호 관련성이 밀접한 다카시마 갱, 후타고 갱과, 이와는 독립된 별개의 발전을 이룬 하시마 갱으로 나누어 그 개략을 기술한다.

다카시마 갱, 후타고 갱

우선 다카시마 갱은 이미 다카시마의 하부를 다 파낸 상태였기 때문에 1901년에는 가키제 수직갱도(蛎瀬立坑)를 굴하해 다카시마 북서부의 해저 밑을 채굴했다.

한편 나카노시마 하부 및 나카노시마와 다카시마 사이의 탄층이 유망시되어 1907년 7월 후타고지마에서 후타고 사갱 개착에 착수하고, 1913년 후타고 갱으로서 조업을 개시했다. 이 갱의 출탄은 점차 상승하여 1925년에는 약 11만 톤을 달성했다. 더욱이 다카시마 갱은 채굴 조건의 제약을 받아 1923년 8월 조업을 중단하기에 이르렀다. 원래 다카시마와 후타고지마는 바다를 사이에 두고 떨어져 있어서 바다가 거친 날에는 도강선이 끊어지기 때문에 연락, 통근 등에 매우 고심이 많았지만, 1920년 7월에는 축제(築堤)와 매립으로 인해 두 섬이 완전히 이어져 그때까지의 불편이 해소되었다.

쇼와시대(1926~1989)로 들어서 후타고 갱은 남부 제3내리막길, 제4내리막길, 제1오르막길과 주요 갱도를 연장하면서 점차 안쪽과 심부(深部)로 발전하는 한편, 1929년부터 1933년에 걸쳐 갱내외에서 기계화를 중심으로 한 조업의 합리화를 추진하여 1933년에는 출탄 약 22만 톤을 달성했다.

이 조업 합리화는 수고를 덜게 하여 능률 증진을 목적으로 한 것이었는데, 이 가운데 주요 항목은 주요 갱도의 반하(盤下, ※盤은 채굴현장의 채탄면을 가리는데, 채탄면 밑에 갱도가 있을 경우를 '반하'라 함)방식 채용, 막장의 채탄면 길이 증대, 주요 갱도·편반(片盤) 갱도 운반의 기계화(마필(馬匹) 폐지), 후타고 갱 증기 수직갱도 타워의 전기 수직갱도 타워로의 변경, 송배전(送配電)의 전압 상승, 갱내

수직갱도 타워

조명의 전기화(엔진형 안전등 채용) 등이었다.

그 후 석탄업계의 본격적인 경기 회복에 따라 다카시마의 심부 잔탄(殘炭) 구획 채굴을 위해서 이 섬의 나카야마(仲山)에 사갱을 뚫어 1938년 4월부터 다카시마의 새로운 갱으로서 조업을 개시했다. 그 무렵 후타고 갱은 갱내에서 단층이나 탄층이 불탄 구역에 봉착하여 완전히 꽉 막힌 상황이 되었는데, 1939년 통기 불량이나 다량의 메탄가스라는 악조건을 극복하고 한 줄로 이어진 채탄 갱도의 굴진을 강행한 결과, 종래 절망적이었던 가키제(蛎瀬)구역의 심부에 해당하는 제6 내리막길 및 제7내리막길 구역에 우량 탄층이 전개되어 있는 것을 확인, 그 후 후타고 갱 개발의 기초를 확립했다.

그리하여 1939년에 통기 및 입갱을 위한 가키제 수직갱도의 개수 및 추굴(375m) 공사에 착수하고 1942년에 완성하는데 이로 인해 갱내 통기 상황이 훨씬 개선되었다.

태평양전쟁 중의 후타고 갱과 다카시마의 새로운 갱은 다른 탄광들과 마찬가지로 혹독한 출탄 증가 요구에 의해 외국인 노무자(주로 조선인 및 중국인)를 데리고 오는 등의 방식으로 증산에 임했기 때문에,

1942년에는 392,500톤을 달성했다. 이는 전전(戰前)의 최고기록이 되었다. 1942년 9월에 재적 노무자는 2,963명, 그중 갱 안에서 일하는 노동자는 2,021명이었다.

그러나 자재·식량 부족 등도 원인이 되어 출탄량은 서서히 저하되고, 특히 1945년 7월 31일과 8월 1일 양 일에 걸친 미국공군의 폭격(B29, 80기 투입)으로 인하여 발전소 등이 피해를 입자 결국 조업 정지될 수밖에 없는 상태에 다다른다. 그때 다카시마의 새로운 갱은 갱내 만수가 되어 그대로 폐갱되었다.

하시마 갱

1918년경 하시마 갱은 제2수직갱도, 제3수직갱도에서 조업하고 있었는데, 새로이 발견된 십이척층(一二尺層)을 채굴하기 위해서 1919년 10월에 제4수직갱도 뚫기에 착수하고 1939년 5월에 가동을 개시했다. 한편 그 사이에 채탄 기술면에서 큰 진보가 있어, 반하 갱도 방식과 저질탄을 가지고 들어가는 충전(充塡)법에 의한 장벽식 채탄법이 확립되었다. 그 결과 1929년의 출탄량은 20만 톤을 넘었고 사내에서도 중견 탄갱으로서 각광을 받게 되었다.

쇼와 초기에 하시마 갱은 연간 생산 20만 톤 대의 출탄을 계속 달성하는데 채굴 막장이 점점 심부로 옮겨졌기 때문에, 1930년 7월에는 종래의 제2수직갱도를 깊이 636m까지 연장하기 위한 수직갱도 뚫기 공사에 착수했다. 동시에 갱내외 모든 시설의 합리화, 확장 공사를 개시했다. 1934년 5월에는 굴착공사에 착수했다. 그 후 관련시설도 차례차례로 완성되고 새로운 조작의 기반이 구축되었다.

그리고 1936년 9월에는 제2수직갱도가 본격적으로 가동을 개시했다. 그 이후 하시마 갱은 재차 순조로운 발전을 이루어 1941년도에는 출탄량 411,100톤이라는 최고의 실적을 올리게 된다. 1941년 12월에 재적 노무자수는 1,826명, 그중 갱내 노동자 수는 1,420명이었다.

그러나 태평양전쟁에 들어서면서 하시마 갱은 후타고 갱과 같은 경과를 거쳐, 출탄량도 서서히 저하했다. 1945년에는 '후타고 갱 폭격'에 의한 정전 때문에 하시마 갱도 모든 갱도의 수몰이라는 중대한 사태를 맞이하게 되었다. 그러나 하시마 갱 전원의 노력으로 간신히 복귀할 수 있었다.

미쓰비시 광업은 소위 '스크랩 · 앤드 · 빌드(※scrap and build, 낡은 것을 정리하고 새로운 것을 만드는 경영 기법)' 방침을 추진하는 가운데, 1969년부터 실시한 제4차 석탄정책 방침에 따라 같은 해 5월 석탄부문을 분리한다. 규슈 및 홋카이도 두 지구에 소재하는 사업소를 포괄하는 두 개의 자회사, 즉 미쓰비시 다카시마 탄광주식회사와 미쓰비시 오유바리(大夕張) 탄광주식회사를 설립하였다. 같은 해 9월 석탄 부문의 분리가 통산성(通産省)의 정식으로 허가를 받아, 그해 10월 다카시마는 신회사로서 발족하게 되었다. 그 후 신회사는 경영 기반의 안정 확립을 도모하고자 1973년 12월 합병을 실시했고, 미쓰비시 석탄광업주식회사로서 새롭게 발족했다. 이에 따라 다카시마 탄광은 미쓰비시 석탄광업주식회사 다카시마광업소로서 현재에 이르렀다.(*1986년 폐광, 88년 철거)

한편 하시마광은 먼저 하시마 주변에 있는 바다 구역을 채탄 조사한 결과, 이행 불가능 한 것으로 예측되었기 때문에 미쓰세(三つ瀬 ※하시마에서 2km 떨어진 암초) 구역의 잔탄량 채굴을 마지막으로 하여 폐광하기로 결정되었다. 1890년 미쓰비시가 계승한 이래 84년간에 걸쳐 '군함도'라는 명칭으로 친숙해진 하시마광은 1974년 1월에 결국 '천수를 다하고', 그 막을 내렸다. 하시마광의 폐광에 따라 약 100명의 직원 · 광

원이 다카시마로 배치 전환되었는데, 그 외에는 전국으로 흩어졌다.

(『원폭과 조선인』 제4집 pp.34~37, 집필＝오카 마사하루)

노모자키에서 볼 때 정면이 하시마, 오른쪽 섬은 나카노시마, 왼쪽 섬은 미쓰세
(2002년 2월 15일)

미쓰비시 광업의 노무자 관리 실태

메이지 시기에는 직원－고용원－노무자 형태를 취하고 있었는데, 학력에 따라 서열(고등교육 수료자－중등교육 수료자－소학교교육 수료자 이하로 구분하는 고용형태)이 있었다.

①사용인(본사 발령)─②용원(傭員, 사업장 한정)─③고인(雇人)─④광부 갑종 광부, 을종 광부)

①은 고등교육 수료자, ②는 중등교육 수료자, ③④는 소학교교육 수료자 이하의 학력자를 일반적으로 고용했다. 본사는 ①에 관하여는 직접적으로, 또 ②에 관해서는 그 노동 제 조건 취급의 기준을 ①에 준하여 간접적으로 이들을 관리했고, ③(잡무, 감독, 조장(小頭) 등) 이하에 관해서는 원칙적으로 각 탄광에 그 관리를 위임했다.

다이쇼시대(1912~1926) 전반기 미쓰비시 합자는 1916년 11월에 '종래 고인(雇人)에 대하여 사용해온 잡무, 감독, 조장 등의 명칭을 폐지하고, 용사보(傭使補)라고 호칭'(『미쓰비시합자회사사지(三菱合資会社社誌)』) 하기로 한다. 그러나 미쓰비시 광업 설립 후인 1919년 3월에 인사에 관한 용어를 개정하여 ①을 정원, ②를 준원으로 호칭하는 등 종업원의 서열을 다음과 같이 개정하여 이후 인사용어의 원형이 되었다.

정원─준원─준준원─광부(갑종 광부, 을종 광부)(注 고인(雇人)을 준준원으로 부르게 된 것은 차기 이후부터지만 편의상 사용. '용사보'는 임원으로서 그 호칭이 남았다)

1916년 11월에 준준원(직명은 용사보)이 고인의 명칭 변경으로 발족하였는데, "용사보는 어떤 경우에는 임원(注 직원을 말함)에 준하고, 어떤 경우에는 광부에 준하는 중간 계급이 된다. 대우 상 여러 종류의 문제를 야기할 뿐, 이 중간계급을 감소시키는 것은 사무를 간단하고 신속하게 진행하는 데에 매우 필요하다"(1919년 가을 '장소장회의의사록' (場所長会議議事録) ※여기서 '장소'란 각 '사업장'을 일컫는데, 노무자 관리 등에 대해 논의하였다)는 기록이 있다. 이로 인해 1920년 무렵부터 합리화의 일환으로서 그 정리 문제가 거론되었다. 그러나 구(舊) 갱내 조장 등은 다이쇼 후기에는 갱내 법정 계원으로서 발파, 가스 검정 업무에 종사하였고, 또 구 세와가타(世話方, ※함바의 경영자, 일을 알선하고 소개하는 중개인을 가리킴)는 나야제도(納屋制度)의 개혁과 관련이 있어서 일거에 폐지하는 것은 곤란한 실정이었기 때문에(비바이(美唄), 오유바리(大夕張), 아시베츠(芦別) 탄갱 등), 1922년 이후에 자연소멸 방침이 확정되어 쇼와기로 처리를 미루었다. 그렇지만 1935년 8월에 전면적으로 폐지되었다.

나야제도의 개혁문제에 관한 대략은 다음과 같다.

'다카시마 탄광 문제'(※1878년, 미쓰비시 경영의 다카시마 탄광에서 가혹한 노동조건과 나야제도에 바탕을 둔 나야가시라의 학대와 착취 등에 저항하여 광부들이 쟁의를 일으킨 사건. 100명이 넘는 광부가 체포되고 사회적으로도 큰 문제화가 되었다)를 계기로 해서 나야가시라(納屋頭)의 중간 착취 배제가 현안이 된 다카시마 탄광에서는 1897년이라는 이른 시기에 나야제도의 폐지, 직할제도로의 이행을 실시했다. 그러나 다른 탄광에서는 바로 다카시마의 사례를 적용시키지는 못했다. 지쿠호의 모든 탄광에서는 전과 다름없이 나야제도가 잔존하고 있었다. 그러나 노동보호 입법의 진전, 생산 설비의 기계화에 동반한 기술자의 고용증가, 가족 동반 갱부의 증가 그리고 이 시기에 진행된 경영합리화를 통해 최종적인 해결을 꾀했다.

1914년 미쓰비시 합자의 '노동자 대우에 관한 조사보고서'(일명, '나가오카(長岡) 보고'로 불림)에 따르면, 나마즈타(鯰田)탄광에서는 제1갱과 제3갱이 나야제도를, 제4갱과 제5갱에서는 세와가타(世話方) 광부 제도 및 직할제도가 채택되고 있었다.

즉 세 가지 제도가 혼재했다. 오래된 순서부터 그 실태를 비교하기로 한다.

1. 나야제도

ㄱ. 나야가시라의 신분과 직책

신분은 고인(雇人)이며, 소속된 갱부에 대한 전반적인 관리를 담당했다. 즉 모든 것을 탄갱계(炭坑係)의 지휘에 따라서 채탄, 수선 등을 할 갱부를 투입하고, 나야가시라나 그 지휘하의 히토구리(人操り, ※갱부들의 작업 내용을 지도하는 사람)는 구역 내 갱부의 채굴 작업을 독려하는 한편, 나야에 입주해 지휘를 받고 있는 사람들의 신원보증을 책임지면서 이들을 관리 감독하였다.

ㄴ. 모집

자비로 갱부를 모집했다.

ㄷ. 담당 갱부 수

제한을 두지 않았다.

ㄹ. 임금

제한을 두지 않았다.

ㅁ. 물품판매

정가로 판매했다.

2. 세와가타 광부제도

ㄱ. 세와가타의 신분

신분은 고인(조장(小頭, 고가시라)격)으로, 관리계(取締係)에 속했다. 관리계 및 갱무계(坑務係)의 감독 하에 갱부의 고용 및 파견 그 외 일체의 보조업무를 행했다.

ㄴ. 모집

회사는 세와가타에게 모집비를 지불했다.

ㄷ. 담당 광부 수

150명으로 되어 있었으나 일정한 조건 하에 증원이 허용되었다.

ㄹ. 임금

갱부에 대한 직접 대출은 회사의 허가가 필요했다. 상환은 회사가 임금에서 공제하여 세와가타에게 교부했다.

ㅁ. 물품 판매

직접, 간접을 불문하고 엄금했다.

ㅂ. 임금 지불

회사가 갱부에게 직접 지불했다.

3. 직할 광부 제도

ㄱ. 직제

회사는 전임의 관리 담당자와 구리코미가타(繰込方, ※파견 책임자로서 갱 입구에서 인력 배치를 조정하고 작업내용을 지도하는 사람)를 임명하고, 관리계 주임이 이를 지휘, 감시했다.

ㄴ. 대표 갱부(總代坑夫)

직할갱부가 거주하는 나야를 적당히 구획하여 조를 짜고 각조에 대표 한 사람을 두었다. 대표 갱부는 관계 담당자의 감독 하에 광부에 대한 명령의 전달, 독려 및 공제에 종사했다. 대표 갱부는 매년 6월, 12월에 총 2회, 그 성적에 따라 매년 5엔의 수당을 지급받았고, 가옥수선료 등이 면제되었다.

ㄷ. 모집

중개인이 맡았다.

이상이 나마즈타 탄광의 사례인데, 이 단계에서 나야제도는 기존의 나야제도와는 달랐다. 상당 부분 회사의 감독하에 놓여 있었고, 세와 가타 제도는 그 중간이라고는 하지만 복잡한 규정이 있었으며, 직할제도도 완전한 직할제도와는 구별되었다. 이러한 각 제도가 혼재하는 실정이었다.

1916년 장소장(場所長) 회의에서 나야제도의 개선과 폐지를 두고, 우선 "종래 사용했던 나야라는 명칭을 폐지하고 사택이라고 칭한다"고 결의했다. 또 미쓰비시 합자의 기무라(木村) 전무이사가 "임원과 광부 간의 접촉을 밀접하게 하여 광부의 심리상태를 파악하는 데 노력"할 것을 특별히 요청했다.

더욱이 쌀 폭동(※1918년 쌀값이 갑자기 많이 올라서 일어난 민중 폭동)이 일어난 후인 1918년 11월 5일부터 개최된 장소장 회의에서는 다음과 같은 협의가 이뤄져 이 문제의 해결에 한 걸음 더 다가섰다. 이 역시 쌀 폭동이 계기가 된 것이다.

첫째, 나야제도를 폐지하고 점차적으로 직영제도로 바꿀 것. 후자가 전자에 비하여 광부의 취급 대우상 아래와 같이 편리하다.

① 나야제도하에서 나야가시라가 광부와 회사 중간에서 쌍방에 그럴듯하게 꾸며 늘어놓음으로써 의사소통을 방해하는 폐단이 있을 뿐 아니라, 심하게는 광부를 부추겨서 회사에 대한 불온한 행위로 나서게 하여 이를 기회삼아 임금 인상과 쌀값 인하 등의 문제를 해결하려고 한 실례가 지난 소동에서도 하나 둘 있었던 사실이 확인되었다. 나야제도를 폐지하고 직영제도로 바꾸면 이러한 폐해를 없앨 수 있다.

② 직영제도가 회사와 광부의 의사소통을 원활하게 하여 그들의 실정을 자세히 파악하는 데 편리하다.

③ 직영제도가 일정 부분 광부들의 단결력을 제압하여 화를 미연에

막는 데 편리하다.

④ 직영제도가 중간에서 이득을 취하는 하나의 계급을 없애 광부의
수입을 증가시키고 저축심을 장려함에 따라 그들의 이동을 막는
데 편리하다. 사내·사회의 실례에 비추어볼 때 광부의 이동 등
도 직영제도가 나야제도에 비하여 그 성적이 좋다.

둘째, 생략

셋째, 관리원과 광부 사이에 항상 의사소통을 꾀하여 혹시라도 소원함
이 생기지 않도록 노력할 것. 그 방법으로서는 다음의 네 가지가 있다.

① 직영제도의 실시

② 광부 대표의 임명 또는 선거

③ 관리계(광부계)의 인선(탄갱에서는 어디서든 특히 광부 관리계
의 임원이 있을 것 (생략)

④ 그 외 광부가 불행을 당하였을 경우에는 담당자가 위문 등을 하
고, 평상시 광부에 대한 언어·태도에 신중을 기할 것

넷째, 생략

다섯째, 채굴작업의 방식과 모든 종류의 절차 등에 관하여 실제적
인 해가 없는 한, 광부의 희망사항을 웬만하면 수용할 것(일전의 오우
치(相知), 요시타니(芳谷)에서 일어난 소동에서도 광부 측의 요구사항
에는 이런 성질의 것이 많았다)

이렇게 하여 나야제도는 지쿠호 광업소의 각 탄갱에서는 1929년
1월, 이이즈카(飯塚)에서는 같은 해 8월, 비바이에서는 다음해 9월에
폐지되었다.

홋카이도의 탄광에서는 나야라고 하지 않고 함바(飯場)라고 칭했는
데, 광산에서 함바제도는 1930년 12월 이쿠노(生野), 아케노베(明延)를

시작으로 점차적으로 폐지하는 방향으로 움직였다.

이상과 같은 경과를 거쳐 노무자는 직할로 바뀌었고, 현대와 가까운 형태가 되었다. 1934년 2월 1일 본점에서는 회사관계노무자 분류기준을 다음과 같이 제정하여 정리했다.

① 회사와 고용 관계에 있는 자
ㄱ. 재적 노무자
(ㄱ) 광부 또는 직공
(ㄴ) 준광부 또는 준직공(조수, 그 외)
ㄴ. ㄱ 이외의 자
(ㄱ) 시용(試用, ※수습기간처럼 사람을 시험삼아 쓰는 것)
(ㄴ) 임시부(臨時夫)
(ㄷ) 그 외
② 회사와 고용관계가 없는 자
ㄱ. 회사 사업에 직접 관련하는 자
(ㄱ) 회사가 사역하는 청부인
(ㄴ) 청부(도급)인의 배하부(配下夫, ※지휘를 받는 부하 인부)
ㄴ. 간접적으로 회사 사업에 관련하는 자
(ㄱ) 구매회·건강보험조합·협화회(協和会) 사업 등에 고용된 자
(ㄴ) 기숙사 주인 등이 사용하는 자

1935년 8월에 현안이던 준준원(용사보)이 폐지되고, 종업원은 크게 정원과 준원이라는 양대 계층의 직원으로 분류하게 되었다.

4. 관리조직

미쓰비시 광업 탄갱 노무조직의 기원은 '탄갱관리계'이다. 탄갱관리

계는 '작업상 이외의 광부의 관리 및 그 가족의 감독·지도'(1919년 3월 '광부계 주임회의 의사록'(鉱夫係主任会議議事録))를 그 직책으로 했다.

예를 들면 다카시마 탄갱에서는 종래 '갱외 관리계'가 있었는데, 1908년에 들어서 먼저는 후타고 갱(二子坑)의 건물의 소관이 정해져 모든 고인 및 갱부 사택은 갱외 관리계의 소관이 되었다. 그리고 같은 해 가키제(蛎瀬) 갱도 똑같이 되었다.

1911년 12월 2일 갱외 관리계는 '관리계'로 개칭되어 도착 사무(출퇴근을 관리하는 사무)까지도 소관하게 된다. 1916년 5월 2일에는 '관리 주임'을 두어 후타고, 가키제, 하시마 세 개의 갱을 총괄하게 했다. 이어 1919년 11월 1일, 관리계는 '노무계'로 개칭되었다. 이것은 장소장 회의의 결정을 토대로 하여 사내 각 탄갱과 함께 탄갱 관리계를 '노무계'로 개칭한 것이다.

이어서 1920년 미쓰비시 본점에 '노무계'가 설치되었다.

같은 해 4월 27일에는 그때까지 편의상 가칭으로 사용하던 본점 총무과의 '광부계'를 정식으로 '노무계'라고 개칭하고, 히라자와 쓰요시(平沢幹) 씨가 초대 총무과의 노무 주임이 되었다.

노무 담당에 대학졸업자를 배치하는 것은 상당히 늦어져, 1925년 5월 이쿠노 광산에 처음으로 '노무계'가 마련되고, 이어서 요시오카(吉岡) 광산, 1926년에는 오사리자와(尾去沢)·아라카와(荒川) 두 광산 등에도 같은 노무계가 마련되었다. 1929년 경 사도(佐渡) 광산이 그 마지막이 되었다.

광산은 함바제도(집주인(部屋主))의 힘이 강하고, 또 종래의 관습에 익숙한 분위기도 있었기 때문에 회사는 "본점이 명령식의 공문을 한 편 내면 형식적으로는 실현 가능할 듯하지만, 그 정도로는 나중에 운용하는 일이 쉽지 않다"는 배려 차원에서 기회를 봐가며 점차적으로 '노무계'를 설치해 나갔기 때문이다.

당시 히라자와는 노무관리 이념에 관하여 다음과 같이 말했다. "노무는 사적 기업체에 있어서도 일종의 공무적인 것이다. 다시 말해, 공공적 성격을 띠는 일이라고 본다. 즉, 노무는 노동자나 경영자 어느 한 쪽의 편이 아니라, 산업의 편이라고 생각한다. 그리고 종업원이 가진 힘(노동)의 유용함을 충분히 살리고, 기업의 유용함도 완전하게 만든다. 소임의 본령이 거기에 있고 그러하기에 사람을 만족시키고 업을 번창하게 한다. 즉 '안인창업(安人昌業)'을 목표로 하여 노무를 돕도록 하고, 산업협력자로서의 본 뜻을 이룩하도록 한다. 이를 위해 일에 임하는 것이다. 이 노무관에서 '안인창업'을 구현하는 두 개의 기둥이 종업원 단체와 노무조직이다. 바꿔 말하자면 노동자의 능률을 어떻게 해서 적절하게 최고도로 발휘시킬 것인가, 그 산업협력자로서의 본분을 어떻게 충분히 이루게 할 것인가, 그것이 진실한 노무의 목적이다"(히라자와 담(談), '노무 문제에 관하여') 이 이념은 미쓰비시 광업에서 후세의 노무담당자에게 이어졌다.

본점의 노무계는 초기에는 소관 사항의 사무 기준이 아직 제정되어 있지 않았기 때문에 새롭게 '노무문제 조사항목'을 작성하여 조사 연구를 함과 동시에, '장소노무계'(노무, 노동 전체를 관리함)의 집무에 참고하도록 제공했다.

그 후 '노무계 사무기준에 관한 건'이 1929년 12월 14일 모든 곳에 통달되었다. 그 내용은 "노무자 단체의 운용과 노무통제는 노무에 관한 우리 회사의 2대 방책으로서, '노무기준'은 전년도의 장소장(場所長) 회의에서 지시하는 것을 구체화하고 노무통제 관리상 준거할 통일적 기준을 가리키는 것으로서 충분히 그 취지를 따르고 기준의 실행에 노력하도록 한다"는 것이다.

이 2대 방책은 히라자와의 노무관리 이념에 토대를 둔 것인데, 다이쇼부터 쇼와 초기까지 순차적으로 실시되었다.

또 노무통제에 우선 필요한 것은 노무담당자의 교육이라는 생각에서 개인적 지도에 힘씀과 동시에 단체 훈육도 실시하였다. 즉 본점에서 각 사업장 담당 직원의 집합 교육을 시행하고 현장에서도 노무 담당자 강습회를 개최했다.

다이쇼 말기에 본점에서 작성하고 각 사업장에서 실시된 '노무계 외근 근무자 필수' 중의 '제 일의 마음가짐' 항에서도 "노무계는 인정 두터운 마음, 견실한 사풍을 일으키는 본원이다. 특히 외근 근무자는 노무자와 늘 직접 접촉하여 친하게 지내고, 그것이 교양의 중대한 책무를 가진다. 즉 항상 엄하게 일신을 삼가고, 해당 사업장에서 모범이 되도록 해야 한다"고 지도하고 있다.

또 일반 노무자에 대한 교육으로서 신뉴(新入) 탄갱의 예를 들자면, 상식학교를 개설하여 입갱 전 일정한 시간에 짧은 시간동안 날마다 지속적인 교육을 실시했는데, 이를 구리코미(繰込) 학교로도 불렸다. 이는 일반 노무자의 교양을 높이고 또 의사소통을 기하는 데 효과가 컸다.

다음으로 노무자 단체의 운용에 관해서는 노무자의 교양 향상과 단체훈련을 위해 재향군인회, 청년단체 등의 활용을 기하였는데, 제1차 세계대전 후의 노동계의 풍조에 따라 회사로서도 노무자 단체의 조성을 추진해 1918~1919년경부터 각 탄갱에 차례로 노무자 단체가 조직되었다. 여타의 다른 광물을 캐내는 광산에서도 이보다 조금 늦게 조직되었다. 예를 들면 탄갱에서는 다카시마·비바이의 친화회, 가라쓰(唐津)의 협려회(協励会), 아시베쓰(芦別)의 협화회, 호죠(方城)·고가야마(古賀山)의 청년수양회 등이 있었고, 광산에서는 오사리자와의 공익회(共益会), 이쿠노의 공영회, 사도의 여수회(麗水会) 요코미네(横峯)의 상화회(尚和会) 등이 있었다.

이들 노무자 단체의 운용에 회사는 성의를 가지고 본래의 목적인 노사협조, 의사소통 기관으로서의 기능을 충분히 발휘시키는 데에 힘썼다. 예를 들면 일상의 모든 문제에 관하여 노무자가 구체적인 제안을 하도록 하고, 충분히 서로 얘기하여 문제화되기 전에 신속히 처리했다.

노무자단체는 그 후 1932년에 협화회로 명칭을 통일하여 노사협조 기관으로서의 형태가 완성되었고, 회사의 복리 후생 시책도 이 노무 2대 방책 안에서 형성해갔다.

그 후 노무의 중요성이 점점 더 커졌기 때문에 1934년 3월 22일부로 종전의 총무부 노무계에서 승격된 '노무부'가 신설되었다. (초대 노무부장은 무라카미 노부오(村上伸雄) 상무 겸임이었고, 부원은 13명이었다. 부장(副長) 히라자와 쓰요시는 1936년 3월 25일 전임(專任) 노무부장으로 취임했다)

1936년 8월 22일에는 노무계, 복지계, 서무계라는 부내 사무분장체제가 정비되고, 1937년 7월 18일에 '현무계'(現務係, ※노동자의 생활, 가족, 복리후생 전반을 관리)가 신설되었다. '장소노무계(場所労務係, ※노무, 노동 전체를 관리)'가 명실공히 동반되는 노무계가 되기 위해 본점의 방침에 따라서 각 장소(사업장)마다 노무자의 직접적 관리 기구로서의 쓰메쇼(詰所, ※일하기 위해 모여 나가있는 대기소) 제도를 신설하여 해당 담당자가 충실하게 노력하도록 했다. 쓰메쇼 제도의 실태에 관해서는 "쓰메쇼원(구장(區長) 이하의 노무계원)이 광부와 생활을 함께하며 그 경조화복(慶弔禍福)에 진심으로 축복하고 동정하는 등 광부 생활 중에 심신을 투철하게 하여 광부의 좋은 아버지가 되고 형이 되었고, 또 광부와 그 가족들이 '우리들의 쓰메쇼'로서 쓰메쇼원을 자애로운 아버지와 같이 따라 양자의 마음이 혼연 일체 융합되었다"는 기록이 있다.

그 후 1937년 중일전쟁의 확대에 따른 국민정신총동원, 산업보국회, 노무동원체제의 심화라는 시국에 상응하기 위해, 1940년 6월 1일 '노무부'로 직제를 개정하여 종래의 계(係)를 과(課) 체제로 변경, 서무계를 폐지하고 '정리과'(整理課)를 신설하였다.

1940년 9월 1일에는 '장소 직제'가 개정되어, 각 사업장의 노무계는 원칙적으로 '노무과'로 바뀌었다.

그 후 1942년 이후 태평양전쟁이 심화되자 '근로보국' 사상이 등장하고 미숙련 노무자의 '연성'(練成)교육이 과제가 되었다. 이에 따라 1944년 7월 1일에 본점 직제의 일부가 개정되었다. 종전의 노무부는 근로부로 바뀌었고, 각 사업장의 노무과 및 노무계도 근로과와 근로계로 개칭되었다.

5. 임금체계의 정비

메이지 후기부터 다이쇼 초기에 걸친 임금 체계는 다음과 같았다.

　　임금 : 기본적 임금(정액제, 도급제)
　　시간외 할증 임금
　　출근 장려 상여
　　근속 장려 상여
　　현물 급여

한편, 다이쇼 후기에는 '장벽식(長壁式) 채탄법'이 확립된 결과, 채탄부의 임금 결정 방식이 종전의 조 단위에서 막장 단위로 변화하는 등 사회와 기술의 변천에 따라 수정되었고, 점차 근대적 임금체계로 정비되었다.

미쓰비시 광업의 초대 초기에 임금 체계는 대략적으로 다음과 같았다.

급여 : 임금－기본임금(기준내 임금) 정액제, 도급제
조기 출근 및 잔업 시간 대비 임금·동(同) 할증 임금(기준 외 임금 가운데 시간 외 수당)
야근 할증 임금(기준 외 임금 가운데 심야노동수당)
휴일 할증 임금(기준 외 임금 가운데 휴일노동수당)
임시적 급여
기말 상여
퇴직 수당
(注) ( ) 안은 태평양전쟁 후의 관용어법에 의한다.

나아가 1942년 4월에 가족 수당이 처음으로 지급되고, 그 외 임시수당, 증산수당 등도 마련되었다.

여기에서 체계 정비의 과정을 약술하면 다음과 같다.

① 기말 상여, 퇴직 수당의 제정
1917년도 장소장 회의에서 회사 입장에서 검토한 결과 '탄갱 광부 근로상여규정'이 제정되어, 이듬해 1918년 1월 1일부터 실시되었다. 즉, 다이쇼 전기에는 후년의 퇴직 수당에 상당하는 내용은 정해져 있었지만, 아직 독립적인 '퇴직수당제도'는 출현하지 않고 '근속장려상여'로서 취급되었던 것이다.

1925년에는 다카시마와 지쿠호에서 인원 정리와 노동쟁의를 예상하여 '독립적인 퇴직 수당 내규'를 제정하고 싶다는 제안이 나와, 1926년 가을 장소장 회의를 거쳐 '노무자 퇴직 수당 내규'가 제정되고 1927년 1월 1일부터 실시되었다. 이 규정이 미쓰비시 광업에서 '노무자 퇴직 수당 제도'의 원형이 되었다.

또 '노무자 퇴직 수당 내규'를 실시함과 동시에, 종전의 '탄갱 광부 근로상여 규정'을 '노무자 근로상여규정'으로 개칭하고 내용도 일부 개정하여 1929년 1월 1일부터 실시되었다.

② 현물급여(안미(安米)제도)의 폐지

'안미제도'란 주식인 쌀값이 임금 등에 끼치는 영향이 크다는 점에 착안하여, 노무자의 생활안정을 도모하고자 회사가 쌀을 원가로 공급하거나 회사보급을 기본으로 한 저미가(低米価)시책을 시행한 것을 가리킨다. 이것은 원래 금속 광산에서 시작되어 메이지 시기부터 순차적으로 탄광에도 보급된 제도이다.

(『원폭과 조선인』 제4집, pp.38~45, 집필＝오카 마사하루)

조선인 강제 노동의 실태

나가사키시 주변의 여러 탄광섬을 1년 동안 조사한 후, 『원폭과 조선인』 제2집을 발행한 1983년 7월 시점에서 우리는 일본의 패전을 전후하여 하시마에서 강제 노동 당한 조선인과 중국인 포로를 약 750명으로 추정했다.(조선인 500명, 중국인 250명, *이후의 추가조사에 의해 중국인

군함도를 가면서(1983년 7월 9일)
다카자네 야스노리 씨(왼쪽), 오카 마사하루 씨(중앙), 서정우 씨(오른쪽)

의 숫자는 204명이며, 포로보다는 농민이 거의 대부분이었다는 사실도 판명되었다)

고향 땅을 일본인에게 빼앗기고 어쩔 수 없이 유랑의 길을 떠나, 이 하시마의 해저 속에서 직장을 구한 조선인의 역사는 다이쇼 시대로 거슬러 올라가는데, 500명이라는 많은 인원으로 증가한 배경에는 1939년부터 '모집'이라는 명목으로 개시된 소위 강제 연행이 있다. 그것을 '모집'이라 부르든 '관 알선'이라 부르든 결과적으로는 강제 연행과 다름없으며, 결국 징용령(1944년)을 시행하여 '조선인 사냥'을 강행한 결과, 하시마의 조선인 노동자도 급증한 것이다.

일본인 증언자는 "조선인도 '근로봉사대'라고 해서 500백 명 정도가 왔다. 나도 조선으로 모집하러 갔다. 조선총독부에서 세 마을(三町)정도 할당하여 한 마을에서 40~50명을 데려오게 했다. 그냥, 강제였다"

라고 말했다.(『원폭과 조선인』제2집, pp.77) 우리의 조사에 귀중한 증언을 해준 서정우 씨는 14세에 이 섬으로 연행되었다. "징용이라고는 해도 갑작스러운 강제이고, 닥치는 대로 강제로 연행한 것과 같아요. 잘 아시죠? 열네 살이면, 지금의 중학교 2학년이에요. 작은 할아버지는 일손이 없어진다며 강하게 반대했지만, 상대방은 들은 체도 안 했어요"라고 그는 증언한다.(전게서, p.70)

그리고 유랑 끝에 이곳에 이른 사람이든, 강제 연행을 당한 사람이든 일단 발을 들여 놓으면 더 이상 마음대로 빠져나갈 수 없는 '감옥섬'이 바로 하시마였다. "가족을 불러들인 사람도 있었다. 그러나 섬 밖으로는 나가지 못하게 했다", "하시마의 길은 이 길 하나입니다. 이 길을 매일 지나며 제방 위에서 멀리 조선 쪽을 바라보며, 몇 번이나 바다로 뛰어들어 죽으려고 생각을 했는지 모릅니다. 어떤가요? 하얗게 부서지는 이 파도는 그때랑 조금도 다르지 않아요. 동료 중에는 자살한 사람이나 다카하마(高浜)로 헤엄쳐 도망가려다 익사해 죽은 사람이 사오십 명은 됩니다", "견디지 못하고 헤엄쳐 도망가려는 자를 '게쓰와리(ケツ割り)'라고 불렀다. 탈주를 시도하는 사람도 가끔 있었다. 다카시마가 가장 가깝지만 그곳은 똑같은 미쓰비시의 탄광이 있는 곳이다. 도망치려면 노모(野母)반도를 목표로 할 수밖에 없었다. 그러나 눈앞에 닿을 듯해도 조류에 막히고 만다. 쓰요지 씨도 게쓰와리에 실패해서 익사해 죽을 뻔한 남자를 배로 구한 적이 있다. 그러나 익사를 면해도 탈주 미수자는 나야가시라(納屋頭)라고 불리는, 지금으로 말하자면 기숙사장으로부터 반죽음 당할 것을 각오해야만 했다"(같은 책, pp.69~80 참조)

게다가 매우 열악한 의식주 조건 아래에서 형언할 수 없는 위험한 중노동과 차별대우, 구타로 보내는 나날이었다. "우리 조선인은 이 모퉁이의 구석에 있는 2층 건물과 4층 건물에 들어가게 했습니다. 한 사람이 다다미 한 장 크기도 차지할 수 없을 만큼 좁은 방에 일고여덟 명이 함께 지냈습니다. 외견은 모르타르나 철근이지만 속은 너덜너덜 했습니다", "우리는 쌀자루 같은 옷을 받아 입고 도착한 다음날부터 일을 해야 했습니다"

"이 바다 밑이 탄광입니다. 엘리베이터로 수직갱도를 땅 속 깊게 내려가면 아래는 석탄이 착착 운반되어 넓지만, 굴착장으로 가면 엎드려서 파내야만 하는 좁은 곳이어서, 덥고 고통스럽고 피로한 나머지 졸음이 몰려오고 가스도 쌓이고 해서, 게다가 한편에서는 낙반의 위험도 있으니 이대로는 살아서 돌아갈 수 없을 거라고 생각했습니다. 낙반으로 인해 하루에 네다섯 명은 죽었을 겁니다. 지금처럼 안전을 생각하던 탄광이 전혀 아니었습니다. 죽은 사람은 하시마 옆의 나카노시마에서 화장했습니다. 지금도 그때의 가마가 있을 겁니다. 이런 중노동에도 식사는 콩깻묵 80%, 현미 20%로 된 밥에 정어리를 덩어리째 삶아 부순 것이 반찬이었습니다. 저는 매일같이 설사를 해서 무척 쇠약해졌습니다. 그래도 일을 쉬려고 하면 감독이 와서, 왜 있잖아요, 거기 진료소가 당시에는 관리사무소였기 때문에 거기로 끌고 가서 구타를 당합니다. 아무리 몸이 아파도 '네, 일하러 가겠습니다' 하고 말할 때까지 두들겨 팼습니다. '마음대로는 못 한다'는 말을 몇 번이나 들었을까요", "중국인, 조선인은 평소 차별당하고 있었다. 자급용 소나 염소를 잡아도 그들에게는 머리나 뼈밖에 돌아가지 않았다. 전시 중의 탄광의 혹독함은 군대보다 더하다. 헤엄쳐서 도망가려다 물에 빠져 죽는 사람이 1년에 4, 5명은 있었다. 외근계란 이른바 탄광의 사설 경찰 노릇을 한 사람을 말하는 건데, 말을 잘 안 듣는 노동자가 있으면 누구든 외근 본부에 끌고 왔다", "패전이 가까워지면서 남자가 모자라니 중국인 포로나 조선인이 많이 끌려왔다. 일본인 광부가 사는 곳과 떨어진 숙소에 한꺼번에 집어넣었다. 좁은 섬에서 있었던 일이다. 지금도 쓰요지 씨의 귓전에는 그 사람들이 부르짖는 건지 우는 건지 알 수 없는 슬픈 소리가 맴돈다. 딱 한 번 소리가 나는 방을 훔쳐본 적이 있다. 아직 스무 살 전으로 보이는 조선인 젊은 남자가 무릎을 꿇린 채 무릎 위에 커다란 돌을 얹고 있었다", "기숙사에 들어가 하루 2교대의 중노동. 노무계의 감시가 혹독하여, 너무 피곤해서 일하러 못 나가거나 가족에게 보내는 편지 안에 섬의 사정을 있는 그대로 쓴다든지 하면 곧 끌려갔다. 노무 사무소 앞의 광장에서 손을 묶은 채 조선인을 노무계 사람 셋이 돌아가며 군용 가죽 벨트로 때렸다. 의식을 잃으면 바닷물을 머리에 부어 지하실에 가두고 다음날부터 일을 시켰다. 하루에 두세 사람이 그런 식으로 폭행을 당했다. 옥외에서 이런 짓을 한 것은 우리 모두에게 보여주기 위해서였다. 입으로는 도저히 말할 수 없을 정도의 구타였다"(이상, 같은 책 같은 부분 참고)

마침내 하시마는 원폭의 섬광과 버섯구름을 바다 위 저 멀리서 직시하고 일본 항복의 소식을 접하게 되는데, 여기서 더욱 잊을 수 없는 일본인의 추한 모습이 있다. 그것은 외근계 직원들의 야반도주다. "종전은 8월 15일 밤 8시인가 9시쯤 외근 본부로 전화가 걸려와서 알게 되었다. 모두에게 들키면 안 된다. 알리지 말라고 했다. 우리가 횟술을 마시고 있을 때 다카시마에서 보낸 회사 배가 왔다. 중국인과 조선인을 담당했던 계원을 그 밤 사이에 하시마에서 피난시켰다. 우리가 우왕좌왕하고 있으니 중국인들도 알아챘을 거다. 다같이 '만세, 만세' 하고 밤중까지 외치는 소리가 울려 퍼졌다", "패전 후 얼마 되지 않아 이 사람들은 본국으로 돌아간 것 같다. 그들을 괴롭힌 회사의 외근계 직원들은 패전 소식을 듣고는 보복이 두려워 재빨리 몸을 피했다고 한다"(같은 책)

조선인 노무자에 대한 증언

1. "기억나지 않는다"는 승려

전전(戰前)·전중(戰中)에 있었던 하시마의 노동자에 관해 증언해주는 사람은 많지 않다. 도서(島嶼)지역을 조사하던 중에 우리에게 증언을 해준 사람은 원자폭탄 피폭의 증언자들이었고, 가까운 사람으로서는 서정우 씨 단 한 사람뿐이었다. 신문·잡지 등의 문헌조사에도 의지해야만 했는데, 그런 의미에서도 이번 '하시마 자료' 발견의 의의는 매우 큰 것이다.

1983년 7월,『원폭과 조선인』제2집을 발행한 후, 앞에서 기술한 무연고 해난 사망자의 비석(海難者無緣仏之碑)의 존재가 어느 한 고교 교사에 의해서 알려지는데(*『원폭과 조선인』제3집, pp.44 참조), 조사의 실마리를 찾던 중에 구 공무원 사무소 직원 2명의 증언을 만난 덕분이다. 그리고 이 증언 속에서 하시마의 중앙부에 있었던 센푸쿠지(泉福寺)라는 절의 주지를 찾아서 물어보면 군함도의 사망자에 관해 '잘 알고 계실 것'이라는 말과 함께 주지의 이름도 소개받았다. 이 사람의 현주소를 다른 기회에 우연히 알게 되어, 그가 진실을 알려줄 유력한 증언자가 되어줄 것을 기대하고 우리 회원이 찾아갔지만, 주지의 기억 속에 조선인은 존재하지 않았다.

"조선인을 보기는 했지만, 이야기를 나눈 적도 없고 매장을 한 적도 없어서 별로 기억나는 것이 없습니다. 도망가려고 바다에 뛰어들어 죽었다는 이야기도 들은 적이 없습니다"(『원폭과 조선인』제3집, p.30)

나는 고령(증언 당시 82세)의 승려가 증언 의뢰에 응해준 것에 감사해 마지않을 뿐 아니라, 그의 명예를 훼손할 마음은 털끝만큼도 없다.

그러나 '회사(미쓰비시)가 만든' 절에서 1929년부터 하시마광이 폐광될 때까지 45년간이나 주지로 있으면서, 잊을 수 없는 일에 대하여 이것저것 말씀하신 분이 조선인에 관한 일은 "별로 기억나는 것이 없다"고 한다. 게다가 "매장한 적도 없다"고 하는 증언에는 깜짝 놀랐다.

구 다카하마(高浜)촌의 직원이 시사하는 것과는 다르긴 하지만, 이 승려뿐 아니라 조선인에 관한 것을 잘 기억하고 있는 일본인은 흔하지 않다. 그것이 일본이고 일본인이라고도 할 수 있을 것이다. 그러나 "매장한 적도 없다"니. 도대체 무슨 말인가. 이번 '하시마 자료'는 다이쇼 시대부터 하시마에서 사망한 엄청난 숫자의 조선인 남녀노소의 화장 사실을 폭로하고 있다. "매장한 적도 없다"는 증언과 "좁은 섬이라서 전전·전후를 통틀어 그 안에 무덤은 없었습니다. 나카노시마나 다카시마에 가져가 유골을 태워서 유족이 고향으로 가지고 갔습니다"(같은 책, p.29)라는 증언에 따르면, 일본인이든 조선인이든 그 유골을 인수하는 사람이 있었던 경우는 그렇다 치고, 만일 유골을 거두어들일 사람이 없었던 경우 그 유골은 어디서 어떤 취급을 받았던 것일까. 들일하던 젊은이를 무리하게 연행하다시피 해서 끌고 왔으나, 그 유골만은 정중하게 가족의 품으로 돌려보냈다는 식의 이야기는 아마도 일본 어디서도 결코 찾아볼 수 없을 것이다. 진실은 더욱 어둠 속에 파묻히고 마는 것인가.

2. 정부·지방자체단체·기업의 책임

부당한 조선 침략의 결과로서 조선 민족이 받은 여러 피해에 대한 일차적인 책임은 두말할 나위도 없이 일본 정부에 있다. 한일기본조약(1965년)으로 모든 것이 매듭지어졌다고 주장하는 일본 정부의 태도는 노골적인 남북 분단 정책이며, 일본 서쪽 끝의 섬 하시마의 실태가 그러했듯이 생명을 학대하고 학살한 책임을 전혀 지지 않겠다는 무책임한 태도이다. 패전 직후 국가 권력에 의해 자행된 증거 인멸은 반성 없이 지금까지도 뿌리 깊은 근성으로서 계속되고 있다고 말할 수밖에 없다. 일본 정부는 강제 연행이나 내외 조선인 피폭자의 실태조사조차 하고 있지 않은 것이다.

그러나 용하게도 '하시마 자료'가 증명하듯이 지방자치단체(현시정촌(県市町村))는 각종 행정자료를 스스로 소유하고 있으면서도 조선인의 피해에 대해서는 차별적인 태도, 혹은 무위무책(無爲無策)으로 일관하고, 통계적인 인적, 물적 피해의 실상조차 규명하지 않았다. 지방자치단체 역시 그 무책임함에 있어서는 정부와 똑같은 죄를 저지르고 있다.

더욱이 업계와 기업도 책임을 회피하고 있다. 하시마와 연관된 기업은 미쓰비시 광업이다. 당시 국가권력과 산업계가 결탁하여 매년 강제 연행자의 수를 결정해 각 기업으로 보냈는데, 석탄업계의 '인적 자원' 확보 움직임은 광산, 토건업과 함께 가장 빠른 시기인 태평양전쟁 개시 전부터 이미 시작되었다. 조선인을 연행한 것이 국가 권력에 의한 강제라면, 도일(渡日) 후의 강제 노동과 생활은 기업과 행정·경찰 기관, 협화 관련 단체 등의 긴밀한 연계를 통한 감시 하에 이뤄졌다.

기업과 국가·행정 권력은 일체였다. 관련 기업에는 조선인 노동자에 관한 실로 방대한 자료가 남아있음에 틀림없다. 그럼에도 불구하고 그토록 조선인을 혹사시킨 기업 중 어느 곳도 자신들이 소유한 자료·기록을 공개하거나 자체적인 조사·분석을 실시해 스스로 책임을 물었다는 이야기는 들은 바가 없다. 결국 기업도 전쟁 전과 조금도 다름없는 태도로서 조선인의 피해를 어둠 속에 파묻은 것이다.

  그중에서도 특히 전쟁과 함께 성장해 온 미쓰비시 중공업은 전쟁의 추진력 그 자체였고, 결국에는 원폭의 공격 목표가 되어 히로시마·나가사키 주민을 죽음의 소용돌이로 끌고 들어간 일본 최대의 군수공장을 운영한 전쟁범죄 기업이었다. 재벌 해체로 그 책임을 면할 수는 없다.

  일본 패전 당시, 징용공을 포함해 종업원 수 약 36만 명을 거느린 거대기업이었던 미쓰비시 중공업이 당시 나가사키시와 그 주변의 산하 공장 및 탄광에서 강제 노동을 시켰던 조선인의 수는 우리의 조사 결과(현시점)에 따르면 13,158명을 넘는다. 자세하게는 미쓰비시 조선 관련 6,350명, 미쓰비시 제강 관련 675명, 미쓰비시 병기 제작소 2,133명, 미쓰비시 광업 다카시마 탄갱 3,500명, 그리고 하시마 탄광 500명이다.

미쓰비시 중공업 나가사키 조선소(2017년 3월 23일)

전후의 미쓰비시 중공업이 이들 조선인 노동자에 관한 내부자료를 공개할 조짐은 보이지 않는다. 미쓰비시 중공 히로시마 조선소와 관련된 '미불임금 명부'를 포함하는 일괄 공탁 서류가 히로시마 법무국에 공탁되어 있는 것이 전부다. 이 역시 결코 미쓰비시가 주체적으로 나선 것이 아니라, 유족이나 생존자 및 그 지원단체의 추궁에 의해 "정부가 움직이면 미쓰비시도 고려해보겠다"는 정부 의존, 책임 전가의 자세를 견지한 채로 마지못해 공탁하게 된 것이다. 강제로 연행하여 학대하다가 원폭 희생자, 난파선 희생자를 만들어낸 것에 대해 털끝만큼의 법적, 인도적 책임조차 자각하고 있지 않은 것이다. 실제로 지금도 국가 권력과 보조를 맞추어 해마다 일본 최대의 무기 생산을 증강시키고 있는 엄연한 현실이 존재한다. 그리고 이런 상황을 허락하고 있는 것은 바로 우리 자신이라는 점을 인식해야 한다. 조선인 징용공 및 그들의 원폭 피해에 대한 미쓰비시 중공 나가사키 조선소의 자세는 잊을 수 없는 하나의 사건을 통해 극명하게 드러난다. 그것은 해당 조선소에서 작업 중에 피폭당한 서정우 씨가 증언자로 출연한 조선인 피폭자에 관한 기록영화 〈세계의 사람들에게(世界の人へ)〉(모리 젠키치(盛善吉) 감독, 1981) 촬영 당시, 피폭지점까지 구내 출입 허가를 신청하자 조선소가 거부한 사건이다. 감독, 촬영 스태프와 함께 같은 곳을 방문한 서 씨와 히로시마 조선인 피폭자협의회 회장 이실근(李実根) 씨 팀을 앞에 두고, 미쓰비시는 행정당국(현·시)의 요청이 있다면 고려할 여지가 있다고 하면서도 "이런 종류의 요망에 대해서는 모두 거절하겠습니다"라며 예상 밖의 답변을 반복했다. 14세의 나이에 선체의 '가시메치기' 노동(※기구 등의 이음매를 공구로 단단히 죄는 일)에 종사할 수밖에 없었던, 엄연히 미쓰비시 조선소의 종업원 출신인 서 씨에 대하여 예의를 갖추는 척 하면서도 무례하고 당돌한 선언이었다.

이 충돌 장면이 〈세계의 사람들에게〉에도 담겼는데, 제작 목적과 증언의 취지를 필사적으로 역설하던 서 씨의 불타오르던 시선은 이윽고 언어의 무기력함에 대한 분노인지 슬픔인지 모를 안타까운 시선으로 무너져 내렸다. 차마 곁에서 지켜볼 수 없는 이런 눈빛을 그에게 강요할 권리가 미쓰비시에 있을 리 없다. 미쓰비시가 가진 것은 조선인에 대한 불변의 암살·학살의 '논리'뿐이다.

그때는 8·9 원수금세계대회를 며칠 앞두고 네덜란드 포로로서 같은 곳에서 피폭을 당한 야겐 온켄 씨가 미쓰비시 조선소 구내에서 방송 보도진의 비디오카메라 앞에서 피폭에 관한 증언을 하여 크게 방영된 직후였다. 당연히 미쓰비시에 대한 항의 행동이 일어나서 우리도 적극적으로 참여했다. 행정당국인 나가사키시를 통해 촬영 허가 재요청을 실현하고자 시장의 이해와 협력을 요구하는 운동이 고조되었다.

당시 모토시마 히토시(本島等) 시장은 이 기록영화의 제작에 찬성의 뜻을 표명한 사람 중 한 명이었고, '평화', '핵무기 폐기', '피폭자 원호'를 강하게 어필해 왔는데, 시장으로서 미쓰비시 구내 출입 허가를 요청하는 행동에는 나서지 못했다. "남의 집 부엌에 대해서 트집 잡을 수는 없다"는 것이 일관된 거절의 이유였다. 미쓰비시에 대한 내밀한 타진이 실패로 끝난 결과라고 보는 견해도 있었으나, 아무리 그렇다 해도 시장의 거절 표명은 미쓰비시의 부당한 태도를 추인하는 너무나도 도리에 어긋난 처신이다.

이 사건을 통해 대기업과 행정 당국이 일체가 되어 조선인을 차별하고 배제하는 구조가 느닷없이 시민들 앞에 그 모습을 드러냈다. 전후의 '평화주의', '민주주의'라는 명분 덕에 가해자로서의 책임은 교묘히 은폐되고, '유일한 피폭국'이라는 피해자 의식만이 앞서는 지금의 현실도 역시 기업과 행정당국이 하나를 이루는 무책임한 체제에 의해 유지된 것이다. 가해자가 피해자를 내쫓는 이러한 위선에 찬 구도를 언제까지 계속해서 가져가려는 것일까.

결국 서정우 씨는 철조망 너머의 멀리 조선소 안을 가리키며 언덕 위에 고정된 카메라 앞에 서서 피폭 체험을 증언할 수밖에 없었다.

앞서 잠시 언급했듯이 미쓰비시 중공 히로시마 조선소에 징용되었던 조선인과 그 유족들은 일본 정부와 미쓰비시 중공에 대하여 보상을 요구하며 나섰다.

히로시마에서 피폭된 후 살아남은 사람들도 전원이 무사히 해방된 조국으로 귀환할 수 있었던 것은 아니다. 그리운 고향을 눈앞에 두고 귀환선의 조난으로 인해 희생된 사람들도 적지 않다. 다수의 사체가 나가사키현 이키(壱岐)·쓰시마(※최근 이키가 아닌 쓰시마라는 학설이 등장하고 있기에 역서에 삽입한다. 그러나 이키와 쓰시마는 가까운 거리로 섬 거주민은 같은 공간으로 인식하고 있다)에 표착했는데, 겨우 작년이 되어서야(*1985년) 그들의 유골이 발굴된 것을 기억하는 사람도 있을 것이다. 생각건대, 그들은 얼마나 원통했을까.

실제로 히로시마뿐만이 아니라, 태풍철이었던 당시 현해탄이나 각지의 근해에서 조난당한 조선인의 숫자는 헤아릴 수 없이 많다. 우리도 조사과정에서 이오지마(伊王島)나 고야기(香燒, 원래는 섬이었다)에서 조난·표착·매장 등에 관한 증언을 몇 번이나 들었다. 더욱이 고야기에는 미쓰비시 중공 나가사키조선소가 1973년경 건립한 '한국인 근로봉사대원의 묘'(韓國人勤勞奉仕隊員之墓)라는 묘비가 있는데, 이것은 우리의 조사에 따르면 마쿠라자키(枕崎) 태풍(1945년 9월 17일)으로 인한 조난자의 유해를 인접한 등대 용지 내 수조에서 발견한 미쓰비시가 구 가와나미(川南)공업 '근로봉사대원'의 유해로 착각해서 이장한 것이 아닌가 생각된다. 미쓰비시에 대한 우리의 문의와 미쓰비시의 냉담한 답변 등, 상세한 내용은『원폭과 조선인』제3집의 pp.31~43을 참조하기 바란다. 여기서도 미쓰비시 중공의 체질이 여실히 드러난다. 더욱이 홋카이도의 각 탄광에 징용되어 있던 조선인 노동자 3,745명을 태우고 아오모리(靑森)현 오미나토(大湊)를 출항한 수송선 우키시마마루(浮島丸)가 마이쓰루(舞鶴)항에서 폭파되어 조선인이 학살 당한 가공할 만한 사건조차 있었다.(박경식 저,『조선인 강제 연행의 기록』, 미래사(朴慶植著,『朝鮮人強制連行の記録』, 未来社) p.288 참조. ※한국어 번역 출판본(고즈윈, 2008)에서 참조 가능, 1945년 8월 24일 일어난 우키시마호 폭침사건. 원인은 확실히 밝혀지지 않고 있으나, 함께 탄 일본 해군장교들이 부산에 도착했을 때 발생할지 모를 보복이 두려워서, 혹은 천황의 항복 선언에 대한 항명으로서 고의적으로 폭침해 조선인을 학살한 것이라는 증언과 의혹이 유력하게 제기되어 왔다. 그러나 일본 당국은 미군이 설치한 기뢰에 의한 폭발이라고 주장하고 있다)

이런 비참한 정황을 배경으로, 한국 내에서는 '미쓰비시 징용공 침몰 유족회'(三菱徵用工沈沒遺族会)나 '미쓰비시 생존자동지회'(三菱生存者同志会)의 산하단체가 결성되어, 한일 양국 정부 및 미쓰비시 중공을 대상으로 한 유골 봉환과 미지불임금 문제 해결 등의 보상요구 운동을 10여 년에 걸쳐 끈질기게 전개해 왔다. 그리고 일본 국내에는 '미쓰비시 중공 한국인 징용공·원폭피폭자·침몰 유족을 지원하는 모임'(三菱重工韓国人徵用工·原爆被爆者·沈沒遺族を支援する会)이 결성되어, 이키의 조난자 유골 발굴에 매진함과 동시에, 한국의 유가족에 대한 유골의 송환과 보상을 요구하며, 미쓰비시 측과 교섭을 거듭해 왔다. 미쓰비시는 "징용공의 유골이라는 증거가 없다. 정부가 움직이면 미쓰비시도 생각해 보겠다"라며, 오히려 계속해서 뻔뻔한 태도를 취했다. 1981년 국회에서도 이것이 국제적인 문제로서 추궁되자, '지

원하는 모임'('한국의 미쓰비시 징용피폭자 · 유족회 · 귀국조난자, 전후
문제대책회'(韓国の三菱徴用被爆者 · 遺家族 · 帰国遭難者,　戦後問題対策
会)로 개칭)은 일본정부에 유골 송환을 요구하고, 미쓰비시에 대해서
는 '강제 연행' 기업으로서의 도의적 책임과 미지불 임금의 청산을 요
구하는 방향으로 운동을 시작했다.

　설명이 다소 길어졌으나, 침략과 전쟁, 착취와 학대 · 학살을 자행한
자들에 대한 너무나 당연한 요구에 대하여, 일본 정부는 "한일조약에
의해서 모두 다 해결되었다"는 종전의 상투적인 말로는 빠져나갈 수
없게 되자 "외무 · 법무 · 후생성 세 개의 성(省)이 협력하여 노력하겠
다"고 '약속'했다. 한편 미쓰비시 중공은 미지불 임금 명부 등을 히로
시마 법무국에 일괄 공탁하고, 외무성에 "미쓰비시로서는 이 문제를
방치할 생각은 없다. 해결을 위한 좋은 방법을 지도해주기 바란다"고
표명했다. 일정한 진전은 있었다고 할 수 있겠다.(이상, 『원폭과 조선
인』 제3집, pp.146~147 참조)

　그러나 위의 경과에서도 확실하듯이 일본 정부도 기업 미쓰비시도
결코 책임을 자각하고 문제 해결에 임하지 않았다. 회피할 수 없는 객
관적인 증거를 갖다 대니 어쩔 수 없이 대응하는 데 불과하다. 실제로
그 후 구체적인 마무리 단계에 접어들어서는, 각 성(省) 모두 성청 간
의 장벽을 구실 삼아 관망과 방치의 태도로 나왔다. "정부가 움직이면
생각해보겠다"던 미쓰비시도 스스로는 적극적으로는 움직이지 않겠다
는 무책임한 태도의 연합이 노정되고 있다고 하겠다. 조선인은 좋아
서 일본으로 건너온 것이 아니고 강제적으로 연행된 것이며, 그 결과
로서 피폭을 당하거나 조난을 당했다. 이 사실을 그들도 모르지 않는
다. 오히려 너무나도 충분할 정도로 잘 알고 있기에, 일본 정부도 또
정부와 결탁한 미쓰비시도 범죄자의 심리로서 입을 닦고 책임회피를

꾀하고 있는 것이다. 근본적인 반성에서부터 새롭게 출발하려 하지 않고 가해를 다시 거듭하는 일과 다름없다.

덧붙이자면, 재한 피폭자의 도일 치료에도 본질적으로는 동일한 문제가 있다. 올해(1986년)로 기한이 끝남과 동시에 연장 여부가 위태로운데, 그 책임이 도항비 부담의 중단을 표명한 한국 정부 측에 있는 것처럼 말하는 것은 사리에 어긋난 폭론이다. 내외를 불문하고 원폭 피폭자의 원호는 전면적으로 '피폭하게 만든 자'가 책임지고 행해야 한다. 피해자가 손해를 배상하는 이치는 없기 때문이다. 또 전후에 일관되게 전개되어 온 재일조선인에 대한 차별과 억압도 관민일체의 이러한 무책임의 기질 위에서 성립하고 있음을 깊게 인식할 필요가 있다.

증언
'덕망 높은 사람'이 무라사메마루(村雨丸)로 송환해 주었다

하마구치 사부로(浜口三郎) 73세
1912년 10월 3일 생
니시소노기군(西彼杵郡) 다카시마정(高島町) 히카리정(光町)
증언일 1986년 8월 18일

일본인과 조선인이 싸움을 하면 일본인이 회사에 불려가 야단맞았어요. 그다지 조선인을 어떻게 했다는 기억은 없어요. 김 씨라는 사람이 관리하고 있었는데 몇 명 있었던가, 그게 어떻게 됐는지는 잘 몰라요.

천인총(공양탑)은요, 다카시마 신사 밑에 옛날에 쵸사이지(チョウサイ寺)라는 절이 있고 거기에 1906년에 다카시마가 폭발 했을 때 죽은

사람들 307명의 묘비를 세운 거에요. 광업소 직원의 묘소는 다른 곳⋯⋯.
옛날 묘지에 계속 돌탑이 서 있었는데 지금은 위쪽으로 석탑을 옮겼
지요. 아래쪽엔 집을 세우느라요. 천인총에는 그 후에 죽은 사람들은
모시고 있지 않고, 그때 사고 때 죽은 사람들만이에요. 그 아래에 유
골이 묻혀 있는지 어떤지는 모르겠지만, 묘비만 서 있는 거 아니겠어
요? 이미 오래 전부터 수풀만 우거져 있지만서도.

하시마는 전부 화장을 했어요, 나카노시마에서. 유골을 다카시마에
는 가지고 오지 않아요.

우리 기억으로는 조선인이 여기서⋯⋯. 옛날엔 말이죠, 건너편 땅
으로 헤엄쳐서 건너간 거죠, 탈출을 해서요. 조수 간만을 잘 생각해서
헤엄치지 않으면 이상한 곳으로 흘러가 버리는 거에요. 가까운 곳은
5km 정도 되죠. 다카하마(高浜)라든가 조수의 간만이라든가 말에요.
옛날 탄광 사람들 말로는 게쓰와리라고 해서 건너편 땅으로 헤엄쳐
건너서, 휴휴하고 잠깐 쉬었다 이번엔 나가사키로 나가는데, 나가사키
쪽에서는 벌써 와서 지키고 있으니까요, 들켜버리죠. 밤에만 아니고
낮에 헤엄칠 때는 조개잡이 같은 데 쓰는 나무통 뚜껑을 뒤집어쓰고
숨을 쉴 때만 올라와서 건너는 사람도 있었어요. 물에 빠져 죽는 사람
이 역시 많았죠. 조선인이 그런 식으로 탈출을 해서 어떻게 됐는지는
들은 적이 없네요.

옛날 다카시마에서 압제시절에는 개인이 하는 기숙사가 7채인가
8채 정도 있었나? 나야(納屋)말이에요. 아무리 일해도 감독한테 털리
니 견디지를 못하고, 결국은 나중에 회사의 직할 기숙사인지 뭔지가
되었지만요. 조선인은 조선인 나야에서, 김 씨라는 사람이 관리하고
있었어요.

종전이 되고 조선인이 다카시마에서 돌아갈 때는 광업소에서 역시

신용이 좋은 인덕 있는 사람이 데리고 가서, 무라사메마루에 태워 전부 조선으로 돌려보냈어요. 덕망 높은 사람이 나서서 그렇게 하지 않으면 맞아죽었을 거에요. 아무나 다 할 수 있는 일이 아니죠. 사람 수는 어느 정도였나……. 상당했지요. 종전 후였으니까, 45년 말인가 46년경이지요. 종전 후에 탈출을 했다든가 그런 소리는 듣지 못했어요.

중국인도 있었어요, 사람 수는 모르겠지만요. 밑이 평평한 너벅선(団平船)에 천막을 씌워서 데리고 왔어요.

대공습이요? 저는 군대에서 1941년에 돌아왔는데, 대공습은 1945년 7월 31일과 8월 1일이었죠. 아침부터 B29가 80기 정도 침입했어요. 16~17명 정도는 죽지 않았나 싶어요. 발전소를 공격당해서 4개월간은 조업이 정지되고, 새로운 갱은 이미 폐갱이죠. 갱 바닥에 물이 차서…….

하시마의 석탄선인 하쿠주마루(白壽丸)가 어뢰 공격을 받은 것은, 그것은 1945년이 시작될 무렵이었어요. 하시마와 나카노시마 사이에 미국 잠수함이 부상하고 나서……. 그건 보고 있었죠. 우리는 마침 감시소에 있었거든요. 그때 유가오마루(夕顔丸)도 당했어요.

다카시마에 고사포가 배치되어 있긴 했어도 때를 맞추지 못했어요. 저 혼자 발전소의 기관총을 가지고 올라왔는데, 아무래도 동쪽에서 폭음이 들린다고 해서 모두 귀를 기울여서 듣고 있었죠. 안 난다고도 하고, 난다고도 하고. 그러는 사이에 아이쿠 벌써 유가오마루가 당했어요. 나카노시마에서 기관총 사격을 했어요. 그 후 이쪽으로 기관총을 가져와 버렸어요. 재소자는 없어요. 재소자에 대해선 들은 적이 없어요. 중국인은 포로에요. 지금의 41호 아파트 밑에 숙사가 있었지요. 조선인 나야는 탄광 북쪽에 목조 건물이 있었어요. 지금은 벌써 남아 있지 않지만.

어뢰 공격을 받은 하쿠주마루(白壽丸)

미쓰비시 운영으로 나가사키 시내와 하시마를 연결하던 유가오마루(夕顔丸)

- 하시마에서는 패전이 되자 조선인을 학대하던 외근계가 하룻밤 사이에 벳푸(別府)의 미쓰비시 기숙사로 도망갔다고 하던데요, 다카시마에서는 어땠나요?

그런 일 없어요. 들은 적이 없어요. 다카시마에서는 그런 일이 없었어요.

- "내가 먼저" 식으로 귀국을 서두르는 혼란 같은 것은 없었나요?

없었어요. 그런 일은 없었어요. 하시마의 조선인은 어땠는지 모르겠지만, 다카시마의 조선인은 아까도 말했지만 덕망 높은 사람이 맡아서 조선까지 보냈어요.

- 조선인이 하시마에서 가장 가까운 난고시묘 부근으로 헤엄쳐 건너려다 표류해서 익사한 것으로 추정되는 사체를 요번에 네 구 발굴했습니다만, 다카시마에서는 어땠나요?

들은 적 없는데요, 조선인이 탈출했다 어쨌다 하는 이야기는……. 일본인은 진작에 탈출을 했지만요. 갱내의 노동은 아무래도 2교대 12시간 근무니까 힘들죠. 하시마에 대해선 잘 몰라요. 우리 형이 전쟁 중부터 계속 하시마로 전근 가서 근무를 했는데, 만나도 저한테 그런 이야기는 잘 안 했어요. 근로 관계의 일이기 때문에 이야기하지 않죠.

- 전전에 있었던 일에 대해서는 증언을 해줄 사람이 적어졌습니다. 달리 뭔가 해주실 말씀이라도 있으신가요?

떠도는 소문이라서 잘은 모르지만, 김 씨라는 사람이 조선에 돌아가서 살해되었다나 어쨌다나 하는 이야기도 들었죠. 하시마에서 출병을 해서 조선에서 근로 관계 일을 하던 사람이었다고 하는데, 하시마에 있었던 사람이 그 사람을 목격하고는, 당신이네 아니네 하며 싸웠다는 이야기도 들었어요.(※일본군에 지원한 일본 거주 조선인이 현역병으로서 하시마에 가서 전쟁 협력을 선동하는 순회강연을 하거나, 전역 후 미쓰비시 등 탄광회사에 노무관리자로 고용되어 조선인 징용노동자들을 감시 감독하는 과정에서 조선인 노동자들을 가혹하게 다루어, 해방 후 보복을 당하기도 했다) 이 사람은 다카시마 사람은 아니에요. 하시마 사람이에요. 하시마와 다카시마는 역시 꽤 달라요. 이쪽은 그렇지 않았거든요.

– '미쓰비시 광업 백년사'(三菱鉱業百年史)를 똑같이 옮긴 이 회사의 소책자에는 사고에 대해서는 전혀 기록하고 있지 않아요. 부끄러운 걸까요? 유가오마루의 진수(進水)까지는 기록을 했는데 말이죠.

진짜 보고서라면 사고도 기록을 해야죠. 하지만 대강 들은 이야기가 있어도 광업소에 오래 신세 지고 있는 사람은 역시 말하기 힘든 부분도 있어요. 유가오마루는 다카시마에서 폭동이 있어났을 때 활약했죠. 폭동이라고 할까, 파업이었죠. 메이지 시대 임금 투쟁 때 군대가 진압을 할 때 유가오마루가 활약했었죠.

– 회사는 두 번의 화재로 인해 전전의 중요 서류를 전부 소실했다고 하는데요?

이 밑에 도장(道場, ※무예를 수련하는 곳으로 체육관으로도 불림)이 있고 그 옆에 붉은 벽돌 건물이 있었는데 광업소의 오래된 서류는 그 안에 전부 들어가 있었죠. 거기 도장은 다카시마, 하시마, 후타고 갱의 본부 사무소가 있었던 자리에요.

다카시마에 무연고자의 비가 있기는 하지만 그곳에 조선인의 유골이 들어가 있는지 어떤지는……. 원래 다카시마와 후타고는 떨어져 있었어요.(※다카시마는 여러 개의 섬으로 이뤄져 있었고, 그중 하나가 가미후타고지마(上二子島), 시모후타고지마(下二子島)였는데 매립에 의해 하나로 이어졌다) 그러니까 바닷물을 타고 다카시마로 시체가 흘러들어오는 거에요. 화장해서 유골만 묻는 경우가 있기는 했죠. 이름도 아무것도 없고, 콘크리트로 쌓아서 조금 나와 있을 뿐이지만요. 대숲이 우거져서 지금은 올라가기 힘들지 않을까요? 후타고 섬은 1921년에 본섬과 이어지기 전까지는 다리가 놓여 있었는데 떡갈나무 손잡이를 쇠줄로 이어 놓았었어요. 동쪽은 엄청나게 깊었던 거에요. 통행금지가 될 때는 동그라미 표시가 올라오는데, 다카시마에 요리집이 있었거든요. 일 때문에 건너왔다가 떠내려가기도 하고, 그런 사람이 꽤 있었어요. 떠내려가 죽어서 시체고 뭐고 아무 것도 못 찾고……

광부를 상대로 하는 유곽은 있었지요. 후타고 갱 쪽에서는 영업하면 안 된다고 해서 모두 다카시마에 있었어요. 건물도 남아 있어요.

나카노시마(왼쪽), 후타고지마(중앙), 다카시마(오른쪽) (2002년 5월 21일)

많이 있었죠. 나는 여자를 사러 간 적도 없지만……. 몇 집이 있었더라? 여섯 일곱 채 있었어요. 중국에 있을 때는 ('위안부' 여성 중에는) 일본인보다 조선인이 많았죠. 강제적으로 끌고 와서.

다카시마에 군대는 없었어요. 고사포는 재향 군인이 맡고 있었고, 헌병은 있기는 했지만 많지는 않았어요.

하시마와 다카시마의 맞은 편 갱도가 있어서 하시마와 관통시킬 계획이 있었지만, 폭발 때 양쪽 모두 위험하다고 해서 관뒀죠. 전쟁 전(※2차 세계대전 전)의 이야기에요.

나의 선조는 고토 쇼지로(後藤象二郎)와 함께 시코쿠(四国, 옛 지명은 도사(土佐))에서 다카시마로 왔어요. 글러버 씨의 뒤를 이어서 말이에요. 나는 5대째가 됩니다. 나 같은 인간은 폐광을 하는 건지 존속하는 건지 어느 쪽인지를 분명하게 해줬으면 좋겠어요. 이건 뭐 이러지도 저러지도 못하게 결말도 짓지 않은 채 질질 끄니……. 어차피 폐광되겠죠.

– 원자력발전소를 중지하고 석탄을 활용한다면요?

일본에는 폐기물 처리 시설이 없지요. 그런 걸 가지고 있을 수는 없으니까요. 좀 곤란하지요. (원자력발전소는) 관뒀으면 좋겠어요. 무섭잖아요.

일본의 축소판 하시마

지도에서 보면 하시마는 콩알만큼 작다. 이런 작은 섬에 전시 중에는 조선인이 약 500명이나 있었다. 그 숫자는 이웃 섬 다카시마와 비교하면 칠분의 일에 불과하지만, 하시마에 있었던 조선인의 삶과 죽음이 우리에게 던지는 질문의 의미는 가볍지 않다. 하시마는 일본 전토와 전쟁 지역 전체를 비추는 역사의 거울이라고 할 수 있다. 지난 시절, 일본의 모든 산업·군사 지점으로 동원되어 소모품처럼 쓰고 버려진 조선인의 피와 눈물로 얼룩진 생과 사는 군함도 혹은 지옥섬이라는 별칭을 가진 하시마에서 그 응축된 모습을 읽어낼 수 있다. '하시마 자료'는 일본 전역 그리고 모든 전쟁 지역에서 죽어간 통한의 사자(死者)들이 한갓 종이 쓰레기가 되어 사라지는 것을 거부하고, 일본의 축소판을 잘 들여다보라고 우리 눈앞에 살아서 나타난, 그야말로 '살아있는 자료'라는 생각이 든다.

강제 연행에 한해 보자면, 일반적으로는 그 숫자가 100만 명을 넘고 그중 사망 또는 행방불명자가 6만 명 쯤 된다고 한다. 하지만 그밖에도 지금껏 사망자 수조차 헤아릴 수 없는 군인, 군속 약 37만 명(현지에서 전범으로 처형된 사람조차 있다!), 또 군과 생사를 함께 하는 처지에 놓여 있다가 결국에는 어둠 속에 묻힌 일본군 '위안부' 20만 명 등, 일본의 천황제 파시즘이 초래한 극악무도의 전모는 언어로서는 실로 표현할 수 없는 것이다. 오직 일본인만이 이 사실을 깨닫지 못한 채, 전후 상징 천황제 아래 무책임 체제가 버젓이 활개를 치고 있을 뿐이다. 즉 침략·강제 연행·혹사·학살의 섬 하시마는 천황제 파시즘의 축소판이라 해도 과언이 아니다.

고의에 의한 망각이 아니라면, 일본 전역에 바둑판의 눈금처럼 '하시마'가 있고, '하시마 자료'가 있다. 이런 의미에서 '하시마 자료'는 단순히 녹색 없는 탄광섬의 고발에 그치지 않고, 일례를 들면, 마쓰시로(松代, 나가노(長野)현) 지하 대본영의 기밀지점(천황의 침실) 공사에까지 동원되었다가 나중에는 학살을 당했다는 수백 명에 달하는 조선인 동포의 통한까지도 고발하고 있다고 생각할 수 있다.

지금 하시마는 격동의 과거가 품고 있던 면모도 사라지고 무인도가 되어 폐허로 변하고 있다. 이는 기만스러운 번영의 말로까지도 상징하고 있는 듯이 보인다. 황혼의 바다에 우두커니 서있는 하시마를 대면할 때면, 여전히 전쟁 시기에 대한 청산 없이 무책임한 일본사회, 정치적으로나 사회적으로도 조선인 차별을 반성하며 해소하고자 노력하지 않는 이 일본 사회를 지그시 응시하며, 새로운 기만으로 가득 찬 '전후 총결산'에 대하여 무거운 경고를 발신하고 있다는 생각이 새록새록 든다.

끝으로, 다시 한 번 서정우 씨의 증언에 귀를 기울여 보자. "차별에 관해서도 많이 이야기했지만, 이런 것은 모두 일본정부의 책임이라고 생각합니다. 일본정부는 조선을 식민지로 만들어 우리를 강제 연행했습니다. 게다가 원폭까지 맞게 해놓고 왜 과거를 반성하지 않습니까? 그뿐입니까? 그런 사실을 잘 알고 있는 정부와 행정당국이 왜 선두에 나서서 일본인들을 교육하고 차별을 없애려는 노력을 하지 않습니까? 왜 가까이에 있는 조선인에게 친절하도록 교육하지 않습니까? 아무것도 해주지 않아도 좋습니다. 그저 차별만은 그만두라고 외치고 싶습니다. 관동대지진 때 악질적인 소문을 퍼뜨린 것이나 조선인을 학살한 일에 대해서도 얼마나 반성하고 있습니까?", "일본인 가운데에는 이해를 해주는 사람도 있다는 사실도 압니다. 하지만 솔직히 말해서, 보통의 일본인은 엄청 나쁩니다. 정말입니다. 저는 항상 당한 만큼 되받아쳐주곤 합니다만, 이런 바보들과 이야기를 섞어봤자 똑같아질 뿐이라는 생각에 그냥 체념한 적도 있습니다. 혁신당이라고 해서 우리를 차별하지 않는 것도 아닙니다. '조선인은 자기나라로 돌아가 버리면 될 텐데, 일본에 있으면 큰 민폐'라고 말하는 일본인을 옹호하며,

저를 폭력적으로 위압한 혁신의원조차 있습니다. 쓰디쓴 체험입니다",
"일본은 세계 제2위의 경제력을 가졌다고들 말하지만, 전후에는 일본
도 얼마나 가난했습니까? 그럭저럭 평화로웠기 때문에 번창한 거라고
생각합니다. 전쟁이 나면 일부 사람은 돈을 벌지만 그 나머지 사람들
은 모두가 끝장입니다. 슈퍼에 가 보면 어떤가요? 뭐든 다 있지요. 옛
날에는 고구마나 겨, 밀가루밖에는 없었습니다. 저는 건강을 해친다
해도, 차별 없는 사회, 평화로운 세상을 위해서 죽을 때까지 운동을 하
고자 생각하고 있습니다"(『원폭과 조선인』 제2집 pp.76~77) '하시마 자
료'가 우리에게 던지는 질문은 바로 이 증언에 담긴 그대로라고 생각
한다.

(『원폭과 조선인』 제4집, pp.45~57, 집필 =다카자네 야스노리)

군함도. 지옥문

조선인 숙소가 밀집해 있었던 반 지하 복도

조선인의 숙소와 앞마당 (※이곳에서 많은 조선인들이 구타당했다)

조선인이 거주했던 반 지하 아파트와 제방

제 5 장
하시마 건너편 육지
'난고시묘 무연고 해난 사망자의 비'
(南越名海難者無縁仏之碑)

발단

지금도 양질의 석탄을 산출하고 있는 다카시마는 섬 전체가 미쓰비시 광업의 마을이다. 이 다카시마의 서남쪽에 위치하고 있는 것이 군함도라는 별칭을 가진 '하시마'다. 섬 전체에 빼곡하게 들어서 있는 7층, 9층, 10층의 거대 건물은 모두 미쓰비시 하시마 탄갱에서 일하는 종업원들이 살던 중고층 주택이었는데, 멀리서 보면 그 모습이 구 일본 해군 전함 '도사(土佐)'를 닮았다고 하여 군함도라는 별명이 붙게 되었다고 한다.

이 하시마에서 조선인과 중국인 노동자들의 생활은 감옥이었으며 지옥이었다. 그들이 하시마를 지옥섬이라고 불렀던 사실은 예전에 그곳으로 강제 연행되어 강제 노동을 할 수밖에 없었던 조선인 노동자 및 관계자의 증언에 의해 이제는 누구나 아는 주지의 사실이 되었다. 1983년 7월, 과거 이 섬에서 불과 열네 살의 나이에 강제 노동을 당해야 했던 서정우 씨와 함께 섬 안벽(岸壁) 위에 섰을 때, 완전히 폐허로 변해버린 하시마 탄갱이 지금도 '말없이 일본의 아시아 침략의 역사를 고백하고 있다'(『원폭과 조선인』 제2집 pp.69)고 통감했다.

그때 서 씨는 "……제방 위에서 멀리 고향 조선쪽을 바라보며 몇 번이나 바닷물에 뛰어들어 죽으려고 했는지 모릅니다. 어떻습니까, 이 하얗게 부서지는 파도, 그때랑 조금도 다르지 않습니다. 동료들 가운데 자살한 사람이나 다카하마(高浜, 노모반도의 니시소노기군 다카하마촌(野母半島西彼杵郡高浜村). 현재 행정구역명은 니시소노기군 노모자키정 다카하마(西彼杵郡野母崎町高浜))로 헤엄쳐 도망가려다 익사해 죽은 사람 등이 사오십 명은 됩니다. 저는 수영을 못합니다……"라며 비통한 증언을 해주셨다.(같은 책 p.72)

『원폭과 조선인』제2집의 간행 직후인 1983년 7월 말, 이 증언을 읽으신 현립 노모자키(野母崎) 고등학교의 도야마(遠山) 교사는 일부러 '나가사키 재일조선인의 인권을 지키는 모임' 사무소로 내방하셔서, "나가사키에서 노모자키정(野母崎町)에 이르는 현도(県道, ※県이 만든 지방도로) 노모항선(野母港線)의 노모자키정(野母崎町) 후루사토(古里)라는 부락 도로변에 조선인 해난자의 비가 있습니다. 그것은 전시 중에 가혹한 노동을 참지 못하고 하시마에서 탈출해 다카하마 해안을 향해서 바다를 헤엄쳤지만, 결국 힘이 빠져 익사한 조선인들을 매장한 것이 분명합니다. 그때 일을 잘 아는 어르신께 들은 이야기이니 사실일 겁니다. 한 번 조사해보시는 게 어떻겠습니까?" 하고 비참한 역사적 사실을 알려주셨다.

같은 해 9월 11일, 인권을 지키는 모임의 회원인 오카(岡), 미스미(三角), 니시다(西田), 후지이(藤井) 씨 네 사람은 니시다 씨의 승용차로 노마자키정에 있는 통칭 후루사토 부락을 방문해 현도 옆에 세워져 있는 허술한 석비를 발견했다. 앞쪽에는 '난고시묘(南越名) 무연고 해난 사망자의 비(海難者無縁仏之碑)', 뒷쪽에는 '쇼와52년(※1977) 5월 길일 건립 요시다 요시테루(吉田義輝)'라고 새겨져 있을 뿐이라서, 그곳에 시신이나 유골이 매장되어 있는지는 불분명했다. 그래서 회원들은 인근 주민에 대한 구술조사에 매달려 곤토쿠지(金徳寺, 니시혼간지(西本願寺))와 쇼즈이지(祥瑞寺, 조도슈(浄土宗)) 두 사찰을 방문했으나 특별한 증언이나 자료를 얻지는 못했다. 그저 마을 어르신에 따르면 노모자키정 공무원 사무소의 와키미사키(脇岬) 지소장이 전에 다카하마촌 공무원 사무소의 직원으로 일했기 때문에 자세한 것을 알고 있을 거라고 했다.

나가사키로 돌아온 후, 요시다 요시테루(吉田義輝, 다카하마촌 출신자로, 현재 나가사키 시민. 1967~1971년 나가사키 시의회 의원) 씨에게 그 석비 건립의 경위를 문의하니, "원래 변변찮은 목제 푯대가 세워져 있었는데(20년 세월의 비바람을 맞아 벗겨져서 글씨체 등도 불명확했다), 거기서 산 쪽으로 향하는 작은 길을 만들려고 서쪽으로 조금만 틀어서 현재의 위치에 그 석비를 다시 세웠다. 비용은 내가 전액 부담했다. 거기에 시신이 매장되었는지, 유골을 묻었는지 자세한 것은 전혀 모른다"고 했다.

그 후로는 노모자키정 공무원 사무소나 동 교육위원회와의 연락이 잘 이뤄지지 못했지만, 1984년 5월 10일 마침내 노모자키정에서 '해난' 조선인의 석비에 관한 귀중한 증언을 두 사람에게서 들을 수 있었다. (『원폭과 조선인』 제3집 pp.44~45)

증언
하시마에서 바다를 헤엄쳐 탈출, 익사한 조선인 탄갱 노무자들

· 모토무라 아이지(本村愛治) 57세 남 1926년 10월 30일 생
　나가사키현(長崎県) 니시소노기군(西彼杵郡) 노모자키정(野母崎町)
· 우치노 타쓰지로(内野辰次郎) 56세 남 1927년 6월 28일 생
　나가사키현(長崎県) 니시소노기군(西彼杵郡) 노모자키정(野母崎町)
　증언일 1984년 5월 10일

모토무라는 노모자키정 교육위원회 직원입니다.
우치노는 노모자키정 와키미사키의 지소장입니다.

현재, 노모자키정 난고시의 현도 노모항선에 면한 도로 옆에 건립

되어 있는 '난고시묘 무연고 해난 사망자의 비'가 원래는 그 자리에 나무 푯대로 세워져 있었는지, 그 크기는 어느 정도였는지는 기억이 나지 않습니다.

저희는 1942년~1945년경에 니시소노기군 다카하마촌(현재는 노모자키정으로 편입) 공무원 사무소의 직원이었습니다만, 1955년 3월 31일 정촌 합병에 따라 그대로 노모자키정의 공무원 사무소 직원이 되었습니다.

1943년경부터 일본의 패전 때까지 매년, 봄이 끝날 무렵부터 여름까지 하시마(군함도) 탄갱에서 강제 노동을 해야만 했던 조선인 노동자들이 그 괴로움을 견디지 못하고 깊은 밤에 바다 속으로 뛰어들어 노모반도를 향해 헤엄쳤지만, 난고시 바닷가 근처에서 힘이 빠져서 익사했습니다. 탈출은 전부 실패한 것 같습니다. 대개는 두 사람 정도였던 것 같습니다만, 작은 나무에 매달려 있던 사람도 있었다고 합니다.

해안으로 흘러들어온 조선인 노무자의 시신은 아마 다카하마촌 공무원 사무소에서는 '행려병자'로서 처리(기록에 남기는 정도)했을 거라고 생각하지만, 시신은 아마도 거기(나무 푯대가 있던 자리)에 매장된 것이 아닐까 싶습니다.

그곳에 묻힌 시신은 대략 5~6구 정도일 겁니다. 현재의 비석은 거기서 조금 빗겨난 위치에 서 있는 듯한데, 파 보면 시신이 나오지 않을까요?

당시 다카하마촌 공무원 사무소에서 부촌장(助役)을 했던 기노시타 사이조(木下才造, 노모자키정 난고시) 씨가 더욱 상세히 알고 있으리라 생각합니다.

그리고 하시마(군함도)의 사망자에 관해서는 하시마 중앙부에 있었던 절의 주지, 혼마 레이텐(本間麗天) 씨가 잘 알고 계실 것으로 생각합니다만, 이 분의 주소는 잘 모릅니다.

(집필·기록＝오카 마사하루, 『원폭과 조선인』 제3집 pp.45~46)

원한의 바다

노모자키정(野母崎町) 난고시묘 '조선인 익사체' 발굴 경과보고

1. '난고시묘 무연고 해난 사망자의 비'(南越名海難者無縁仏之碑)에 잠든 조선인

하시마의 조선인 강제 노동 실태에 관하여 증언을 토대로 살펴보았는데, 여기서 꼭 언급해두고 싶은 것이 있다. 그것은 하시마의 맞은편 육지를 달리는 현도 노모자키항선의 후루사토 부락 도로변에 서 있는 '난고시묘 무연고 해난 사망자의 비'에 관한 사항이다.

이 비석은 하시마에서 깊은 밤바다를 헤엄쳐 필사의 탈출을 꾀하던 조선인 노동자들이 도중에 힘이 다해 결국 익사했는데, 그들의 떠내려 온 시신을 이곳에 묻고 묘비를 세운 것으로밖에는 생각하기 어렵다. 이 비의 유래를 더듬어 밝혀가는 과정에서, 구 다카하마촌(1955년 노모자키정과 합병) 공무원 사무소의 직원 두 사람으로부터 명확한 증언을 얻었다. 그들에 따르면 표착한 5~6구의 시신을 '행려병자'로서 분류하여 나무 푯말을 세우고 매장했다고 한다. 그리고 현재의 석비는 샛길을 만들기 위해서 당초의 푯말 위치보다 조금 서쪽으로 옮겨 놓은 것이라는 사실을 알게 되었다.(『원폭과 조선인』 제3집, pp.44~47 참조)

시신을 인수할 사람이 없어 '연고자가 없는 사망자(無縁仏)'로 처리된 것으로 볼 때도, 매장된 사람들이 하시마에서 강제 노동에 종사할

수밖에 없었던 조선인임을 증명해준다고 생각한다. 증언자의 추측도 이와 동일하지만, 그들은 "탈출은 전부 실패한 것 같습니다. 대개 두 사람 정도였던 것 같습니다만, 작은 나무에 매달려 있던 사람도 있었다고 합니다"라고 보충설명을 하고 있다. 아마도 다카하마촌 공무원 사무소는 떠내려 온 사체의 인상, 체격, 복장 등을 보고, 하시마 탄광에 문의하여 그들이 탈출한 조선인 노동자라는 사실을 확인한 것이 아닌가 생각된다. 지리적으로도 그러하고, 당시의 정치 상황으로 볼 때도 행정 당국이 떠내려 온 시신을 무턱대고 '행려병자(길가에서 쓰러진 사람)'로 단정 지었을 것이라고 보기는 어렵다. 설령 강제 연행자라고 해도, 탄광에서는 성명과 출신지를 파악하고 있고, 행방불명자의 존재는 곧 판명이 나기 때문에 떠내려 온 자가 탈출한 조선인이라는 사실을 확인하고 나서야 '신원불명', 나아가서는 '무연고 사망자'로서 처리(매장)할 수 있었던 것이라 생각한다. 혹시나 공무원 사무소가 죽은 이의 고향으로 연락할 마음만 있었다면, 쉽게 그 부모나 연고자를 알아냈을 것이다. 사실 인도적인 측면에서도 당연히 취했어야 할 그러한 조치가 이루어지지 않았다는 점에 바로 일본의 조선 침략의 본질이 있다. 행선지도 모르는 강제 연행이 출발점이라면, 사망자를 무연고 사망자로 만들어 내는 것이 종착점인 것이다. 깜깜한 밤바다에 생사를 걸었을 그들의 절명의 고통, 그들의 소식과 귀국을 애타게 기다렸을 부모와 형제자매의 기도를 생각하면, 미쓰비시 광업의 인명 무시, 행정당국의 무사 안일주의를 불문에 부칠 수는 없다.

기업 측이나 행정 측에도 탈출과 익사에 관한 증명자료가 있을 것이다. 특히 기업 측에는 그들이 증거를 인멸하지 않은 한은, '행방불명자'의 성명과 신원을 명확히 증명해줄 인사 명부가 남아 있을 것이다. 법적인 보존 기간이 지나더라도 그런 종류의 기본 서류는 사사(社史)

상으로도 영구 보존하는 것이 상식이기 때문이다. 히로시마의 미쓰비시에는 조선인 징용공에 대한 '미불임금명부'가 확실하게 보존되어 있다. 일본 제국주의의 대동맥이자 토대 골자였던 미쓰비시 중공업이 전쟁 책임을 반성하고, 인도주의적 측면에서도 마땅히 해야 할 책임으로서 관계 자료를 공개해야 한다. 그럼으로써 이향의 땅에서 망향의 그리움을 풀 길 없이 죽어 간 희생자들의 신원을 지금이라도 충분히 밝힐 수 있다. 또 우리에게는 미쓰비시에 그것을 요구할 책무가 있다고 하지 않을 수 없다.

우리는 석비의 유래를 조사한 후, 시신이 묻힌 곳 위로 도로가 달리고 있을 가능성도 고려하여, 노모자키정에 시신 발굴 작업을 요청했다. 결국 1986년 6월 28일, 오카 대표가 입회한 가운데 발굴이 이루어졌다. 그 결과로서 네 구의 시신이 확인되었고, 조선인 표착(漂着) 시신의 매장 사실도 증명되었다. 시신은 새로이 화장 절차를 밟아 석비 아래에 모시기는 했지만, 전후 41년이 지난 지금 조국이 남북으로 분단되어 있기 때문에 어느 쪽으로도 바로 돌아갈 수 없는 현실 앞에, 조선 민족에게는 유골조차 돌려보낼 수 없는 지금의 상황에 더더욱 애절한 눈물을 금할 수 없다.

극동의 평화와 국제정세에 대해 말하기는 쉬우나 조선의 분단은 일본의 침략이 그 씨앗을 뿌렸다. 전후 일관된 분단 정책의 한 기둥을 맡아 온 일본 정부와 일본 인민의 무책임한 모습은 아무리 비난받아도 지나치지 않을 것이다.

이번에 발굴해 화장된 조선인 노동자의 유골이 고향의 흙으로 돌아갈 날은 언제쯤일까.

(집필 = 다카자네 야스노리)

2. 익사한 조선인 노동자의 매장에 관한 경과보고

(1) 시작하며

1943년경부터 일본의 패전 때까지 하시마(군함도)의 탄광에서 강제노동 당한 조선인 노동자들이 그 고통을 참지 못하고 바다로 뛰어들어, 건너편 기슭의 노모반도를 향하여 헤엄쳤지만 난고시묘의 해안 가까이에서 익사했다. 구 다카하마촌 공무원 사무소는 그들을 '행려병자'로 처리하여 난고시묘의 해안 가까운 곳에 토장(土葬)하였다.

증언에 따르면 시신은 5~6구이지만, 이를 상회할 가능성도 생각할수 있다. '나가사키 재일조선인의 인권을 지키는 모임'에서는 사체 발굴과 함께 추도식을 거행하고, 유골을 정중하게 보관하여 그 원통한마음에 응답해야 한다고 생각했다.

(2) 노모자키정에 대한 교섭 경과보고

① 1985년 3월 1일, 본회의 오카 마사하루 대표는 동 정(同町)에 다음과 같은 문서를 발송했다.

기(記)

노모자키정 행정구역 내에 매장 중인 조선인 사체 발굴에 관한 문의.

위 건에 관해서는 별지 자료(『원폭과 조선인』 제3집)를 참고해주시기바라며, 이번에 재일조선인총연합회(조총련) 나가사키현 본부와 협의하여, 이들의 매장된 사체를 발굴하여 확인하고 더욱 극진하게 추도식을집행하고자 합니다.

---

② 이에 대하여 3월 19일부(60야주복(野住福) 제369호)로 동 정장(同町長) 다카히라 요네오(高平米雄) 씨로부터 다음과 같은 회답이 있었다.

노모자키정 행정구역 내에 매장 중인 조선인 사체 발굴에 관한 회답. 이번에 문의하신 건에 관한 조사 결과를 아래와 같이 회답합니다.

기

(1) 요시다(吉田)목장에 닿은 도로는 정(町)의 도로가 아니고, 1972년경 요시다 요시테루(吉田義輝) 씨가 사유지에 만든 사설도로로서 본 도로를 발굴할 경우에는 동인(同人)의 승낙이 필요할 것으로 생각됩니다.

(2) 구 다카하마촌 부촌장 기노시타 사이조(木下才造)씨 (난고시 974번지)에게 1945년경의 해난자 매장 상황에 관하여, 현장에서 사정을 청취하였습니다. "5~6구를 강변 근처에 매장했다. 조선인인지 아닌지는 불명확하지만, 하시마 탄갱의 노무자가 아닌가 생각한다"는 것이었습니다. 매장지로 추정되는 장소는 정유지(町有地)이므로, 발굴 후 신속하게 정지(整地)해 주신다면 지장이 없겠습니다.

③ 이 회답을 접하고 본회의 오카 마사하루 대표는 4월 1일부로 재차 다음과 같은 문서를 동 정장에게 발송했다.

노모자키정 행정구역 내에 매장된 조선인 사체 발굴에 관한 재문의.

위 건에 관해서 그리고 다음의 건에 관해서도 회답을 요청 드리오니,

번거로우시더라도 잘 부탁드립니다.

　　기

　1945년 패전 당시 히로시마에서 조선으로 귀국 중이던 선박이 태풍을 만나서 난파하여 그 시신이 이키(壱岐), 쓰시마 지구에 떠내려 오자, 섬의 민간인이 이것을 매장했습니다. 작년(1984년)에는 후생성이 주체가 되어 모든 사체를 발굴, 화장해 그 유골을 조선으로 송환하는 절차를 밟았습니다. 노모자키정의 경우도, 국가 및 현에 보고하여 국가 및 현이 주체가 되어 발굴하도록 하거나 예산 조치를 취하도록 상세히 의견을 보고할 생각은 없습니까.

　전 항에 관하여 상호 의논할 기회를 얻고자 합니다. 일시를 지정해 주시기 바랍니다.

④ 이 재문의에 대하여 5월 상순 동 공무원 사무소의 우메가에 마사히로(梅枝政弘) 참사(参事)가 본회의 오카 대표를 방문해, "사체 발굴 예산 조치에 관해서는 노모자키정 공무원 사무소에서 내부 협의를 할 것이므로 당분간 시간적인 여유를 주기 바란다"고 통고하였고 오카 대표는 이를 승낙했다. 그러나 그 후 1개월이 경과해도 아무런 성의 있는 회답이 없었기 때문에 결국 1986년 5월 21일부로 오카 대표가 정장 앞으로 서신을 보내어, "5월 26일 (월) 오전, 동 정을 방문하고 싶다"고 통고하였다.

⑤ 5월 26일 오전, 동 정을 방문한 오카 대표는 다음의 각 씨와 10시 50분~12시 10분에 걸쳐서 직접 교섭하였다.

　노모자키 정장　　　　　다카히라 요네오(高平米雄) 씨

동 회계담당 책임자 　 마쓰우라 이세마쓰(松浦伊勢松) 씨

동 환경보건과장 　 하라다 타다오(原田忠男) 씨

동 참사 　 우메가에 마사히로(梅枝政弘) 씨

그 결과 정장은 다음의 제안을 하였고 오카 대표는 일단 이를 승낙했다.

(1) 사체가 매장된 토지는 '노모자키정 난고시케노사코(南越景ノ迫)315'의 정유지이고, 지목(地目)은 잡종지(밭) 112㎡. 다카하마촌의 무연고자 묘지로서 행려병자의 사체 매장에 사용하고 있었다. 그러나 현재는 그 매장지 위를 사람이 통행하며 차가 달리게 되어 있어서, 사자를 모독하는 것으로 생각되기에 이것을 발굴하여 현재의 '요시다 씨가 만든 석비' 밑으로 그 유골을 이장한다.
(발굴 비용, 이장 비용은 모두 정비(町費)—'예산비'—로 지출한다)

(2) 이곳에 매장되어 있는 행려병자(조선인도 포함된다)의 명부가 구 다카하마촌의 보관 문서 속에 있는지 여부를 조사한다. (노모자키정이 실시한다)

(3) 유골의 이전 개장식은 비종교적으로 실시하고(오카 대표의 지도를 받는다), 오카 대표도 초대한다.

그리고 6월 6일, 오카 대표는 다음의 문서를 정장에게 발송했다.

기
노모자키정 행정구역 내에 매장된 익사 사체(조선인 노동자 다수를 포

함하고 있는 것으로 추정된다)의 발굴에 관하여

위 제목의 건에 관해서는 5월 26일 노모자키 정장의 의향을 직접 들을 수 있게 되어 조선인의 인권 문제를 생각하는 본회로서는 진심으로 감사드립니다.
이 일과 관련하여 다음의 문제에 대해서도 답변을 부탁드립니다.

사체 발굴에 필요한 대강의 비용, 정비로서 지출될 경우의 항목비에 관하여
사체 발굴 작업 담당(정 직영, 업자 위탁의 전망) 등에 관하여
사체 발굴 예정 일시 등에 관하여
사체 발굴 입회 증인의 성명, 인수 등에 관하여
현재의 석비 아래로 매장을 바꾸는 방법 등에 관하여
추도식(위령제는 신도 용어입니다)을 비종교적으로 시행할 방법 등에 관하여
기타

이에 대하여 노모자키 정장인 다카히라 요네오씨로부터 6월 11일부로 '61야환보(野環保) 제495호'에서 다음과 같은 회답이 있었다.

노모자키정 행정구역 내에 매장된 익사 사체 발굴에 관하여.
이번 문의 건에 관해서는 아래와 같이 회답합니다.

기
비용 추산   36만 엔
지출비목   위생비, 보건위생비, 환경위생비

현재는 '정 직영'으로 시행 예정

발굴 일시는 아직 미정이다. 가능한 한 빨리 시행하고자 한다. (늦어도 7월까지) 시행이 결정되면 귀회에 연락드릴 예정이다.

본 정의 묘지 담당과 직원 2~3명을 입회시키고자 한다.

시신이 발견되면 본 정 가바시마(樺島) 화장장에서 화장하고, 유골은 납골 항아리에 함께 모셔 현재의 석비 아래에 매장하고자 한다.

동지(同地)를 관할하는 사찰에 의해 장례식을 거행한다.

그 외, 발굴에 임할 때 관계자가 무슨 일이 있어도 현지 사찰의 '공양'을 요청할 때는 요청에 응하는 경우도 있을 것이다.

3. 하시마에서 탈출, 익사한 조선인 노동자의 유해 발굴 작업

노모자키정이 본회 오카 대표에게 통지한 '발굴일 6월 28일(토)'는 공교롭게도 종일 가랑비가 내리는 날씨였다. 오카 대표가 NBC(나가사키 방송) 세키구치(関口)기자 팀과 함께 오전 9시 35분에 현장에 도착하니 동 정의 환경보건과장 하라다 타다오 씨, 참사 우메가에 마사히로 씨, 야마구치(山口)건설(노모자키정) 사장 일행과 한 대의 불도저가 대기하고 있었다. 공무원 사무소 직원 및 야마구치 건설 사원이 천막을 치고, 테이블 위에 분향대를 준비했다. 오전 10시가 되자 정장 다카히라 요네오 씨, 회계담당 책임자 마쓰우라 이세마쓰 씨가 도착함과 동시에 승려 두 명의 독경으로 '공양'이 시작되었는데, 이것은 정(町)이 주최한 것이 아니라 업자가 시행한 것이었다. 현장에서 취재를 한 것은 매일신문(每日新聞)·나가사키신문(長崎新聞)·나가사키방송(長

崎TV放送)의 기자들이었다. 발굴은 동쪽의 요시다 목장으로 통하는 사설 도로 입구 부근이라고 오카 씨가 주장했지만, 업자는 서쪽(작은 시내 옆의 돌담 부근)부터 발굴을 개시했다.

유해 발굴을 위해 불도저로 발굴하는 장면(1986년 6월 28일)

시각은 10시 20분이다. 오카 씨의 예상대로 오전 중에는 사체가 발견되지 않았다. 그러나 사체를 매장한 당시의 지표와 그 후 쌓아 올린 흙의 경계가 명확한 것은 작업상 매우 유리했다. 오카 씨는 빨리 동쪽을 발굴해달라고 야마구치 건설 사장에게 전한 뒤, 나가사키신문 기자 도게 켄지(峠憲治) 씨와 함께 그의 자가용으로 현장을 벗어나 나가사키로 향했다. 교회당에서 '교회부인회정례모임'(教会婦人会例会)의 성서 강의를 마치고, 다시 택시를 타고 현장으로 급행하여 오후 4시 25분에 도착했을 때, 야마구치 건설 사장은 "두시 반에, 네 구의 백골 사체를 발굴해 가바시마의 화장장으로 옮겼다. 납골 항아리에 수습해 현재의 석비 아래에 납골 예정"이라고 알려주었다.

본회의 집념과도 같은 오랜 시간 동안의 노력이 결국 보답 받은 것이다.

이번 발굴 작업은 분명히 패전 처리의 하나이며, 본래는 국가가 해야 할 일이다. 그것을 한 자치제가 나서서 양심적으로 임한 것은 대단히 평가 받아 마땅한 행정의 자세이다.

이번에 발굴해 화장하고 개장한 네 구의 유골 가운데 조선인과 일본인을 구별하는 일은 곤란할 것으로 생각되지만, 이러한 조사가 앞으로 해결해야 할 하나의 과제다. 또 그 유골을 수습한 돌 푯대는 '묘지 및 매장에 관한 법률'에 규정된 묘지 및 무덤이 아니기 때문에 노모자키정 당국의 유골 수습 방식에 '위법'이 없도록 기대한다. 또한 통일된 조선이 이 유골을 인도받기를 희망할 경우, 어떻게 조치할 것인지에 관해서도 정 당국은 기본 방침을 세워두고 있어야 할 것이다.

유감스러운 점은 동지(同地) 부근에 익사자를 매장했을 때 '행려병자 처리에 관한 법률'에 따라서 상세히 기록하여 그것을 보존해야 했는데, 구 다카하마촌, 현재의 노모자키정에서 그러한 기록이 전혀 발견되지 않는다는 점이다.(집필＝오카 마사하루)

(『원폭과 조선인』 제4집, pp.137~145)

'난고시묘 무연고 해난 사망자의 비'를 다듬고 있는 오카 마사하루 씨.
뒷편에 하시마, 나카노시마, 다카시마가 보인다(1986년경으로 추정)

건립이 완성된 비와 오카 마사하루 씨(1980년대 후반 또는 1990년대로 추정)

현재의 '난고시묘 무연고 해난 사망자의 비'
서정우 씨의 아들(왼쪽)과 기무라 히데토 씨(오른쪽) (2015년 10월 23일)

제6장

미쓰비시여, 공양탑에 갇힌
조선인 노무자의 유골을 돌려다오!

(주)미쓰비시 머티리얼에 유골 반환을 요구하다

　사람이 없는 섬, '죽음의 섬'으로서 노모반도(野母半島) 앞바다에 떠 있는 하시마는 나가사키시(長崎市)에서 28km(*정확히는 약 19km) 해상에 펼쳐져 있다. 1870년에 개광한 하시마 탄광은 둘레가 불과 1.2km밖에 안 되는 작고 외딴 섬이면서, 1945년 8월 일본 패전 당시에는 인구 4천 명을 웃도는 활기찬 해저탄광 섬이기도 했다. 그러나 전후 불어 닥친 에너지 혁명의 광풍에 의해 1974년 봄에는 폐광과 함께 완전히 무인 도가 되었다. 이곳에서는 1920년대부터 1940년대에 걸친 시기에 다수 의 조선인이 일을 해야만 했는데, 일본의 아시아 침략전쟁에 이은 1941년의 태평양전쟁 개시 이후 이뤄진 징용과 강제 연행 등으로 인 해 그 숫자가 급격히 증가했다.

다카시마 천인총(千人塚, 공양탑) 납골당의 내부
(NBC 나가사키방송, 〈군함도가 가라앉을 때〉, 1974)

　1934년 이후에는 조선인 500명, 1944년 이후에는 중국인 204명이 추 가되었다. 그들의 가혹한 노동은 "첫 번째로 다카시마, 두 번째로 하 시마, 세 번째로 사키토(崎戶) 무서운 도깨비 섬"이라는 노래가 있을 정도로 혹독했다. (이 세 탄광은 전부 나가사키현 니시소노기군에 있는 '미쓰비시 석탄광업 주식회사'(三菱石炭鉱業株式会社)의 해저 탄광이다)

나가사키현 전역에 걸친 조선인 강제 연행, 강제 노동의 실태조사를 계속해 온 본회(나가사키 재일조선인의 인권을 지키는 모임)가 입수한 자료에 의하면, 하시마에서 '1925년부터 1945년까지의 21년 간 사망한 조선인의 수는 123명(여성 13명)(*재점검으로 각각 한 명씩 추가된 수), 중국인 사망자는 15명(*강제 연행된 자 14명, 재일중국인 1명)'으로 전원의 성명까지 판명되었다. 그중에서 조선인의 사인은 질식사 24명(*재점검에 따라 2명이 추가된 수), 외상에 의한 사망 15명, 압사 9명, 변사 5명, 익사 4명 등 사고사가 절반 이상인 63명에 달한다. 이는 갱내 사고로 인한 죽음으로서 열악한 환경 하에서의 강제 노동과 학대, 혹사의 실태를 여실히 보여준다. 익사란 너무나 가혹한 노동과 학대를 참지 못하여 탈출을 기도해 바다에 뛰어들었다가 뭍에 다다르기 전에 힘이 빠져 익사한 사람으로서, 행방불명된 자도 있기 때문에 실제 익사자의 숫자는 이보다 더 많을 것으로 추측된다. 그 밖에 병사자가 60명(*재점검에 의해 2명이 추가된 숫자)에 이른다. 본회는 이 자료를 분석, 조사하여 그 노동 실태를 집대성하는 보고서로서 1986년 9월 '하시마의 신음 소리'라는 부제목을 달아 『원폭과 조선인』 제4집을 간행했다. 이때 부각된 조선인 · 중국인의 비참한 노동 실태는 당시 전 국민에게 큰 충격을 주었다.

1991년 8월, 이 '하시마의 신음 소리'를 찾아 일본에 온 한국 전라북도 군산시의 전북산업대학 이복열(李福烈, 전주시 거주) 교수가 본 자료를 입수하여 그 안에 수록된 사망자 명부에서 50년간이나 찾았던 삼촌 이완옥(李琓玉) 씨의 성명을 발견했다. 이 교수는 즉시 본회로 전화를 걸어 하시마 현지를 방문하고 싶다고 전해왔다. 이 교수 부부는 동년 10월 14일에 나가사키로 왔다. 오카(岡) 대표, 다카자네(高實) 사무국장의 안내를 받아 낚싯배를 타고 이제는 무인도가 된 하시마를 방문한 부부는 삼촌 이완옥 씨가 가혹한 노동자로서 살아갔을 생전의 모습을 회상했다. 이틀 후 그들은 다카시마로 건너가 관계자를 만나 하시마 탄광 폐광 후에 다카시마로 옮긴 100여 구의 한국인 노무자들의 유골이 어디에 소재해 있는지 조사했다. 그리고 이들 유골은 다카시마의 높은 지대에 세워진 석비 '공양탑'의 땅 아래, 콘크리트로 만들어진 반지하 납골당 안의 판자 선반에 나란히 납골되어 있는 것으로 확인되었다. 그러나 그 납골당은 지금은 흔적도 없이 파괴되어 평평한 땅이 되었고, 석비만 홀로 지상에 세워져 있는 데 불과했다. 납골당이 철저히 파괴된 것은 1988년 다카시마 탄광이 폐갱될 때 미쓰비시 석탄 광업이 강행한 만행 때문이다.

미쓰비시는 납골당을 파괴하고 지하에 매몰할 때, 그곳에 있던 100여 개의 뼈 단지(하시마에서 가지고 온 것과 종래부터 있었던 다카시마 탄광 관계자의 것) 안에서 유골을 조금씩 빼내어 동 수의 소형 컵 모양 뼈 단지에 새로 옮기고, 그것을 가까운 사찰 긴쇼지(金松寺)에 맡겨 영대(永代) 공양을 의뢰했다. 그러나 그 유골의 명부는 거의 무명(無名)으로 되어 있으며, 고의로 성명을 말살한 것으로 짐작된다.

결국 남은 유골은 천인총의 지하에 매몰(매장과는 다르다)된 것으로 생각되지만, 하시마에서 다카시마로 이송된 100여 구의 한국인 노무자와 그 가족의 유골은 완전히 행방불명 상태가 되고 말았다. 이 교수 부부는 매우 낙담하여 미쓰비시에 격한 분노를 표명하고 귀향했다.

귀국 후 이 교수는 본회가 건넨 사망자 명부를 실마리로 하여 즉각

전 유족에게 연락을 취했다. 그 결과, 70여 명의 유족이 확인되었다. 그리고 50여 명이 참여해 '하시마 한국인 희생자 유족회'를 결성하고, 이 교수가 대표를 맡아 미쓰비시 석탄 광업의 후신인 미쓰비시 머티리얼 주식회사 측에 유골 탐사와 유골 반환을 요구하는 운동을 전개했다. 본회도 그들의 운동에 협력하겠다고 표명했다.

같은 해 12월, 본회는 미쓰비시 머티리얼 측에 "조선인 노무자와 그 가족 122명의 유골의 존재와 처우에 관하여 조사해주기 바란다"는 문서를 보냈지만, 그 회답서가 도착한 것은 다음해인 1992년 7월 15일이었다. 그 내용은 지극히 불충분했고, 끝까지 모르쇠로 일관하는 책임 회피의 자세를 유지했다. 이에 납득할 수 없었던 본회는 미쓰비시 머티리얼 측에 유골의 행방에 관한 철저한 조사를 다시 요구하였으나, 동년 12월 31일에 송부되어 온 회답은 "하시마에서 사망한 조선인의 유골 122명 분은 일체 불명"이라는 불성실의 최고점을 찍은 답변이었다.

그 불성실한 태도를 직접 추궁하기 위해 본회의 오카 대표는 7월 21일, 10월 27일, 12월 8일에 걸쳐 세 차례 상경해, 미쓰비시 머티리얼 주식회사 본사를 방문하여 유골 소재 탐사와 반환을 강력하게 요구했다. 특히 12월 8일에는 방일한 유족회 대표 이 교수 팀 4명과 오카 대표가 한 팀이 되어 오전 10시부터 오후 3시까지 동사(同社)에 유골조사와 반환을 강력히 요구했다. 그러나 동사는 "삼촌 이완옥 씨가 하시마에서 강제 노동을 한 사실을 증명하라"는 이 교수의 요구는 소극적으로 인정했지만, 세부 사항에 관해서는 후일 문서로 회답하겠다고 하는 데 그쳤다.

그리고 1993년 1월, 동사는 오카 대표 및 이 교수 측에 "한국인 노무자와 그 가족의 유골은 소재 불명이다. 현재 지하에 매몰되어 있는 천인총의 납골당 내부에는 그 유골이 존재하지 않는 것으로 생각된다.

공양탑 앞쪽 움푹 패인 곳 밑이 지하 납골당
어린시절 다카시마에서 성장한 시바타 토시아키 씨가
공양탑의 지하 납골당 입구를 가리키고 있다(2016년 3월 7일)

따라서 유골 반환에는 응하기 어렵다"고 하는 지극히 냉담한 내용의
회답을 보내왔다.

　동년(同年) 3월 14일, 이 교수는 "지금이라도 완전히 지하에 매몰된
천인총의 구 납골당을 발굴해서라도 한국인 노무자와 그 가족의 유골
을 발굴하여, 그것을 정중히 유족에게 돌려보낼 의무와 책임이 단연
코 미쓰비시 머티리얼에 있다. 그 발굴 작업을 미쓰비시가 실시하도록
소송을 할 각오다"라는 서장을 미쓰비시 머티리얼과 본회 앞으로 송
달했다. 그러나 미쓰비시는 이 비통하기 그지없는 요구마저 거절했다.

　강제 연행, 강제 노동, 학대와 압제, 살상, 그리고 유골의 행방불명

(쓰레기 더미와 다름없이 지하에 매몰)이라는 비참한 상황을 만들고 도 부끄러워하지 않는 미쓰비시의 범죄를 더 이상 내버려둘 수는 없 다고 통감한 본회는, 유골의 조사와 반환에 관하여 전 국민의 협력과 지원을 강하게 호소하며 5월 5일 이후 거리서명과 모금운동을 개시했 다. 오카 대표는 5월 25일에 840명분, 12월 7일에 1400명분을 모은 거 리 서명지를 미쓰비시 머티리얼 본사에 직접 내밀었다.

"1925년부터 1945년까지 하시마 탄광에서 사망한 조선인·한국인 노 무자와 그 가족 122명의 유골에 관하여, 미쓰비시는 다음과 같이 성의를 가지고 실행하기를 바란다.

① 모든 유골의 소재를 철저히 조사하고, 정중하게 유족에게 돌려보 낼 것.
② 사망한 조선인·한국인 노무자의 미불임금, 적립저금, 퇴직금, 후 생연금 탈퇴 수당금 등을 유족에게 지불할 것.
③ 각 유족에 대하여 위자료를 지불할 것.
④ 강제 노동, 사망, 유골방치에 대하여 사죄할 것"

11월 30일, 본회는 미쓰비시 측에 "미쓰비시 스스로가 반성하는 마 음을 담아 천인총 밑의 납골당을 발굴하고, 거기에 매몰되어 있을 것 으로 추정되는 조선인 유골을 정중하게 유족에게 반환하라"는 취지의 문서를 발송했다. 그러나 12월 28일부 미쓰비시의 회답은 "유골의 소 재는 불명하다. 천인총의 지하 발굴은 거부한다"고 하는 매우 냉담한 것이었다.

마침내 1994년 2월 28일, 본회는 미쓰비시 측에 "하시마에서 사망한 한국인의 유골은 천인총 지하(납골당)에 매몰되어 있을 것이다. 미쓰비시가 발굴하지 않는다면 본회가 5월 연휴기간 동안에 직접 발굴할 테니 이것을 인정하라. 동지(同地)는 '묘비 및 매장에 관한 법률'에 따라 정식으로 현(県) 지사가 허가한 묘지 및 분묘가 아니다"라고 통고했다. 동시에 전게한 모든 요구에 대하여 성의 있는 회답을 하라고 강하게 요구했다.

"전시 중의 인간적, 도덕적으로 용서할 수 없는 '비인도적 문제'를 일본인에게 알리고, 일본정부와 미쓰비시의 전쟁 책임을 명확히 하고자 한다"고 호소하는 유족의 피 맺힌 외침에 응답하여, 본회 역시 앞으로도 미쓰비시에 대한 강력한 투쟁을 전개해 나갈 것이다.

(『원폭과 조선인』 제6집, pp.226~229 집필 =오카 마사하루)

공양탑과 지하 납골당에 관해 한국인 방문객에게 설명하는 다카자네 야스노리 씨
(2006년 2월 24일)

이완옥 씨에 관한 증언

윤춘기(尹椿基) 67세 남
생년월일 미상
전라북도 김제군 백산면 부거리
증언일 1992년 12월 말일

  1943년 10월, 당시 일본의 강제 징용령에 따라 발행된 백산면사무소(白山面事務所)의 징용영장을 받고 저와 또 다른 네 사람(김제군 출신자만)이 김제군청에서 형식적인 신고를 한 후, 강제 안내자의 지시를 따라 철도 김제역에서 열차로 출발해 부산역에 도착했습니다. 그때, 전국에서 집결한 200여 명이 단체를 꾸리고, 부산 항내에서 면밀한 인원 점검을 받은 후에 연락선을 타고 약 24시간 뒤에 시모노세키항(下関港)에 입항했습니다.

  거기서 하선해 간몬(関門)터널을 통과하여 모지(門司)에 도착, 거기서 다시 배에 실려 모지항(門司港)을 출항했습니다. 처음으로 도착한 것은 나가사키현의 다카시마로 거기서 100명 정도가 내리고, 계속해서 배가 도착한 곳은 하시마입니다.

  남은 사람들은 전부 그곳에 내렸고, 저희는 거기서 일하게 되었습니다. 좁은 섬에 있었던 우리 조선인(한국인) 노동자의 모든 기숙사는 당시 섬의 한 구석에 있었던 병동의 뒤쪽, 3층으로 세운 건물의 지하에 해당하는 가장 낮은 층이었고, 비교적 넓은 다다미방이었는데 우리는 거기에 처박혀졌습니다. 거기에는 전라북도 출신과 함께 15명이 입실해야 했습니다.

  다음날 우리는 모두 신체검사를 받았는데, 그때 같은 김제군(갑산면(甲山面) 석교리(石橋里) 788번지 출신의 이완옥(李琓玉) 씨는 눈에 띄는 존재였습니다. 키가 2미터 정도로 훌쩍 큰 장신이라서, 좁은 갱내 근무는 곤란하다고 판단했는지 갱외 근무를 배치 받았습니다. 갱내 근무자는 채탄 능력에 따라서 매월 25엔부터 30엔을 수령했지만, 갱외 근무자인 이완옥 씨는 대체로 그 절반인 매월 15엔 정도를 받았습니다. 그러나 회사는 월급의 삼분의 일만 현지 지불했고, 나머지는 '매월 고향 집에 송금하는 제도'라며 본인에게는 직접 주지 않았습니다. 그 잔금은 과연 고향의 가족에게 송금되고 있었던 것인지, 전후에 귀향하여 가족에게 물어보니 1943년 10월부터 1945년 8월까지 1년 11개월 동안 고향으로의 송금은 단 한 푼도 없었다는 것입니다. 다른 사람들에게도 물어 보았습니다만 똑같았습니다. 우리는 회사한테 완전히 속았던 것입니다.

이완옥 씨는 석탄을 쌓은 탄차가 엘리베이터를 타고 지상으로 올라오면 그것을 레일을 따라 밀어가면서 선적하는 장소인 적탄장까지 운반하는 작업을 했습니다.

당시 우리의 갱내 작업은 3교대제였기 때문에 저녁 6시에 갱내에서 올라왔는데, 이완옥 씨가 사고사를 당했다고 해서 놀랍기도 하고 동시에 큰 슬픔에 휩싸였습니다. 그것은 1944년 6월 초순이었습니다. 6월 6일이었다는 것은 나중에 알았습니다. 이 씨는 동향 사람이라서 사무소와 작업현장으로 뛰어갔지만 시신은 볼 수 없었습니다. 기억을 더듬어 보면 이 씨가 죽은 것은 그날 오후 3시에서 4시경이었다고 들었습니다.(注 니기소노기군 다카하마촌이 발행한 화장매장인허증에는 '사인 익사'로 되어 있다)

그 당시의 식사는 푸석한 베트남 쌀로 지은 정말 적은 양의 밥과 시금치국 뿐이었습니다. 밥에는 주먹 만한 감자를 넣었으니 그 감자를 빼고 나면 밥은 세 숟가락 정도밖에 안 되었습니다. 스물 한 두 살 먹은 젊은이로서는 당연히 영양 부족이었던 건 분명합니다. 지금 생각해도 정말로 불쌍했습니다.

그래서 지상 약 10미터나 되는 높은 레일 위에서 석탄이 가득 찬 탄차를 밀고 가는 중노동을 하고 있던 이완옥 씨는 언제나 배고프다, 배고픔을 참기 어렵다고 말했습니다. 이 씨의 사고사 현장을 목격하지는 못했지만, 동포들한테서 들은 바로는 탄차를 밀고 가는 레일 밑의 침목에 뻐끔히 구멍이 뚫린 곳이 여기저기에 있어서 그 레일 구멍으로 추락해 절명했다는 것이었습니다. 탄광에서는 사고 등으로 사망하면 신속하게 '처리'하는 관습이 있었기 때문에, 검시관 말고는 시신을 본 사람이 별로 없었습니다. 결국 다카시마와 하시마 중간에 있는 나카노시마(中之島)의 화장장에서 시신을 태워 그 유골은 다시 하시마의 절 센푸쿠지(泉福寺)로 돌아왔다고 합니다.

키가 컸던 이완옥 씨의 유골도 센푸쿠지에 있었을 겁니다. 이 씨는 항상 "너무 너무 배가 고파서 괴롭다"고 입버릇처럼 말하곤 했는데, 정말로 가여웠습니다. 언젠가 고향에서 찹쌀을 보내어 주어서 김제군 출신들이 함께 먹은 적도 있습니다. 이완옥 씨는 배가 고파서 견딜 수가 없다는 편지를 써서 고향으로 부쳤는데, 도중에 검열이 있었는지 집에는 도착하지도 못하고 경찰관과 사감이 찾아와서 이 씨를 연행해 갔더랍니다. 사나흘 후에야 돌아왔다고 합니다. 저는 전후에 귀국할 때 뱃삯을 빼고 50엔(당시, 쌀 10가마니 정도)을 받아 귀향했습니다. 그 외에는 회사에서 아무 것도 받지 못한 채 지금까지 온 것입니다. (구술조사자, 하시마한국인희생자유족회회장(端島韓国人犠牲者遺族会会長) 이복열(李福烈) 씨)

공양탑을 찾은 오카 마사하루 씨(오른쪽 끝)와 다카자네 야스노리 씨(왼쪽 끝)
(1990년경으로 추정)

제 7 장
미쓰비시 다카시마 광업소 하시마갱
'화인노무자 조사보고서'의 기만

'나가사키 재일조선인의 인권을 지키는 모임'은 1993년, 미쓰비시 다카시마 광업소 하시마갱이 외무성에 제출한 '화인노무자조사보고서'(華人勞務者調査報告書)를 발굴 입수하여, 철저히 분석해 그 전모를 밝힌 『녹슨 톱니바퀴를 돌리자(さびついた歯車を回そう)』(1994)를 출판했다. 이하는 그 머리말을 포함해 '진실의 은폐와 기만을 허락하지 않겠다. 녹슨 톱니바퀴를 돌리자'의 전문인데, 재점검하여 필요한 수정을 가하고 편의상 *표로 주를 달은 것이다. (※이 장에서는 원서와 마찬가지로 부표를 생략한다)

머리말

일본 제국주의가 일으킨 중국 침략전쟁의 격화와 더불어 전쟁에 필요한 노동력과 물자를 전면적으로 총동원할 것을 계획한 천황의 정부는 1938년 4월에 '국가총동원법'을 공포하고, 이어서 '노무관계칙령'을 발동하였다. 또 기획원에서는 '노무동원계획'을 작성하였는데 이에 따라서 1939년 1월에는 '국민직업능력신고령'을 실시하고, 7월 4일에 각의 결정에 따라 '국민징용령'을 발표했다. 이로써 강력한 노무 동원이 개시되었다. 마침내 동년 7월 28일부로 내무·후생 양 차관 명의로 의명(依命)통첩 '조선인 노무자 내지 이주에 관한 건'이 발령되고, 10월 8일 조선에서 최초로 '모집'(그 실태는 강제와 똑같았다)된 조선인 노무자가 홋카이도(北海道)의 북쪽 탄광 호쿠탄(北炭, ※홋카이도탄광기선(北海道炭礦汽船)(주)의 약자)의 유바리(夕張) 광업소로 연행되었다. 그날 이후, 1945년 8월 15일 일본 제국주의 패전·항복=조선 해방의 날까지 100만 명을 넘는 조선인이 일본 각지로 '강제 연행'되어 강제 노동을 해야 했다. 그들은 압제와 혹사, 학대의 노예 생활에 내던져지고, 어떤 자는 가혹한 학대와 기아로, 또 어떤 이는 원폭 등에 의해 비참한 죽음에 이르렀다. 이들 조선인 노무자의 강제 연행, 강제 노동, 원폭 피폭 등에 대한 실태조사를 30여 년에 걸쳐 계속해온 우리 '나가사키 재일조선인의 인권을 지키는 모임'은 앞으로도 규슈(九州) 전 지역에 걸친 철저한 조사를 속행할 예정이다.

1942년에 도조 히데키(東条英機) 내각은 '화인노무자 내지이입에 관한 건'(華人労務者内地移入ニ関スル件)을 각의 결정하여, 중국으로부터 3만 8,935명의 중국인을 강제로 연행하고 일본 전국의 35사, 135사업소에서 강제 노동시켰는데, 일본 정부는 패전 직후인 1946년 3월에 그 경과 보고서를 각 사업소에 작성하도록 하여 그것을 외무성이 '화인노무자 취로사정조사보고서'(華人労務者就労事情調査報告書)로 정리했다. 우리는 이번에 그중의 일부인 '미쓰비시 광업 하시마탄갱'(三菱鉱業端島炭坑)의 기록 일체를 발견하고 입수했다. 거기에는 중국인 노무자 204명이 당했던 압제와 혹사, 학대, 기아 그리고 부상과 질병이라는 노예 생활의 비참한 기록이 생생하게 담겨있다.

그런데 이 보고서 일체와 취로전말서(就労顛末書)를 세밀하게 들여다보면 기록자 즉, 작성자는 혹사, 학대, 압제 사실을 고의로 은폐하고 부정하고 있다. 보고서는 곳곳에서 '학대 등의 사실은 전무'하다고 반복하고 있을 뿐이다. 그것은 전쟁범죄로서 추궁당할 수 있는 사실을 있는 그대로 기재한다면, 전범으로 지정되어 배상요구를 받을 것이라 생각해 이를 회피하고자 했기 때문이다. 그러나 연행된 204명 중 7.4%에 해당하는 15명이 불과 1년 여 만에 죽었다는 냉엄한 사실을 숨길 수는 없다. 본서는 '화인노무자조사보고서'(미쓰비시 다카시마 광업소 하시마갱)와 관련된 문서를 가능한 한 있는 그대로 재현하고 약간의 고찰을 덧붙여 공개한 것으로서, 현명한 독자는 여기에 소개한 모든 보고서가 허위와 기만에 차 있음을 알게 될 것이다. 그중 가장 두드러진 것은 하시마 지옥에서 사망한 중국인 노무자의 사망진단서이며 그 유골의 취급에 관한 것이다.

우리는 당시 하시마 탄갱에서 중국인 노무자를 감독하고 혹사시킨 일본인들의 그 후 동향에 관하여 미쓰비시 광업을 승계한 미쓰비시 머티리얼 주식회사 및 관계자에게 문의하였는데, 그 회답은 늘 '소식 불명'이었다. 겨우 찾아낸 관계자 한 명은 자신은 모른다, 자신에게 책임은 없다, 아무 것도 말하고 싶지 않다는 변명만 늘어놓았다. 전쟁 범죄로 추궁 받을 것을 필사적으로 피하는 모습이었다.

올해 5월, NHK텔레비전은 '화인노무자 취로사정조사보고서', 통칭 '외무성보고서'와 기업 측에 쓰도록 한 '사업장보고서' 및 외무성 촉탁 조사원이 작성한 '현지조사보고' 등, 라면박스로 10상자 넘는 분량의 자료를 발견했다고 방영했다. 또 8월 14일에는 NHK스페셜 〈환상의 외무성보고서 – 중국인강제 연행 기록〉을 방영했다. 우리가 미쓰비시 광업 하시마탄갱이 작성한 화인 노무자 조사 보고서의 전 기록을 어느 장소에서 발견한 것은 올해 8월 1일의 일로서 역사의 기묘한 일치를 느꼈다.

독자는 생각해보기 바란다. 만약 우리나라가 외국에 침략을 당하여 국토와 산업까지도 빼앗기고, 게다가 조국에서 강제적으로 그 침략국에 연행되어 혹독한 강제 노동을 당하고 죽음까지 당했다면 어떤 생각을 하겠는가. 조선인과 중국인은 그러한 노예 생활을 일본 제국주의 정부와 기업에 의해 강요당한 것이다.

침략해서 강제 연행과 강제 노동으로 내몰았던 측은 그 아픔을 느끼지 못하지만, 당한 쪽은 세월이 아무리 흘러도 그 아픔이 마음 깊이 새겨져 있다. 그러한 의식의 차이가 양국 사이에 메우기 어려운 틈새를 만든다. 일본과 조선, 중국은 현재도 그러한 상황에 놓여있지만, 그 근본적인 원인은 일본 측이 과거 조선·중국을 침략한 전쟁 범죄를 진지하게 반성하지 않고, 어떻게든 은폐하여 그 책임을 분명히 지지 않으려고 하는 데 있다.

본서는 모든 일본인에게 그 반성을 촉구하기 위해 쓴 것이다.

1993년 12월 31일

나가사키 재일조선인의 인권을 지키는 모임 대표 오카 마사하루

진실의 은폐와 기만을 허락하지 않겠다. 녹슨 톱니바퀴를 돌리자

1945년 8월 15일 일본이 패전을 맞이함에 따라, 일본 정부(외무성)는 당시 국내의 각 사업소와 회사 등에서 혹사당하고 있던 중국인(공문서에는 전부 '화인'(華人)으로 되어 있다)의 처우, 특히 귀국 조치에 관해서 민첩한 방책을 취할 필요가 있었다. 그리하여 외무성은 전국의 사업소와 회사 앞으로 '화인 노무자 귀국취급 요령'을 보냈고, 미쓰비시 다카시마 광업소 하시마갱(이하, 약칭으로 하시마 탄광으로 한다)은 그것을 동년 9월 20일 동 갱(同坑) 근로부 주석 사쿠마 사부로(佐久間三郎, 1944년 2월 7일 화로(華勞) 직접취급주임에 취임)가 수령했다. 그 서두에는 "1. 귀국 조치에 관해서는 계약의 원래 취지에 따라 화북노공협회 및 고용자의 책임으로 완수를 기한다"가 있고, 이어서 "2. (ㄱ) 대개 9월 하순에 개시하여 10월 중순에 귀국하도록 완수한다(이하 생략)"는 내용과 함께, 이하에 귀국 수속이 상세히 설명되어 있

다. 그 외 '지시사항'도 있고, 화인 노무자 귀국 취급 요령에 관한 건 말고도 각 사업소의 사찰에 관한 건, 사건 관계 설명 자료 작성 건, 화인 노무자 송환 명부 작성 건에 관한 해설이 있다. 끝으로 일본 정부 및 각 사업소의 알리바이 공작을 엿보게 하는 대목으로서 "그 외, 화인 노무자 취급에 관한 계약을 토대로 공정 타당한 대우가 이루어짐을 증명하는 자료를 가능한 다수 수집 확보해 둘 것"이라는 내용이 덧붙여져 있다. 실로 관공서와 민간이 몹시 허둥대는 모습이 잘 드러나 있다. 그러나 역사의 톱니바퀴를 녹슬게 하는 '복선(伏線)'을 이 문서 곳곳에서 찾아볼 수 있다.

1946년 2월, 외무성은 중국인을 혹사시킨 각 사업소에 '사업장별 화인 노무자 조사 항목 및 보고 양식'이라는 매뉴얼을 송부하고, 동년 3월이 제출 기한인 '화인노무자 취로보고서'의 기재방법을 지시했다. 하시마 탄광도 이 지시를 토대로 하여, 3월에는 '화인노무자 취로전말보고서', 부표(付表) 및 부속서류를 작성하여 외무성에서 출장 나온 조사원(동성(同省) 촉탁)에게 전달했다. 이 조사원은 이미 송부한 매뉴얼을 토대로 하시마 탄광 근로과 직원을 다시 지도하고 이 보고서의 작성에 임한 것이 분명하지만, 그 성명은 완전히 은폐되어 있다. 다만 홋카이도 탄광 조사에는 당시 외무성 촉탁으로 오토모 후쿠오(大友福夫) 씨가 참여했던 사실이 알려져 있다(1993년 9월 4일부 『아사히신문』 나가사키 판) 현재, 센슈(専修)대학의 명예교수인 동 씨는 "중국인 강제 연행이 외교 문제로 발전할 경우를 대비하여 보고서를 만들었다. 당시 업계에는 강제 노동자의 임금 등을 국가(일본)에 요구하려는 움직임이 있었기 때문에, 그 부분을 정확하게 기술하지 않았을 가능성도 있다"고 말했다.(위와 같은 자료)

본회는 하시마 탄광이 외무성에 제출한 보고서 전부를 입수하여,

그 내용의 기만성과 그 속에 감추어진 사실을 발견하는 데 노력하고, 정부와 군수공장 미쓰비시의 범죄성을 따질 생각이다.

1. 중국인 강제 연행을 추진한 미쓰비시 나가사키 조선소

아시아 침략 전쟁 수행에 동반하여, 일본 제국주의 정부는 노동력의 부족을 메우기 위해 각지의 사업소, 공장, 회사로 중국인을 강제 연행하여 강제 노동시킬 것을 계획했다. 1942년 11월 도조 히데키 내각은 '화인 노무자 내지 이입에 관한 건'을 각의 결정하고 실시했다. '이입'이라고는 하지만, 실태는 '강제 연행'이었고, "중일(中日) 우호단체 등으로 이뤄진 '중국인 순난자명부 공동작성실행위원회'의 조사에 따르면, 하북(河北)·하남(河南) 등 십여 개의 성에서 최소 약 38,000명의 중국인이 일본으로 연행되었다고 볼 수 있다"(전게한 『아사히신문』)고 한다. 당시 현지의 '인간 사냥' 기관과 각 사업소, 공장, 회사 간에 체결한 '노무계약서'를 통해 진실을 호도하고 중국인을 강제 노동으로 사냥해온 것은 확실하다. 여기서 문제가 되는 것은 보고서에 '화북노공협회(華北勞工協会)'라는 조직이 등장하는데 이 단체의 실체가 무엇인가 하는 점이다. 이는 일본군이 날조한 왕조명(汪兆銘) 정권을 이용해 만든 실체 없는 조직으로 생각된다. 보고서에는 일본계와 중국계(華系) 직원이 등장하는데, 하야마 미노루(葉山実)와 서장경(徐長庚, 산동성(山東省) 영현(寧縣) 성문대가(城門大街), *장강(長康)이라는 기재도 보이지만, 장경(長庚)이 바르며, 경(庚)과 강(康)은 동음이어서 잘못 기재한 것으로 보인다)이 그 자들인 것 같으나 이들의 역할은 불분명하다.

중국인을 중국 본토에서 '그러모아' 당고항(塘沽港)에서 승선시킨 다음 일본의 군수공장 등지로 보내고 '계약노동자'라는 미명하에 강제 노동을 시켰기 때문에, 중국 현지에 조직된 '화북노공협회'의 실체에 관해서는 모든 보고서가 일제히 명확히 기술하고 있지 않다. '화인노무자 취로전말서'에는 '2. 이입 배치 및 송환 사정, (ㄷ) 이입 상황'에 '모집 기관-화북노공협회, 모집 방법-일반 공출'로 되어 있는데, '계약' 인원 204명은 '모집'이라고 하면서, 계약하는 사람들을 물품처럼 '공출'로 처리한 데서 인간을 무시하는 태도가 드러난다. '중국 현지의 동 협회'는 일상적으로 강행한 비인도적 활동으로 인해 일본의 패전과 동시에 대혼란을 초래하고, 책임자도 행방불명된 채로 활동 불능에 빠진 것으로 추정된다. 따라서 동 협회가 귀국하는 중국인을 전부 책임지고 귀향시키기까지 필요한 역할을 맡기는 어려웠을 것이다. 이를 뒷받침하는 내용으로서, '화인 노무자 귀국 취급 요령'(華人労務者帰国取扱要領)에는 '5. 귀국 수송은 북지(北支, 注 중국 북부) 항만까지로 한다'라고 명기하여 책임을 회피하고 있다는 사실을 들 수 있다. 1944년 4월 25일부로, 미쓰비시 나가사키 조선소장 오가와 요시키(小川嘉樹)와 '화노공'(華労工, 중국인 노무자) 간의 고용 계약을 체결한 '화로협회(華労協會) 이사장·조기(趙塤)가 일본 패전 당시 어떤 행동을 취했는지에 관해서 이 보고서는 설명하고 있지 않다.

2. "낙도임을 고려하여" 하시마 탄광으로

화북노공협회 이사장 조기와 미쓰비시 나가사키조선소장 오가와 요시키가 1944년 4월 25일부로 체결한 '계약서'에는 "1944년 2월 5일 대일본제국의 계획 및 화북노공협회의 노공 공출 방법에 근거하여, 화북노공협회(이하, 갑으로 한다)는 미쓰비시 나가사키 조선소(이하, 을로 한다)에 대해 갑이 공출하는 노공 사용에 관하여 좌기(左記)와 같이 계약한다"고 되어 있고, 제1조는 "을은 1944년 5월 하순부터 향후 2년간의 기한으로 갑이 공출하는 노공을 사용하기로 한다"고 명확히 기재되어 있다. 그러나 이 계약은 지켜지지 않았다. 이들 중국인 노무자는 육지 공장인 미쓰비시 나가사키 조선소에는 취로하지 않고, 돌연 미쓰비시광업의 하시마 탄광이라는 절해의 고도로 보내졌다.(*현내의 미쓰비시계 탄광인 다카시마 탄광, 사키토 탄광에도 보내졌는데 전부 섬지역이다) 그 이유 및 경위에 관하여 '화인노무자 취로전말서'는 서두에서 다음과 같이 해명하고 있다. (注 원문에는 구두점이 없지만 읽기 쉽게 하기 위해서 편의상 구두점을 찍고, 구자체(舊字體)는 신자체(新字體)로 고쳤다. 이하, 동일)

"1. 사업장 및 관계자 개요

전쟁 중 당 사업장은 일본인, 조선인 노무자에 의해 대개 충원되기 때문에 특별히 화로의 취로를 필요로 하는 사정이 없다. 그러나 미쓰비시 나가사키 조선소가 화북노공협회의 알선으로 화북에서 모집하여 이입시킨 화로를 내무성 외사과의 세키구치(関口) 이사관 및 직원 혼마(本間)가 가져온 본성(本省)의 지시를 받고 아키바 야스히로(秋葉保廣) 경찰부장 및 나카무라 히로마사(中村博正) 외사과장이 이곳이 낙도인 점을 고려하여 이미 취로 중인 반도인과 교환함을 조건으로 해당 화로(華労)의 접수 방법을 강요하였다. 이에 화로의 근로 관리는 현 외사과(外事課) 및 화로를 인솔하여 탄광으로 온 화북노공협회직원(일본계 1명, 중국계 1명)이 직접 하고, 사업장 쪽은 기숙사장과 그 외 담당자를 배치하여 관리를 돕게 한다."

즉, 중국 화북 지방에서 '인간 사냥'으로 모은 중국인 노무자들을 1944년 6월 18일에 미쓰비시 나가사키 조선소가 아닌 하시마에 상륙시킨 것이다. 동시에 화북노공협회 직원인 하야마 미노루(葉山実), 서장경(徐長庚) 두 명은 하시마 탄광의 '화로지도원주재소'(華労指導員駐在所)에 사외 화로지도원으로서 근무해야 했다. 보고서에 '서장경 통역'이라고 기재된 것으로 보아 그가 화북노공협회의 직원임은 분명하다. 이 가운데 하야마 미노루는 1944년 10월 30일부로 퇴임하고, 서장경은 1945년 11월 19일부로 하시마를 퇴거했다.

'화인노무자 취로전말서'의 '3. 화로관계자' 항에는 "(3) 화로의 근무관리─현에서 전임으로 파견한 상주 관헌 및 노공협회 직원은 주로 이를 담당하고, 사업장 측의 기숙사장과 그 외 담당자는 이를 돕는다"고 적혀 있다. 다나카 경부보(警部補), 와타나베 미요사쿠(渡辺三代作) 순사부장(巡査部長), 야우라 큐조(矢浦久三) 순사부장 세 명이 1944년 6월 18일부로 발령받아 화로주재소에서 근무했다. 그러나 다나카 경부보는 동년 8월에 퇴임하고, 야우라(矢浦) 순사부장도 1945년 11월 19일부로 퇴임했다. 와타나베 순사부장만이 중국인 노무자가 해방된 후에도 계속해서 하시마 순사부장 파출소에 근무했다. 그들은 중국인을 압제하고 감시한 기관의 사람으로서, 내무성 경보국의 특별고등경찰에서 파견된 것으로 의심된다. 과연 나가사키현 경찰본부의 경찰관 졸업생 OB의 '경우회 명부'(警友会名簿)에도 '(경찰 내부의) 연금수급자명부'에도 와타나베와 하라구치(原口), 이토(伊藤)의 성명(※위에서 언급하지 않은 2명)은 기재되어 있지 않다. 부표2의 '관계자명부' 비고란에 기재되어 있는 "(경찰관) 그 외 4명 불명"은 참으로 기괴한 표시이다. 중국인 노동자의 이입 송환 시 동행인으로서 중요한 임무에 종사한 자의 성명이 불명인 점은 납득할 수 없다. 특고경찰관일 것이라는 의심이 짙게 든다.

이 사업장 변경의 이유에 관해서는 '전말서'에 상세히 설명되어 있지 않고, 단지 "내무성 외사과의 지시를 받았다", "하시마가 낙도임을 고려했다"라고 간단히 언급하고 있을 뿐인데, 적국인이며 공산주의자가 섞여있을 지도 모르는 중국인을 육상에 거주시키는 것보다는 동지나해(東支那海, ※중국 동쪽 태평양의 연해)의 고립된 섬에 봉인하는 편이 치안상으로나 노무관리상으로도 이롭다고 판단한 내무성 치안 당국의 사고방식이 전면적으로 지배했던 것으로 생각하지 않을 수 없다. 중국인의 인권 같은 것은 완전히 묵살된 것이다.

3. 입갱 거부 사건의 발생

그리고 이곳에서 '중국인 노무자의 입갱 거부 사건'이 발생한다. '전말서' 중의 '2. 이입 배치 및 송환 사정' 항에 "배치 중 일어난 사고는 왼쪽과 같음. (1) 입갱 거부 사건: 본래 화로 전원이 미쓰비시 나가사키 조선소에 취로 예정이었는데, 현의 방침에 의해 탄광으로 전환된 데 불만을 품어 입갱을 거부하였다.(약 절반의 인원 참가) 관계 담당자의 성의 있는 설득에 의해 당일 결정하여 입갱을 승낙했다"고 간단히 기재되어 있으나, 사건은 결코 작은 것이 아니었다. 강경한 불복종 운동이 전개된 것으로 상상할 수 있다. 주위 약 1.2km의 절해고도 하시마 탄광으로 끌려온 204명의 중국인 노무자 중 절반에 해당하는 100여 명이 입갱 거부 파업을 감행했을 때, 그것을 중단하게 한 '성의 있는 설득'이란 무엇인가. 사업소와 관헌이 혼연 일체가 되어 지시와 협박으로 일관한 관공민(官公民)의 강력한 압력이 가해졌다는 것은 의심할 여지가 없다. 중국인 노무자가 강력히 요구한 것은 단순한 말뿐인 '설득'이 아니라, 계약을 유린한 것에 대한 사과와 사죄였을 것이다. 이에 사업소와 관헌은 위압으로 대응하고 협박으로 '굴종'시켰을 것이라는 점은 지극히 명확하다. 당시의 중국인 노무자들은 굴욕과 함께 단장(斷腸)의 슬픔을 느꼈을 거라고 생각하면, 일본인으로서 참으로 부끄럽기 짝이 없다. (*이 입갱 거부 사건에 관해서는 나가사키의 중국인 강제 연행 재판의 원고 단장였던 이경운(李慶雲) 씨가 법정에 제출한 진술서에 상세히 서술되어 있다. 본서 p.105 참조)

또 화북노공협회와 하시마 탄광 사이에 당연히 있어야 할 변경 체결된 계약서가 전혀 보이지 않는 점은 하시마 탄광 취로 변경이 완전히 암거래였다는 사실을 증명한다.

4. 허위와 기만에 찬 '노무 및 급여 사정'

1946년 3월에 외무성은 각 사업소에 제출하도록 의무 지운 '화인노무자 취로전말보고서'의 작성 지침서(입문서)를 하시마 탄광으로도 송달했다. 그 아홉 번째 장에 있는 '4. 노무 및 급여사정' 중 '3. 급여대우' 항에서는 '(1)개요: 급여는 정당하고 공평하게 지불하게 했다는 점과 일본인 및 조선인과의 급여 대우 비교'를 기술하도록 지도하고 있다. 하시마 탄광 측이 작성하여 외무성에 제출한 '화인노무자 조사보고서'(화인노무자취로전말서(華人労務者就労顛末書) 1946년 3월)는 이 지시에 따라서, "4. 노무 및 급여사정 1. 개요: 일본인과 조선인에 비하여 이 분의 일 정도의 노동에 종사하도록 하고, 임금 등은 정부의 지령에 따라 지급함으로써 당시의 임금으로서는 오히려 일본인과 조선인보다 좋은 조건이었다(당시 일본인과 조선인은 평균 하루 4엔 정도 지급받았지만 중국인은 하루 5엔을 받았다) 2. 노무 사정 (1)개요: 일본인과 조선인보다 쉬운 작업에 종사하도록 했다"고 기재했다.

그러나 이만큼 허위적이며 철면피 같은, 진실을 은폐한 보고서는 본 적이 없다. 중국인이라는 단어는 중국어로 '촌·쿠어·렌'이라고 했는데, 대부분의 일본인은 이를 '쌍꼴라(チャンコロ)'라고 부르며 경멸했고, 조선인과 함께 철저히 차별하고 멸시했다. 1937년에 일명 '지나

(支那, ※중국)사변'으로 불리는 선전포고 없이 시작한 '중일전쟁' 이래, 이러한 경향은 더욱 강화되어 일본인은 중국인을 보통의 인간으로 보지 않았다. 그 차별과 학대, 경시와 압제의 극한이 그해 12월에 발생한 '남경대학살 사건'에서 벌어졌다. 독점 자본 미쓰비시 광업 주식회사의 하시마 탄광이 일본인, 조선인 노동자의 이분의 일밖에 되지 않는 노동량에, 일본인·조선인의 일급 4엔보다 더 많은 5엔을 중국인 노동자에게 지급했다는 것은 도저히 생각할 수 없는 허위 기재이며, 사실을 은폐한 악질적인 기만행위이다.

또 '화인노무자 취로전말서' 중, '4. 노무 및 급여사정'의 '4. 생계상황' (6)에는 "적립액(예·저금(預貯)金) 등): 1945년 5월, 임금 규정 결정 이후 회사 저금으로서 예입하고, 총액 371,478엔 ○○(이자 11,144엔 34전)"이라고 적혀 있다. 이것은 매뉴얼에 따르면 '(6)적립금(저금 등)의 적립방법 및 송환 시의 지불 상황'을 가리키는데, 패전 후의 송환

1916년 세워진 30호동(2017년 3월 23일)

시 당연히 각 개인에게 지급해야 할 임금에 관하여 '전말서'의 보고서 어디에도 상세한 내용이 명확히 기재되어 있지 않다. 1일 2교대제로 지극히 가혹한 노동을, 하루 10시간(*이것도 허위 기재로서 1일 12시간 노동이 명백한 사실이다) 강제로 종사시켜 놓고도 '정부 지령'대로의 임금을 지급하지 않았으며, 적립금조차 반환하지 않은 하시마 탄광의 폭력적인 강제 노동 정책은 천인공노할 만행이다.

보고서의 내용이 올바르다고 가정하여, 중국인 노무자가 받아야 할 급여를 대략 계산하면 별표와 같이 '4. 생계 상황'의 수입 총액 371,478엔 이라는 금액의 계산은 타당하다고 할 수 있을 것이다. 단, 그것은 계산상 그러하다는 것이지, 실제로 지불되었는지 여부를 나타내는 것은 당연히 아니다.

'보고서'의 내용을 근거로 한 중국인 노무자의 임금 총액 개산(槪算)

노무자 총수(총대장(總隊長)을 포함한다)	181명
(취사장 1명은 별도로 계산하고, 중도 귀국 5명, 중도 전환 2명, 투옥 2명, 사망자 14명 등 총 24명은 제외한다)	
취로 실일수	331일
(1944년 7월 1일부터 1945년 7월 31일까지, 휴일과 제일(祭日)을 제외하여 산정)	
가동률(출근율, 보고서의 4.노무 및 급여사정 (4)작업 상황으로부터)	90%
전(全) 노동일(취로해야 하는 일수 × 가동률)	298일
기본급 총액	5엔×298일×181명
	=269,690엔
제일 수당 한명 당 모든 기간 6엔	6엔×182명=1,092엔
총대장 가산 100%	5엔×298엔=1,490엔
정부(正副) 중대장(中隊長) 가산 1명 60%	5엔×0.6×298엔×8명
	=7,152엔

취사장(가산분도 포함, 휴일 없음)	5엔×1.6×395일=3,160엔
가동 정지 후의 임금(45년 8월 1일~11월 18일까지의 취로 예정)	
취로 예정 일수	108일
기본급총액(일당의 60%)	5엔×0.6×96일×181명
	=52,128엔
총대장 가산	5엔×0.6×96일=288엔
정부중대장 가산	5엔×0.6×0.6×96일×8명
	=1382.4엔
취사장	5엔×1.6×110일=880엔
이상 합계	337,262.4엔

이상 합계 금액 337,262엔 40전에, 도중 귀국자 외의 23명이 받아야할 급여 및 사망자에 대한 조의금, '폐질(廢疾)자'에 대한 문병비 등을 더하면, 수입 총액은 371,478엔에 가까운 금액이 되는 것으로 추량(推量)된다.

여기서 숨겨진 문제는 다음과 같은 점이다. 우선 하시마갱이 내무성의 지시에 따랐다고 하는 그 '화인노무자 임금기준'(華人勞務者賃金基準)이다. 그 첫 번째 '9. 임금의 지불' 항을 보자. "임금의 일정액(일반 노무자는 한 달에 10엔 정도로 하고, 간부노무자는 적당히 정할 것)을 소정의 임금 지불 날짜에 본인에게 지불하고, 잔액(식비를 영수하는 경우는 그 액수를 공제한 잔액)은 본인 명의의 우편 저금으로 할 것(이하, 생략)"이라고 쓰여 있다.

이에 따라서 중국인 노무자 한 사람 당, 월 액 10엔 정도밖에 현금이 지급되지 않았다(*그러나 현금은 일체 지급되지 않았다는 사실이 나가사키 중국인 강제 연행 재판에서 사실 인정되었다) 게다가 적립된 개인 명의의 우편 저금은 어떻게 되었는가. 중국인 귀국 시(송환 시)에 지불했는지 어떻게 했는지는 기재되어 있지 않다. '송환기탁금표'(送還寄託金表)가 있어서 각 개인의 기탁 금액이 기입되어 있고 총액은 193,210엔으로 되어 있는데, 이는 개인에게 지불된 것이 아님을 보여준다. 그리고 누구에게, 또 어디에 맡겼는지에 대한 사항도 전부 불명확하다.(*수표를 받았지만, 환금 지정 은행이었던 천진(天津)의 정금(正金)은행은 이미 폐쇄되어 돈을 수령할 수 없었다는 사실도 재판에서 사실 인정되었다)

우편저금이기 때문에 그 이자 지불 문제가 생기는데, 그에 관하여 '급여사고조서(부표17)'는 "송환 출발 지령이 갑작스러워 계산 지급할 여유가 없다"며 이자를 지불하지 않았다. 그 액수는 11,144엔 34전으로 되어 있다. 그러면 원금은 지불되었는가. 보고서에서 가장 날림으로 기입되어 있는 것이 이 급여 문제에 관한 '제(諸)급여조서(부표12)'다. 문자 그 자체가 판독이 가장 곤란하기도 하고, 또 대부분이 기입이 누락된 미완성 상태다.

허구상으로 만들어진 보고서의 파열이 이 급여 문제에 여실히 드러나고 있다. 중국인들로부터 직접 추궁을 당한다면 변명으로 발뺌할 수 없을 것이다. 감독관청에 급여 지급 실태를 증명하는 다른 형태의 문서가 존재하고 있으리라 생각되기 때문에, 이 허구를 완성시킬 수 없었던 것을 아닐까 추측해볼 수 있다.

일본 제국주의의 패전, 그것은 중국인과 조선인에게는 승리와 해방의 순간이기도 했다. 전후 곧바로 기업에 대한 조선인의 미불 임금 지급을 요구하는 투쟁이 전국적으로 확대되고 그에 대한 경찰의 탄압이 거세게 휘몰아쳤지만, 강제 연행과 강제 노동의 혜택을 받아온 기업이 결코 안온한 나날을 보내지는 못했을 것이다. 그것을 무너뜨리는 것이 본회의 사명이다.

'전말서' 중 '3. 수용시설 및 관계 사정'의 '3. 피복(被服) 사정' (3)에는 "피복 상하 2벌, 셔츠 상하 1벌(※당시는 웃옷을 전부 셔츠라 불렀다), 겉옷 1장, 작업복(작업 도구 한 세트 포함) 2벌, 그 외 수건, 양말, 훈도시, 일상 필수 용품 등 일체를 지급했다"고 되어 있다. 그리고 '4. 송환 상황, (2)송환 시 급여 상황'에서는 "현 측의 지시 규정에 따라 송환 시에 피복 상하 2벌, 셔츠 1벌, 작업화 1켤레, 단화 1켤레, 장갑, 양말 등(승선지에서 옷 한 벌 더 지급)"이라고 기록되어 있다. 그런데 이 '귀환 시 지급된 의복류'에 관한 보고는 다른 곳에서도 나온다. 그것은 다음과 같은데, 결국 의복류 지급에 대한 보고는 허위임을 알 수 있다. '4. 노무 및 급여 사정'의 '3. 급여 대우' (4)에는 "송환 시 따로 임금 지급을 하지 않았으나, 상륙지까지의 식량(약 10일분)을 지급하고, 모포 1장 씩, 양복 3벌, 단화, 그 외 별표와 같이 지급했다"고 되어 있다. 그러나 '현지 출발 시부터 귀환까지의 전 기간에 걸친 지급 상황을 나타내는' '부표 5. 피복 지급 상황'을 보면, 그것들 가운데 의복 상하의 수치는 허위이며, 귀환시의 지급품도 허위 보고 의혹이 짙다.

다음으로 식량사정에 관해서는 '전말서' 중 '3. 수용시설 및 관계 사정 4'에 "건강 유지 및 작업 종사상 필요한 양을 현의 지시에 따라 확실하게 지급했고 전쟁 후기에도 동일했다"고 하고, 부표 6의 '식량 지급량'에는 "본 표의 수량은 한 사람에 대한 1개월 평균 지급량으로서 수량은 액체 외에는 모두 중량(그램 또는 관돈)으로 표시한다"고 하며, "주식(밀가루 8kg, 수수 1kg, 쌀 5kg, 보리 2kg, 쌀가루 3kg, 밤 1kg, 대두 1kg, 콩류 2kg), 부식(소고기, 돼지고기 20관(1관=3.75kg, 즉, 20관 =75kg), 생선 1,950관(=7,312.5kg), 야채 126관(4,725kg))"으로 기재되어 있다.

그러나 1개월에 쌀 5kg이라면 1일분은 166g이 되고, 성인의 1일 필요량의 절반 정도밖에 되지 않는다. 그렇지만 소고기, 돼지고기 1개월

75kg이란 것은 1일분이 2,500g으로서, 당시의 식량 사정을 생각할 때 지나치게 많은 분량이라는 것은 누가 봐도 명징하다. 즉, 주식도 부식도 결코 '정확한 수량'을 기재하지 않았다고 단정할 수밖에 없다. 보고서에 기재된 부식의 수량은 상식 밖으로, 단위를 잘못 기입했거나 1인당이 아닌 전원에게 지급된 수량을 표기한 것인지도 모르지만, 날조한 보고의 특징이 잘 나타나 있다고 생각한다.

'3. 수용 시설 및 관계 사정'의 '1. 개황(概況)'에서는 "화로에게 만족할 정도의 지급은 불가능하여도, 대체로 식량 등은 현의 지시대로 확실히 지급하였고, 따라서 식량 부족이나 의약품 등의 결여로 인한 사망과 질병 발생은 없었다……오히려 일부 일본인이나 조선인보다 약간 우대하는 정도였고, 화로에 대한 학대 등의 사실은 전무하다"고 썼는데, 이러한 생활환경이 정말로 지켜졌다면 어째서 대량의 환자가 나왔던 것인가. '질병 통계(부표7)'을 볼 때, 이 보고서가 얼마나 허위적인지 판명난다.

미쓰비시 다카시마 광업소 하시마 병원의 중국인 환자(병, 부상으로 치료를 받은 자) 수는 총계 1,314명이다. 약 15개월 동안 204명이 여섯 번이나 외상 또는 그 외의 질병으로 치료를 받아야 했던 노동 및 생활환경은 도무지 정상이라고 볼 수 없다.

또 심장마비로 5명이 사망했는데, 진단서에서는 모두 돌연사라고 적혀 있다. 이는 아마도 과로와 영양 부족에 원인이 있을 것이다. 더욱이 감기에 걸린 자가 169명 있는데, 보고서대로의 생활환경이라면 이렇게 많은 사람이 감기에 걸리기는 어려울 것이다. 장염은 127명이다. 무엇을 먹었기에 두 사람에 한 명 꼴로 장염에 걸리는가. 이래도 "중국인에게 적절한 식사를, 중국인 자신이 요리하도록 하여 충분히 먹였다"는 식의 거짓말을 할 수 있는가. 진실을 은폐한 보고라고 할 수밖에 없다.

　게다가 보고서에서는 무슨 까닭에서인지 물―식용, 목욕용 등의 담수에 관하여 일체 언급하지 않았다. 하시마(다카시마도 마찬가지)에서 생활하는 데 가장 문제는 물의 확보였을 것이다. 다카시마정에서는 1960년경까지 목욕탕 물은 바닷물을 끓인 것으로 사용하고, 마지막 헹구는 물만을 담수로 쓰는 생활이 계속되었다. 하시마 · 다카시마에는 1958년까지 나가사키시 도이노쿠비정(土井ノ首町, 당시는 니시소노기군)에서부터 물을 배로 운반했다는 것은 주지의 사실이다. 보고서 제출을 요구한 외무성은 하시마의 물에 관한 실정을 알 리가 없기 때문에 거기까지는 언급하지 않았으리라 생각된다. 제대로 된 보고를 할 생각조차 없었던 미쓰비시는 생활, 의료, 식사에서 최대 문제인 물의 확보 문제를 다루지 않았다. 그러나 이로 인해 보고서의 허구성이 붕괴됨을 몰랐을 것이다.

오른쪽 산중턱에 보이는 길(2017년 3월 23일)

5. 특수 위안이라는 매춘소

하시마 탄광으로 중국인 노동자들을 송출한 미쓰비시 광업 주식회사는 '화인노무자취로전말서' 중 '3. 수용시설 및 관계 사정'의 '6. 위안 시설'에서 다음과 같이 기술한다. "(1)개요: 자재 부족 시에는 충분하지는 않더라도 사정이 허락되는 한 위안시설을 두었고, 특히 종전 후에는 요리집 등의 출입을 자유화했다. (2)축음기, 탁구, 정구 설비가 있어서 이용하게 했다. (3)위안 시설의 상황: 1. 축음기, 탁구, 정구 등의 설비가 있어 이용하게 했다. 마작, 주사위 놀이, 화투, 하모니카, 퉁소 등 2. 영화 매월 1회 이상 관람, 위령제·중추절·축하·그 외 식사 중, 아마추어 연예회 등을 개최했다. 3 기호품(술, 담배)은 매월 일본인·조선인과 똑같은 양을 지급했다. (4)특수 위안: 종전 후에는 요리집 등의 출입을 자유화했으나 성병 등의 발생은 인정하지 않았다"

그러나 이토록 내용이 빈약한 보고서는 유례를 찾기 힘들다. '마작, 주사위 놀이, 화투, 하모니카, 퉁소 등'은 인간 생활로서 당연한 취미이자 오락이므로, 특별히 '허가'한다든지 자못 은혜라도 베푸는 것처럼 '오락'이라고 말할 만한 것이 못 된다. 또 "탁구, 정구 등의 설비가 있어서 이용하게 했다"고 되어 있지만, '전말서'를 제출할 당시 하시마 전체를 상세하게 그린 약도에 따르면 섬의 서북쪽 귀퉁이에 손바닥보다 더 작은 구역에 철조망으로 둘러싸인 숙사 안에서 탁구나 정구가 가능할 리 없다. 동 지구의 서남부에는 광장이 있지만, 그곳은 도민(島民) 모두가 이용할 수 있는 단 하나의 운동장이었으므로, 그곳에서 중국인 노동자에게 정구를 할 수 있도록 했다고는 상상할 수 없다. 즉 "탁구, 정구 등의 설비가 있어서 이용하도록 했다"는 것은 완전한 허위 보고이며, "설비는 있어도 이용하지 못하게 했다. 이용 가능할 리가 없었다"고 쓰는 것이 실제와 맞을 것이다. "패전 후 그 광장에서 정구를 한 사람도 있었지만, 그것은 하시마 탄광의 간부 사원들이었고, 일반 갱원들에게는 정구를 위해 그곳을 이용하도록 하지 않았다. 전시 중에 교전국이었던 중국인 노무자에게 그곳에서 정구를 시켰다는 말은 믿을 수 없다"(야마시타 나오키(山下直樹) 씨)는 증언도 있다. 또 조선인 노무자, 일본인 노무자에게는 '특수 음식점'(작은 유곽)에 출입할 자유를 주어도 중국인 노무자에게는 절대로 금지했다. 그들을 적국인이자 포로로 취급했기 때문이다. 그들에게 '특수 음식점' 출입을 승인한 것은 일본 패전 후의 며칠간에 불과하다. 게다가 여전히 '차별' 대우 행위를 반성하지 않으면서 단순히 '성병의 우려'만을 기술하고 있는 '전말서'는 그 자체로 비인도주의적이다.

또한 외무성의 지시문서(사업장별 화인 노무자 조사항목 보고양식)와 대조해보면, 정부가 '특수위안소=매춘소'의 설치를 장려했다는 사실도 확인할 수 있다. 전쟁 전, 전쟁 중, 패전 후 한동안은 유곽이나 군대 '위안소'는 어디에 있더라도 그것은 당연한 일이며, 이러한 시설이 없으면 성문제를 처리할 수 없고, '양가집 규수'의 정조를 지키기 위해서라도 위안시설이 필요하다고 호언장담해온 것이 바로 정부의 태도였다. 특히 유의해야 할 점은 매춘을 강요당한 여성은 대체 누구였는가, 더욱이 섬 전체가 감옥이었던 하시마에서 '위안부'가 되어야 했던 여성은 어떤 사람이었을까 하는 점이다. 하시마에서는 1937년 6월 27일, 밤낮 계속된 성 접대 생활로 심신이 소모된 '특수 음식점'의 조선인 작부 노치선(盧致善, 18세)이 크레졸 액을 마시고 자살을 기도하는 일이 있었다. 그녀의 인간성은 완전히 말살되고 있었던 것이다(『원폭과 조선인』 제4집 p.76) 하시마 탄광은 어떻게 책임을 질 생각인가. 조선인 '위안부' 문제는 일본의 국가적 범죄이다.

6. '사망진단서'에 대한 의문

'전말서'에서 가장 신빙성이 낮고 그 내용에 강한 의문을 불러일으키는 부분은 많은 양의 '사망자 전말서' '사망 진단서' '진단서' '사체 검안서'다. 다음의 제 사항에 관해서는 도저히 납득하기 어렵다.

(1) '의료 위생 사정'에는 "(1)질병 상해의 원인 ①외상으로는 부표7(※원서에서 인용하고 있지 않으므로 이 책에서도 제시하지 않는다)에서 볼 수 있듯이 좌창(挫創), 타박상, 찰과상 및 오래된 상처가 가장 다수를 점한다. 주로 작업 중에 부상당한 것이 많고, 경미하다고 판단해 방치한 상처에 화농이 생긴 것이 다수로 보인다"고 적혀 있다. 부표7에는 "좌창 162, 타박상 84, 찰과상 41, 오래된 상처(舊創) 114"라고 기록하고 있다. 그러나 이들 외상은 결코 '작업 중에 부상당한 것'이 아니고, 작업 현장 지도원의 린치(사적 형벌, 폭행), 제재, 후려침에 따른 외상이 분명하다. 갱내에서 석탄을 채탄, 굴진, 운반하는 작업에 종사하던 중 '타박상'을 입는 것은 누군가가 때렸기 때문이다. 지도원의 린치와 제재, 후려침을 불문에 부치고 '작업 중에 부상했다'고 새빨간 허위 진단서를 쓴 것은 탄광 회사와 의사가 완전히 '공모'했다는 사실을 보여준다. 이는 날조된 문서다. 부표8(※원서에서 인용하고 있지 않음)에서는 좌창, 타박, 찰과상의 원인을 "버력(硬, ※석탄을 캘 때 나오는 광물 성분이 섞이지 않은 잡돌)에 의한 자 58명, 탄차에 의한 자 26명, 갱목에 의한 자 14명"으로 쓰고, "그 외 5명"이라고 상해 종류를 분류하고 있는데, 이 수치도 그대로 믿을 수는 없다.

(2) '중국인 신체검사 결과(내도(来島)당시)'에서는, "유질병자 중 을A에 속하는 자(합격) 18명"이라고 기재되어 있는데, 실제 명부에는

20명의 성명을 나열하고 있다. 신체검사 결과의 공표는 정확해야 함에도 불구하고, 허술하기 짝이 없는 발표를 한 것이다. 게다가 "오른쪽 어깨뼈(肩胛部)의 관통 총창(銃創)에 의한 오른팔의 기능 장해, 장장의(張長義) 17세, 치유 가능성 없음"이라고 써 있지만, 오른쪽 어깨뼈에 관통 총창을 입은 부상자를 그대로 하시마 탄광에 내도시켰다는 것은 도대체 무엇을 의미하는가. 그것은 ①중국 본토에서 하시마로 이송하는 도중에 총탄에 의해 부상을 입었거나, ②하시마에 내도하여 신체검사를 받기 직전에 총탄에 의해 부상을 입었거나, 둘 중 하나일 것이다. 그렇다면 장장의 씨를 총탄으로 쏜 자는 누구일까. 이러한 의문에 답하는 내용은 '전말서' 안에서는 찾아보기 힘들다. 이는 형사사건조차도 어둠에 묻혔다는 것을 의미하는 게 아닐까. 총탄에 의해 오른쪽 어깨뼈에 관통 총창을 입은 부상자를 '노무자'로서 중국에서 일본으로 보내는 일은 도저히 생각할 수 없다.

(3) 사망진단서(부표9)에 기재되어 있는 15명의 사망자 중 왕옥란(王玉蘭) 씨는 1945년 2월 24일 사망했고, 사망 원인은 '입갱 도중 엘리베이터에서 갱 바닥으로 추락', '질병명 또는 부상 입은 부위 및 정도'는 '두개골 복잡 골절', 치유 경과는 '변사'라고 되어 있다. '사망자 전말서'에는 "휴양 시간에 충분한 수면을 취하지 않고 논 탓에, 엘리베이터 후단에서 졸다가 추락했다"고 쓰여 있다. 또 '사체 검안서'에는 "상처 부위 한 군데. 두개골의 복잡 분쇄 골절. 이마 우측부터 오른쪽 귀 상부를 돌아 뒤통수의 결절부까지 연부(軟部) 열창(裂創)이 있고, 이마뼈 두개골의 오른쪽 반 정도는 분쇄되어, 뼛조각의 일부와 함께 대뇌·소뇌가 거의 전부 튀어 흩어지고 뇌 밑의 뼈가 노출되었다. (중략) 치명상 제1부상으로 인해 즉사한 것으로서, 사후 약 두 시간 경과

한 것으로 보인다"고 적혀 있다. 결국, 왕옥란 씨의 사망 원인은 명확하지 않으며, 엘리베이터와 갱의 높이도 불분명하고 사후에 두 시간이나 방치되었던 이유도 명기하지 않았다. 단순한 추락사인지, 린치에 의한 것인지 등 이 보고서는 매우 불명확한 내용들로 가득하다고 하지 않을 수 없다. (*전기한 원고단장 이경운 씨는 법정에 제출한 진술서에 "왕옥란은 몸이 약하여 보행 속도가 느렸는데, 이에 일본인 감독이 화가 나서 엘리베이터를 타자마자 잔혹하게 걸어차서 추락사시켰다"고 서술하였다)

(4) '사망자 전말서'에 첨부된 '사망진단서', '진단서', '사체검안서' 등은 그때그때 작성한 것을, 1946년 3월에 재정리한 것으로 생각되는데, '그때그때 작성한 원 자료'는 하시마 탄광 병원에 보관되었을 것이다. 그렇다면 1974년 폐광 후에는 이 원 자료들은 어디로 갔을까. 철저한 추적이 필요하다.

중국인이 연행되어 온 이후, 제일 먼저 사망한 장증수(張增壽) 씨(1944년 7월 1일)부터 가장 뒤에 사망한 왕운기(王云起, 1945년 10월 6일) 씨까지 조선인과 중국인 사망자의 총수는 35명이다. 그 가운데 어린이와 전재사(戰災死)한 조선인를 제외하면 29명이 사망했다(『원폭과 조선인』 제4집에 의거한다) 제4집에서는 조선인 노무자의 수는 500명이고, 사망률은 일본인 노무자와 비교해서 비정상적으로 높다고 지적했다. 204명(귀국·전출을 포함)의 중국인 가운데서 같은 시기에 사망한 사람이 조선인과 거의 동수(조선인 14명, 중국인 15명)라는 점은 중국인이 더욱 참혹한 환경에 처해 있었다고 볼 수 있다. 참혹함의 정도를 비교할 수는 없겠지만, 보고서에 쓰인 "일본인과 조선인에 비해 중국인을 우대"했다는 내용은 거짓말이라는 사실을 시사한다.

7. 위압으로 일관한 노무 관리

'전말서'의 '5. 화로의 태도 및 사업장 태도'에는 중국인 노무자에 대한 고압적인 노무관리의 양상이 여실히 나타나 있다. 사상과 행동 면에서 모든 자유를 봉쇄당한 중국인 노무자의 비참한 실태가 엿보인다. 우선, "1. 개황: 화로는 시일이 경과함에 따라 협력적인 태도를 보였고, 사업장 측 또한 화로의 습관 등을 고려하고 정부의 지시를 따라서 이를 지도했다. 따라서 종전 후에도 사고 발생은 전무했다"고 적혀 있다. 또 하시마탄광 사업장의 노무 관리가 얼마나 양호했는지에 대해 자화자찬하고 있다. 그러나 일본의 아시아 침략 전쟁이 격화함에 따라 석탄 증산이라는 국가 명령에 의해 연일 밤낮으로 혹사당하고, 물자 부족으로 인해 의식주 생활의 악화에 내몰렸기 때문에 육체적·정신적으로 피로하고 고달픈 상황에 처했던 중국인 노무자는 탄광 측 직원과 탄광 내 지도자에게 저항할 만한 기력도 나날이 약해진 것일 뿐, 결코 '마음 속으로부터' 탄광 측에 굴종한 것은 아닐 것이다. 그들이 얌전해진 것이 탄광 측의 노무 관리가 온정적이었기 때문이라고 자랑하는 것은 사기에 불과하다.

또 '2. 화로의 태도 (1)개요'에는 "이입 수송 중에는 단지 불안해했다는 것 말고는 달리 어떠했는지 표현할 만한 태도가 없었다. 수용 직후에는 사업 전환을 이유로 입갱을 거부하는 등 다소 불평하는 태도가 있었지만, 그 후 담당 관헌 등의 노력에 의해 안정감을 갖고 증탄에 협력하였다. 종전 후에는 약간 거만한 태도가 있었으나 전반적으로 명랑하였고(이하, 생략)"라고 기술되어 있다. 이 내용들은 역사의 진실과는 거리가 멀다는 것을 쉽게 추측 가능하다. 전 노동자 204명 중 과반수가 파업을 감행한 대사건을 "다소 불평하는 태도가 있었지만"이라고 표현한 것은 사실 은폐에 해당하며, "②그 후 담당 관헌 등의 노력에 의해 안정감을 갖고 증탄에 협력하였다"는 기술도 사실과 다르다. 위압과 압제, 폭력 등으로 억압했을 것이라는 의혹이 오히려 더 합리적이다. 또 "③종전 후에는 약간 거만한 태도가 있었으나"라고 비꼬는 시선으로 일본 패전 당시의 중국인 노무자의 모습을 바라보고 있으나, 승전국 중국의 국민인 그들의 입장에서 보자면, 아시아 침략 전쟁을 강행하고 그 아시아 최대의 국가인 중국의 국민을 '인간 사냥'하여 일본으로 연행하고, 하시마 탄광에서 강제 노동시키고, 패전 후에도 그들에게 사죄하지 않는 일본 정부와 대기업, 미쓰비시 독점 자본, 하시마 탄광의 사원들이야 말로, '우쭐거리며 뽐내는' 오만함 그 자체가 아닐까. 위의 보고서 내용은 사실을 완전히 은폐하고 있으며, 반성은커녕 뻔뻔하게 나오는 태도를 보인다.

더욱이 '3. 배치 상황'에서는 "(4)원래 3개월 정도의 훈련을 실시할 예정으로 훈련 실시에 착수하려던 참에……7월 이후 단시간 갱내를 견학 실습시켰다"고 하지만, 3개월 예정의 훈련에 7월 이후에 단시간의 갱내 견학을 실시했다면, 6월 18일부터 3개월 후는 9월 중순인데 훈련 기간 도중이자 갱내 견학을 했어야 할 7월 22일에 신청애(新淸涯) 씨가 심장마비로 사망했다. 사망자 전말서와 사체 검안서를 살펴보면, 당시 그는 이미 석탄 경적(硬積) 작업에 종사하고 있었던 것이 아닐까. '공상병자조서(부표11)'에 따르면 7월 6일에도 류진국(劉振國) 씨가 오른쪽 얼굴과 양 어깨를 타박당하는 상처를 입었다. 또 '취로의 구체적 성과(부표19)'에는 7월 1일부터 작업에 착수했다고 기재되어 있다. 내용이 서로 모순되는 것으로 보아 허위 보고의 가능성을 엿볼 수 있다.

그리고 '2. 이입 배치 및 송환 사정'에서 "(3)응모자의 소질, (6)이입 당시의 신체검사에 따르면 204명 중 건강한 자 156명"이라고 보고하고 있는데, 나머지 건강하지 않은 사람까지 전부 혹독한 탄광 노동(원래는 조선소로 보낼 예정이었는지 알 수는 없으나), 강제 노동에 종사시킨 '계약에 근거한 고용'이란 도대체 무엇이란 말인가. 설령 이 계약이 중국인 개개인과 체결한 것이 아니라 화북노공협회와 맺은 계약을 가리킨다고 하더라도, 그 안에는 명백한 모순이 존재한다.

결국 이는 중국인 노무자를 데리고 온 것이 강제 연행이었다는 사실의 자기 폭로에 지나지 않는다. 하시마 상륙 시 검진을 해보니 20명(전체의 10%)이 옴, 피부병에 걸려 있었는데, 이것은 연행의 악순환을 보여준다. 게다가 질병자 30명 중 10명이 대단히 중증이었고, 나머지 20명도 치유될 때까지 2, 3주의 기간을 필요로 하는 중증이었다. 또 전치 3개월 이상(3명)이나 치유 가능성이 없다고 진단받은 자, 즉 연행해 가도 노동력으로 사용할 수 없는 자까지 포함되어 있다는 것은 단순히 노동력 확보만을 목적으로 한 연행이 아니었음을 시사한다.

하시마탄갱노동조합이 편집·발행한 『군함도─하시마탄갱 해산기념사(軍艦島─端島炭坑解散記念史)』(1974)에 따르면, 하시마 갱의 직원 수는 1944년 157명(갱원 2,151명), 1945년 163명(갱원 1,436명)인데, 그중 46명이 중국인 노무자 담당 직원이다. 그밖에도 경관 3명(의사나 이송 송환 시의 동행인, 본사 관계자는 제외─관계 직원 명부·부표2)이었다. 즉, 일본인·조선인 노무자 1,968명(2,151명 마이너스 183명)에 대한 담당 직원이 111명(157명 마이너스 46명)이 되므로, 직원 1명이 노무자 18명을 담당하고 있었다는 것이다. 그에 비하여 중국인 노무자 183명에 대하여 담당 직원 46명이라는 것은 노무자 4명 당 담당 직원이 1명이었다는 것이다. 이것은 모든 섬, 모든 회사에서 중국인에 대한 감시와 지배 체제를 취하고 있었음을 시사한다.

8. 항의하고 저항한 중국인은 형무소로

'5. 화로의 태도 및 사업장 태도'의 '2. 화로의 태도 (4)불법행위'에 담긴 내용은 도저히 이해가 되지 않는다. 여기서는 "(1)간부 재선출로 인해 좌천된 것에 불만을 품고 흥분한 나머지 상해를 가한 경우가 있었고, 또 한 건은 내지인 지도원에게 질책 구타당한 것에 원한을 품고 복수하기 위해 상해를 가한 경우다. (2)상해 1건, 상해 치사 1건, (3)일본인 피상해 1명, 화인 피상해자 3명, 피상해 치사 일본인 1명, 현 경찰부, 관헌이 상시 주재하여 항상 불법행위를 방지 단속하고, 좌담회 등을 마련해 의사소통을 기하여 사고 발생을 미연에 방지했다"고 보고했다. 이 내용은 '불법 행위 통계(부표13)' 및 '불법 행위 조(調)(부표 14)'에도 보고되어 있지만, 다음과 같은 점에서 설명이 부적절하고 사건의 진실성도 명확하지 않다. ① "간부 재선출로 인해 좌천된 것에 불만을 품고 흥분한 나머지 상해를 가한 경우"라는 사건은 가해자 서귀상(徐貴祥) 씨의 상해 사건(1944년 8월 6일) 및 가해자 장배림(張培林) 씨의 상해 치사 사건(1944년 9월 20일) 어디에도 해당하지 않는다. "간부 재선출……"의 간부는 대체 누구를 가리키는 것일까. 부표13과 부표14에는 해당자가 존재하지 않는다. 단호하게 부실 기재라고 말하지 않을 수 없다. ②부표14의 범행일 1944년 8월 6일의 상해 사건(가해자 서귀상 씨, 피해자−당시 하시마 탄광에 거주한 세키구치 미쓰오(関口光雄), 장련과(張連科), 양보원(楊寶元), 고수명(高樹明))의 범행 내용은 '정신병에 의한 상해'로 되어 있고, 피해 상황은 '안면 및 두부에 중증'(전부 8월 6일부로 미쓰비시 다카시마 광업소 하시마병원 가와조에 모토히코(川副元彦) 의사의 진단서 첨부)이라고 되어 있다. 이 상한 것은 가해자 서귀상 씨는 '정신병'이라고 진단 받았음에도 불구하고, '병원으로 보내기＝정신병 치료를 위함'이라고는 처리되지 않고, '검거 송국(送局)' 처리되어 '징역 4년'의 형벌을 받았다(일본 패전 후 출옥하여 귀국)는 점이다. '정신병 환자'를 치료하지 않고 형무소에 복역시킨 것은 인권을 무시한 '징벌적 행위'에 다름 아니다. 게다가 ③부표14의 범행일 1944년 9월 20일 상해 치사 사건에 관해서는 가해자 장배림 씨가 '검거 송국' 처분되어, 형무소에 복역하던 중 결핵으로 인해 '옥중 병사'했다고 보고되어 있다. 그러나 장배림 씨를 이러한 '상해 치사' 사건의 가해자로 만들어낸 원인은 '대(對)화로 불법행위 조서(부표18)'에 기재된 바에 따르면, 1944년 8월 6일, 오다지마 타네키치(小田島種吉, 갱내 지도원, 40세, 본적 이와테현(岩手縣) 와가군(和賀郡) 후타코무라아자타카야(二子林字高屋) 52번지)가 중국인 노무자 장배림 씨를 '구타'했지만, '피해 상황 상해 없음', '경찰 또는 사업장의 조치, 처치할 여유 없음'으로 처리되었다. 즉 8월 6일에 갱내 지도원 오다지마 타네키치가 장배림 씨를 구타했고, 9월 20일에는 장배림 씨가 오다지마 타네키치의 등 뒤에서 중상을 입혀 죽음에 이르게 했다는 것이다. 탄광 측의 반성은 전무하고 변명만이 두드러진다.

그러나 이 두 사건을 냉정하게 관찰하면, 8월 6일 오다지마 타네키치가 장배림 씨를 구타했을 때 '상해 없음'이라고 기재된 것에 의문이 든다. 보고서는 "8월 6일 구타 사건에서 오다지마 타네키치는 장배림에게 부상을 입히지 않았는데, 9월 20일 장배림은 오다지마 타네키치에게 중상을 입혀 죽음에 이르게 했다. 무척이나 극악무도한 사람이다"라고 주장하고 있다. 8월 6일 오다지마 타네키치가 장배림 씨를 구타했을 때 사실은 '상해 없음'이 아니라, 상당한 부상을 입혔다고 추정하는 것이 당연한 추리 아닐까(*전술한 원고단장 이경운 씨는 "장배림은 감독에게 두들겨 맞는 일이 일상이 되어 버렸고, 도저히 참을 수 없게 되었을 때 마침 감독한테 맞아서 결국은 폭발하여 그도 곤봉으로 되받아쳤다. 죽일 생각으로 반항한 것은 아니지만 결과적으로는 감독이 죽었다"고 진술했다. 본서 p.106 참조)

그런데 '불법행위조서'에 나타난 두 사건은 전부 사건의 발단이 8월 6일에 일어났다. 그날 중국인 전체에 뭔가 이변이 일어났음을 짐작할 수 있다. 주목되는 점은 7월 한 달 동안 4명이 사망한 사실이다. 1일, 3일, 7일, 23일의 죽음은 부상 원인 '미상'으로 처리되었다.(사망자 조서) 단시간에 이같이 많은 동포가 죽었다면, 중국인 전체는 당연히 동요하였을 것이다. 또 가혹한 노동과 생활에 대한 불만이 폭발한 것으로 생각할 수 있으며, 전술한 입갱 거부 파업에 대한 폭력적 압살이 최대의 동기가 되었을 것으로 추측된다. 더욱이 피해자의 진단서에서 귀상 씨와 관련된 내용은 있는데, 장배림 씨와 관련된 사항은 아무것도 존재하지 않는 까닭은 무엇인가.(특히, 오다지마의 사체검안서에는 장배림 씨에 관련된 기록이 없다)

장배림 씨의 죽음이 옥중 폐결핵으로 인한 병사로 처리된 점도 수상하다. 9월 20일에 힘이 억센 갱내 지도원(오다지마)을 때려죽일 정도의 인간이 5일 후에 투옥되고, 아무리 폐결핵이라 해도 그로 인해 투옥 후 75일(3개월 미만)만에 사망했다고 하기에는, 그 죽음은 너무나도 빠르기 때문이다. 당시에도 폐결핵이라고 해서 2개월 정도 만에 죽는 일은 드물었다.(*장배림 씨의 사망 연월일은 '사망자 조서'에서는 1944년 12월 1일, '개인별 노(勞) 경과 조사표(※부표4)'에서는 동년 12월 10일, 그리고 나가사키 형무소의 증명서에서는 동년 12월 20일로 제각각이다. 여기서도 회사 측의 무신경한 태도가 드러난다)

'전말서'의 '3.수용 시설 및 관계 사정' 중 '1. 개황'에는 "일부 일본인과 조선인보다 약간 우대할 정도였고, 화로에 대한 학대 등의 사실은 전무하다"는 보고는 완전히 사실에 반하는 내용이다. 따라서 '5. 화로의 태도 및 사업장의 태도' 중, "3. 사업장 측의 태도 (1)개요: 화로 취급에 대하여는 현의 지시대로 이행했고, 특히 현으로부터 경찰관(3명 내지 2명)이 상주하고. 화로 수용 후 5개월간에 걸쳐 수차례(그 후 적절히 개최) 관계 담당자 및 노무자의 회합을 열어, 혹사와 학대 등이 없도록 주의함으로써 사건의 발생을 보지 못했다"는 보고 역시 실정을 완전히 무시한 것으로서, 이는 '보고서용 작문'에 불과하다. 이 '수용 시설 및 관계 사정'은 허구이며, 그것의 파탄을 드러내는 자료가 바로 '질병 통계(부표7)'이다. 이 통계를 통해 15개월 사이에 1명 당 6번이나 병원에서 진찰을 받아야 할 정도의 생활·노동 환경이란 얼마나 악질적이며 참혹한 노동이었는지를 쉽게 추측할 수 있게 하기 때문이다.

9. 중국인 희생자의 '잔골(殘骨)'은 어디로

1953년 10월 9일부 '화인 노무자에 관한 조(調)'(미쓰비시다카시마광업소 하시마 갱 작성)에는 "1944년 6월 18일, 중국인 노무자(연행자) 204명을 동 탄광에 받아들여, 1945년 11월 19일, 183명 귀환, 유골 14구를 가지고 갔다"는 보고가 있다. 그 내용에 관하여 다음과 같은 의문점이 있다.

(1) "중도 전출자 2명, 경찰서의 지시에 따른 작업장 전환으로 홋카이도 전출(경찰관 동행(付添), 행선지 불명)"에 관해, 전출 명령을 내린 관공청과 책임자명, 동행한 경찰관의 관할서와 관직명, 홋카이도의 탄광명이 전혀 기재되어 있지 않다. 사실을 제대로 기술한 보고서로 볼 수가 없다. 이 2명은 1946년 3월부 '화인노무자조사보고서'(미쓰비시

다카시마 광업소 하시마갱 작성)의 '개인별 노 경과조사표(부표4)'에 의하면, 진방해(陳邦海, 27세), 승의용(勝義勇, 29세)이다. 위의 2명만이 '선출'된 이유는 무엇일까. 그때 '기탁금'은 어떻게 처리되었을가. 또 '홋카이도 이키자키구미사업소(池崎組事業所)'란 도대체 어떠한 곳인 가. 이러한 사항에 관한 설명이 전혀 없는 것은 이해할 수가 없다.

더욱이 '화인노무자에 관한 조(調)'에는 '도중 귀국자 5명'(1945년 3월 27일)의 기록도 있으나, 성명은 기재되어 있지 않다. 1946년 3월의 '화인노무자조사보고서'의 '개인별 노 경과조사표(부표4)'에는 중도 귀국자가 '장문서(張文書, 26세), 염릉현(閻凌賢, 27세), 고수명(高樹明, 51세), 왕수해(王樹海, 23세)' 4명만이 기재되어 있는데, 동 보고서의 '화인노무자 취로전말서'에서는 '2. 이입배치 및 송환사정' 항에서 '귀국자 5명'이라고 기재하고 있다. 도중 귀국자가 5명이라면, 나머지 1명은 누구인가. 아니면 실제로는 4명인데 5명이라고 기재한 것인가. '기탁금 표'에서는 송환으로 전기(前記)한 4명 외에 '서수관(徐秀寬, 35세)'이 기재되어 있다. 이런 식으로 보고서 안에서도 각 부분이 정합성이 맞지 않는다. 또 "질병으로 인하여 본적지로 송환하였다.(경찰의 지시 및 알선에 의해 시모노세키(下関)까지 담당 동행 인솔 관헌에게 인계)"는 설명은 보고서의 양식을 갖추고 있지 않다. 질병 때문이라면 의사의 진단서, 시모노세키까지 함께 간 경찰관의 관직, 성명, 인수(人數)를 기록해야 하고, 사상범으로 단정한다면 그 근거 등을 상세히 기록해야 한다. 이를 일체 생략한 까닭은 무엇인가. 사실을 있는 그대로 설명하는 것이라면 그 근거도 상세히 기록해야 하는데, 그 점이 생략되었다는 것은 이 보고 내용이 사실을 설명한 것이 아니라는 추정을 가능케 한다.

(2) 나가사키 형무소에 복역 중 사망한 장배림 씨의 유골에 대해 탄광 측이 지시한 내용을 보면, 사망자의 유골 취급에 대한 탄광 측의 성의를 전혀 인정할 수 없다. 이 보고서에 의하면 "장배림 씨는 이사하야(諫早) 형무소(*이사하야는 그 소재지이고, 올바른 명칭은 나가사키 형무소다)에서 1944년 12월 1일, 폐결핵으로 사망했다. 사망 당시 유골 인수를 위해 와타나베(渡辺) 순사부장(당시 하시마 주재)을 형무소에 파견하였는데, 동 소(同所)에서 처리하겠다는 취지의 회답을 접했다"고 한다. 나가사키대학 의학부장이 1953년 12월 2일부로 미쓰비시 광업소에 발송한 '유골의 처리에 관해서'라는 문서(나가사키대학 의학부 회의 제1531호)에는 "1944년 나가사키 형무소 측이 본 학교에 해부 의학을 의뢰한 장배림의 유골은 해부를 실시한 후에는 나가사키시 젠자마치(錢座町) 쇼토쿠지(聖德寺)에 공양하기 위해 안치하였는데, 1945년 8월 9일의 원폭으로 인해 쇼토쿠지와 함께 소실되었다"는 기록이 있다. 이 경우, 형무소에서 사망한 장배림 씨의 시체를 해부하기 위해서 나가사키 대학 의학부에 기증 신청한 것은 나가사키 형무소라고 생각할 수 있는데, 하시마 탄광과 동 형무소의 연락이 불충분했다는 것이 판명되고 있다. 무책임의 체제가 선명하게 드러나고 있지 않은가. 물론 나가사키 형무소에서는 "사체는 감옥법 제75조 동법 시행 규칙 제179조 '수형자의 사체는 명령이 정하는 대로 해부를 위해 병원, 학교 또는 그 외의 공무소에 이를 송부할 수가 있다'에 의거해, 1944년 12월 21일 나가사키 의과대학 병원으로 송부했다"는 증명서를 발행했다.

그러나 해부하고 화장하여 유골이 된 장배림 씨의 유해는 본래 하시마광으로 가지고 와서 센푸쿠지(泉福寺)에 안치해야 함에도 불구하고, 쇼토쿠지에 맡겨서 흩어져 없어지게 한 것은 탄광 측의 '과실'이다. 게다가 장배림 씨의 유골 처리에 관해서는 당초부터 하시마 탄광 측에 기본적인 방침이 없었기 때문에 "14구 송환 때 이와 함께 (장배림 씨의 유골도) 송환해야 하기 때문에 동 형무소에 문의하니, 담당 공무원이 이동하였고 전쟁으로 인한 재화를 만나 불명하게 되어서 부득이하게 14구만 송환시켰다"고 보고했다. 이로 인해 '화인 노무자에 관한 조'의 마지막 장(10. 기타)에서 "사망자 15명 중 장배림은 전기한 대로 이사하야 형무소 복역 중 사망하였기 때문에 당초부터 이쪽에 유골 없음"이라고 앞의 보고와는 전혀 부합하지 않는 내용을 늘어놓고 있는 것이다. 중국인에 대한 인권 유린의 실태를 보여주는 보고이다.

(3) 앞에서 언급한 바와 같이 8. (수용자 명부 및 출신지)에는 "명부 없음"이라고 되어 있고, 또 10.(기타)의 후반에는 "다른 14구의 유골은 귀환자가 출발할 때, 명부 및 그 외 관련 유품과 함께 통역 서장경에게 맡겨 송환하였는데, 그때 유골을 전부 가지고 돌아가지 않았기 때문에 일부 잔골(殘骨)이 남아 있어 정중히 안치하고 있다. 단 명부와 기타 관련 서류가 부재하여, 성명 이외에는 출신지도 소상하지 않다"고 쓰여 있다. 마음 깊은 곳으로부터 솟아오르는 분노 없이는 읽을 수가 없는 내용이다.

실제로 '출신지'와 '직업' 등 상세한 내부 자료가 발견되었으니, 그것이 1953년 당시 하시마 탄광에 존재하지 않았을 리가 없다. 만약 '분실'(도저히 생각할 수 없는 일이지만)했다고 해도, 외무성에 문의를 한다면 쉽게 판명할 수 있었을 것이다. 그럼에도 불구하고 그러한 책임을 태만히 하고 아주 간단히 "명부 없음"이라든가, "성명 이외에는 출신지도 소상하지 않다"고 기술하는 것은 중국인 노무자를 혹사·학대해 온 하시마 탄광 측에 한 조각의 양심마저 존재하지 않음을 여실히 보여준다.

또 이와 관련하여 생각할 수 있는 것은, 하시마 탄광을 정리하고 그 뒤를 이은 회사인 미쓰비시 머티리얼 주식회사 측에 본회가 재삼 '하시마 탄광 조선인 노무자 명부'를 공개하도록 요구해도, "해당 명부는 1974년 하시마 탄광 폐갱 시 다카시마 탄광사무소로 이송하여 보관하였으나 두 번의 화재로 소실되었다"는 변명도 될 수 없는 '해명'을 반복할 뿐, 절대로 명부를 공표하지 않는 미쓰비시 자본의 무책임과 반성 없는 태도이다. 하시마 탄광의 조선인 노무자 명부는 '미쓰비시 자본'이 몰래 감춘 것이고, '소실'은 은폐를 위한 구실이라고 밖에는 생각할 수 없다. 또는 증거를 은폐하기 위해 고의로 소각했거나 어느 한쪽이라고 확신한다. 여기에는 기만과 무책임이 가득 차 있다.

① 유골의 잔골을 마치 폐기물처럼 취급하고 있는데, 이는 전형적인 인권 무시다.

"일부 잔골이 있어 정중히 안치하고 있다"라고 하는데, 아마도 센푸쿠지에 안치했을 것이라고 생각된다. 중국인 노무자가 전원 귀환한 것이 1945년 11월 19일이고, 그때부터 이 보고서를 작성한 1953년 10월 9일까지 태연하게 그 잔골을 센푸쿠지에 '방치'한 채 본국으로 보내지 않은 이유는 무엇인가. 그 8년 사이에 '명부 및 관련서류'를 분실해버린 책임은 도대체 누가 질 것인가. 분실 사유도 조사하지 않고 누구도 서류 분실과 유골 방치의 책임을 지지 않는 하시마 탄광의 직원에게는 인간성이 있는 것인가. 본국에 있는 유족의 심정을 이해하려고 노력한 적은 있는가. 이들의 소행은 천인공노할 '범죄'이다. "명부 및 기타 관련서류가 없기 때문"이라는 것은 새빨간 거짓말이다. '화인 노무자에 관한 조'(1953년 10월 9일부)를 작성했을 때는 1946년 3월의

'보고서'를 표준으로 했음이 분명하므로 원 자료가 반드시 존재할 것이다.

② 1974년 1월, 하시마 탄광이 폐광되고, 3월말에 하시마가 무인도가 되었을 때, 이들 잔골은 도대체 어디로 옮겨지고 어디에 안치되었을까. 지금이라도 잔골을 본국의 유족에게 송환하지 않는다면, 미쓰비시 하시마 탄광이 범한 죄악은 영원토록 계속해서 단죄받아야 할 것이다. 이 보고서는 그저 한 기업의 무책임함을 보여주는 데 그치지 않으며, 범죄를 드러내고 있다.

③ 이들 무책임한 보고서 내용 중 또 하나의 큰 의문점이 있다. 과연 14명의 유골은 확실하게 유족에게 보냈는가 하는 점이다. 왜냐하면 1925년부터 1945년까지 하시마 탄광에서 사망한 조선인 노무자와 그 가족의 유골 123명 중 6명을 제외한 모든 유골이 한국의 유족 품으로 송환되지 않고, 사망 통지조차 보내지 않은 사실이 판명되었기 때문이다.(현재, 유족들은 '하시마 한국인 희생자 유족회'를 결성하여 미쓰비시에 유골 반환 요구 운동을 전개하고 있고, 본회도 이를 지원하고 있다) 조선인의 유골은 방치해 두면서, 중국인의 유골만은 정중하게 보냈다는 설명은 아무래도 믿을 수가 없다.

10. 미쓰비시 석탄 광업에게 버려진 정체불명의 '공로자?' 서장경

'사외 직원, 화로 지도 파견원, 서장경 씨'는 '전말서'(부표2)에 의하면, 본적은 산동성(山東省) 영현(寧縣) 성문대가(城門大街), 화북노공협회의 직원으로 하시마 탄광 내의 '화로 지도원 주재소'에 근무했고, 연령은 23세, 직무는 '통역'이었다. 그는 1944년 6월 18일, 화북노공협회 직원 하야마 미노루(葉山実)와 함께 새 임무를 맡고(하야마 미노루는 동년 10월 30일 퇴임) 1945년 11월 19일까지, 즉 중국인 노동자의 귀환일까지 이 섬에 근무하다가 중국인 노동자와 함께 중국으로 귀환한 것으로 되어 있다. 그러나 중국인 노무자 명부에는 각 사람의 연령, 출신지, 직업, 급여 등이 기재되어 있지만, 서장경 씨는 '관계자 명부(부표2)'에 '직함'이 기재되어 있기는 하나 연령, 출신지, 과거 직업, 급여 사항이 전혀 명확하지 않다. '기탁금표'의 가장 끝에 본적과 연령이 기재되어 있는 데 불과하다. 하시마 탄광 측과 중국인 노동자들의 중간에 서서 중요한 '통역' 직무를 수행한 서장경 씨에 대하여 하시마 탄광이 어떻게 처우했고, 귀환할 때는 어떻게 그 공로를 치하했는지 등에 관해 보고서는 일체 언급하고 있지 않다. 그 이유는 무엇일까. 통역이라도 그 역시 중국인이므로, 냉대해도 당연하다고 생각했던 것일까. 만일 그러하다면, 하시마 탄광은 중대한 범죄를 저지른 것이다. 귀환 시, 서장경 씨에게 중국인 희생자의 유골을 맡겼기 때문에, 하시마 탄광은 유골 송환 작업에 여러 명의 직원을 파견하여 서 씨를 원조해야 한다. 그런데 이를 태만히 하고 서 씨에게 무거운 책임을 떠넘긴 것이다.

중국인 노무자가 하시마 탄광에서 강제 노동을 했던 15개월간 중요한 직무를 수행한 서 씨의 공적은 크지만, 그 '정체'는 불명하다. 다만 서장경 씨에 관하여 '기탁금표'에서는 2,980엔이라는 최고 금액이 기입되어 있는데, 총대장으로서 받은 급여인지 통역으로서 받은 것인지는 확실하지 않다. 서 씨는 단순히 중국인 노무자의 통역이 아니라, 감독자의 편에 서서 일하고 있던 것은 확실하다.

(그 외의 1인 평균액은 895엔이고, 이하의 10명이 소위 간부 대우를 받았다고 생각된다)

서장경(徐長庚, 23세)	산동성(山東省) 영현(寧縣) 성문대가(城門大街)	2,980엔(전직: 기재 없음)
정자유(鄭自由, 23세)	하북성(河北省) 호록현(護鹿縣) 석문(石門)	2,630엔(전직: 보안대)
조건장(曹建章, 22세)	하북성(河北省) 심현(深縣) 양가장(梁家莊)	2,600엔(전직: 농업)
왕문원(王文元, 24세)	하북성(河北省) 창현(滄縣) 하서백가구촌(河西白家口村)	1,960엔(전직: 보안대)
진요증(陳耀增, 28세)	하북성(河北省) 심현(深縣) 진관둔(陳官屯)	1,720엔(전직: 보안대)
장옥청(張玉淸, 22세)	하북성(河北省) 염산현(塩山縣) 마가법촌(馬家法村)	1,670엔(전직: 농업)
장경림(張慶林, 26세)	하북성(河北省) 심현(深縣) 북소가문도(北小街門棹)	1,660엔(전직: 목수)
재봉명(齎鳳鳴, 30세)	산동성(山東省) 장청현(長淸縣) 주가장(朱家莊)	1,662엔(전직: 농업·음식점)
후전승(候伝升, 36세)	산동성(山東省) 덕현(德縣) 염장구가(塩庄口街)	1,610엔(전직: 순사)
조진동(趙振東, 32세)	산동성(山東省) 태안현(泰安縣) 삼양장(三陽莊)	1,570엔(전직: 잡화상)

일본의 패전 때부터 귀환까지 중국인의 상태에 대해 '보고서'는 다음과 같이 말한다. "종전 후에는 약간 거만한 태도가 있었으나 전반적으로 명랑했고, 일부에서는 잔류를 희망하는 자도 있었으며, 일반적으로 그리운 조국으로의 귀국을 즐거워하는 상태이다" 또는 "종전 후에 분쟁 없음"(부표20)이라고 쓰고 있다. 전술한 바와 같이, 이것은 탄광 측이 중국인에 대하여 조금이라도 인간으로서 정당한 대우를 했기 때문이거나, 다른 광산들과는 달랐기 때문에 "분쟁 없음"이라고 기록할 수 있었던 것이 아니라는 점을 쉽게 미루어 짐작할 수 있다. 그렇다면 실태는 어떠했는가.

하시마가 다른 광산과 다른 점은 절해에 떠있는 인공섬이기 때문에 세상으로부터 격리된 감옥과 같은 공간이라는 점이다. 전시 중 경찰과 탄광 직원의 박해, 강제 노동이 참혹해도 이국땅인데다 절해의 고도에서 탈출하는 것은 불가능했다. 반항은 곧 무자비한 폭행으로 제압되었기 때문이다. 패전으로 중국인과 일본인의 입장은 일시에 역전된 것처럼 보이지만, 하시마에서는 고립된 감옥이라는 상태는 변하지 않았다. 중국인 노무자에게는 무엇보다도 하시마를 탈출하는 것이 선결 문제였던 것이다. 일본인의 박해에 대한 정당한 '보복'과 미불 임금을 요구하는 것보다 일단 하시마에서 벗어나는 것을 우선시한 것뿐이다. 여기서 문제가 되는 것은 "일부에서는 잔류를 희망하는 자도 있었다"는 기술이다. 만약 그러한 자가 존재했다면 도대체 어떤 사람들이었을까. 망향의 마음보다 하시마에 머무는 쪽을 희망하는 사람이란 '귀국하면 곧 궁지에 몰릴 사람'이었을 것이다. 그것은 중국인이면서도 경찰과 탄광 측의 강요에 의한 것이었다 할지라도 동포인 중국인을 감독·감시한 자들로 볼 수 있다. 하지만 실제로 잔류를 희망한 사람이 존재했을까. 어쩌면 미쓰비시가 '중국인에게 온정적으로 대우했다'고 변명하기 위한 서술은 아닐까.

탄광 측은 중국인 전체를 네 그룹으로 나누고, 그 외 취사를 하는 사람을 약간 두었다고 보고서에 기재되어 있다. 즉, 총대장을 두고, 그 밑에 9명의 정부(正副) 중대장을 두고, 중국인 전체를 분할하여 간접적으로 지배하는 형태를 취하고 있었다는 의미다. 탄광은 총대장과 중대장을 우대하며 다른 중국인을 감시하게 하거나 분쟁으로 발전하는 것을 미연에 막으려고 했던 것이다.

그때 탄광 측에 '협력한 자는 누구인가?'라고 했을 때, 서장경 씨가 가장 두드러진 존재였다고 추측되는데, 패전으로 인해 '쓸모없는 존재'

가 되니, 미쓰비시 광업 하시마 탄광의 입장에서는 간단히 잘라버렸던 것이다. 서장경이란 인물의 정체는 너무나 불분명하지만, 일본 제국주의의 항복, 중국 혁명의 태풍 속에서 어떤 운명에 처했을까.

11. 끝까지 책임을 회피하는 미쓰비시

1945년 8월 15일부터 동년 11월 19일까지 약 3개월간의 하시마 탄광 중국인 노무자에 대한 처우에 관해 납득하기 어려운 점이 많다. 탄광 측이 그들에게 '성의 있는 대응'을 했다고는 생각하기 어렵다.

(1) '전말서' 중 '5. 화로의 태도 및 사업장의 태도 (5)종전 후의 분쟁 사건'에는 "(1)종전과 동시에 일을 정지했다"고 보고되어 있는데, "(2) 가동 정지 지령 8월 24일(낙도이기 때문에 지연되다), 가동 정지 8월 24일(8월 1일부터 전재로 인하여 작업 불능 상태가 되었기 때문에 가동 정지했다)"라고도 기재되어 있다. 이 둘은 모순이다. "8월 15일에 일을 정지"했음에도 불구하고, 하시마가 낙도라는 이유로 가동 정지 지령(동경 본사의 지령인지, 다카시마 광업소의 지령인지는 불분명하다)이 지연되어 8월 24일에서야 도달했기 때문에 8월 24일에 가동을 정지했다니, 이는 지극히 모순이다. '일 정지'와 '가동 정지' 사이의 9일 간은 실제로 이미 '가동 정지' 상태였는데, 새삼스레 구별하여 24일에 가동 정지했다고 기술하는 것은 '공식적'이긴 하지만, '사실을 무시한' 기술이라고 할 수 있다. 또 "1945년 7월 31일, 8월 1일의 공습으로 발전소가 파괴되어 갱내 작업이 정지되었다"고 되어있는데, 갱내 작업은 정지되었다 해도 그 외의 작업ー석탄 출하나 복구 작업 등은 어떻게 된 것인가. 모든 노동을 정지했을 리가 없다고 생각되므로, 위의 내용

은 사실 보고가 아니라 단정할 수 있다.

(2) '전말서'의 '1. 사업장 및 관계자 4. 송환 상황'에는 "송환 183명(지도원 1명 포함), 송환 도중(사세보(佐世保)수용소에서 미국 진주군에 인도) 사고 발생을 인정하지 않았다", "회사 배로 승선지인 사세보 수용소까지 담당자 1명이 동행하여 수송에 임하고 수용소에서 미 진주군에 인도하였다. 그 후의 상황은 알 수 없다"고 기재되어 있다. 여기서는 다음과 같은 의문이 든다.

① 우선 183명이라는 숫자에 불투명한 부분이 있다.
'전말서'(부표3)에서는 중국인 피연행자 총 204명 중 전출 12명, 도중 귀국 5명, 사망 15명, 소계 22명을 뺀 182명에, 지도원 1명을 더한 183명을 송환했다고 했는데, '개인별 노 경과조사표'에는 도중 귀국자는 4명만 기재되어 있고, 투옥되었다가 전후에 출옥한 서귀상 씨가 함께 귀국한 것으로 되어 있다. 한편, '송환기탁표'에는 도중 송환자가 5명(서수관(徐秀寬) 씨가 추가됨)이라고 기재되어 있다. 도중 귀국자는 4명인데, 전후에 일괄 송환시 서귀상 씨도 그 행렬에 포함돼 동시 귀국했다는 것인지, 그렇지 않으면 서귀상 씨를 포함한 5명이 도중 귀국했고, 서귀상 씨는 별도로 귀국했다는 것인지가 불분명하다. 둘 중 어느 쪽에도 해당하지 않는다면, 183명 송환이라는 숫자는 성립하지 않기 때문에 182명이었을 가능성도 남는다. 결국 이것은 불명 상태이며, '전말서'나 '조사표' 둘 중 하나는 허위와 날림의 극치를 보여주는 보고이다. 더욱이 서귀상 씨만 '송환기탁금표'에 이름이 없고, '전말서'의 '부표14'에 '출옥 · 귀국'으로 되어 있을 뿐, 출옥 후(1945년 9월 3일)부터 귀국까지의 경위에 관해서는 일체의 언급이 없는 점도 이해하기 어렵다.

(9. 중국인 희생자의 잔골은 어디에를 참조)

② 귀국하는 중국인 노무자 183명 중 1명은 '지도원'이라고 기재되어 있는데, 그는 당연히 중국인이겠지만 이름을 명기하지 않은 이유는 무엇인가? 또 귀환자들이 자주적으로 선출한 대표(반장)가 아니라 '지도원'이라고 칭한 까닭은 무엇일까?

③ 송환에 사용한 회사 배의 선명, 톤 수, 정원수, 통상의 항로와 용도 등을 명기하지 않은 이유는 무엇인가?

④ 사세보 수용소에서 "진주군에 인도하였다. 그 이후의 상황은 알수 없다"고 했는데, 외지에서 돌아온 자국민을 받아들이는 '부두 선창'이나 '불법입국자수용소(하리오지마(針尾島))'가 아니므로, 사세보 수용소의 소재지, 규모 등도 보고해야 마땅하다. 그런데 "진주군에 인도하였기 때문에, 그 이후의 상황은 알 수 없다"는 것은 너무나 무책임하다. 당연히 진주군 부대명, 지휘관명, 승선(승정) 예정인 배의 이름, 톤 수, 행선지 등을 기술해야 한다. 사세보까지 데리고 가는 걸로 내할 일은 끝났으니, 그 뒤의 일은 알 바 아니라는 식의 태도는 매우 무책임하다.

⑤ '(2) 송환 시 급여 상황'에는 "급여는 내무성령에 근거해 지급한다"고 되어 있고, '화인노무자 송환기탁금표 미쓰비시 다카시마 광업소 하시마탄갱'이라는 보고서에는 204명의 '기탁금액'이 기재되어 있다.(*서귀상 씨만 제외되어 있다) 정부가 미불임금을 부담하지 않은 한, 기업, 특히 미쓰비시, 미쓰이(三井), 스미토모(住友)라는 악질적 대기업이

중국인 노무자의 본국 송환 시 이 금액을 지불했으리라고는 도저히 생각할 수 없다.

그것은 나가사키현 피폭2세 교직원 회·히라노 노부토(平野伸人) 씨의 다음과 같은 증언으로도 명확하다. "나는 1992년 6월 22일부터 7월 2일에 걸쳐 중국 하북성을 방문하여, 나가사키현 사키토 탄광(미쓰비시) 및 시카마치(鹿町)탄광(닛데츠(日鉄))에서 일했던 중국인 노무자 원폭 희생자의 유족과 생존자를 찾았다. 계옥림(桂玉林), 조오십(趙五十), 조준자(趙俊子) (이상, 생존자) 및 우수련(牛秀連, 유족으로 고 오복유(吳福有) 씨의 아내) 씨를 만날 수가 있었는데, 그들은 "한 사람도 임금을 지급받지 못 했다"고 단언하였고, 시카마치 탄광의 보고서에는 영수증이 몇 통이나 있다고 적혀 있다는데, 전혀 신뢰할 수 없는 이야기다"라고 말했다.

본 회도 가까운 시일에 중국을 방문하여 하시마 탄광의 생존자를 탐방하고, 하시마 탄광에서의 처우·작업·급여 등에 관해 철저한 조사를 하려고 결심을 굳히고 있다. 이때 미쓰비시의 거짓말과 진실의 은폐가 일거에 명확히 드러날 것이라고 단언한다. 결론적으로 말하면, 앞에서 언급한 문서류에 첨부된 지문이 찍힌 영수증의 신빙성에 관해서는 결단코 신뢰할 수 없다.

12. 포로 조약 이하의 노예 노동

중국인 노동자는 형식적으로는 '화북노공협회'와의 계약에 근거한 노동에 종사한 것으로 되어 있지만, 민간에서는 그들을 '포로'로 보는 시각이 널리 유포되어 있었다. 이는 일본군이 중국인 전원을 적으로 간주하고 전투 및 인간 사냥을 했기 때문이다. 일본 정부도 대외적으로는 그들을 '화인 노무자'라고 표명하면서도 실질적으로는 포로로 간주하여 학대하고 있었기 때문에, 그 본뜻이 자연스럽게 민간에 받아들여진 데 불과하다. 즉, 일본 정부는 포로에 대한 그들의 편견이 어떠했는가에 상관없이, 강제 연행한 중국인을 국제법상의 포로로서 대우할 의무가 있었다. 이 굴절된 상황은 한편으로는 '포로'로 간주된 중국인이 국제법상의 포로 신분에는 해당하지 않는다는 것을 나타낸다. 하시마 탄광의 경우도 굳이 말한다면 연행 시의 직업이 '보안대'였던 17명(8.3%, '개인별 노(勞) 경과조사표'에 따름)이 국제법상의 포로에 해당하지만, 중국인 피연행자 중 군인이나 병사는 한 사람도 없고, 17명 중 전직이 보안대였던 사람도 3명에 불과하다. 중국인 노동자는 전직이 농업인 8명을 비롯하여, 잡화상이나 일용노동자였으므로 엄밀한 의미에서의 포로는 극히 소수였다고 하지 않을 수 없다. 이는 '보안대' 자체가 중일전쟁의 격화 속에서 자경단(自警団)의 성격으로서 조직되고 확대되었음을 나타냄과 동시에, 피연행자의 중심이 보안대가 아니었다는 사실까지도 증명한다. 하시마 탄광 연행 실태를 살펴보면, 농업 119명(58.3%), 상인 34명(16.7%), 직인 12명(5.9%), 기타 22명(10.8%, 점원, 사무원, 공무원, 교원, 의사 등)이다. 농민이 과반수를 점하며, 다양한 직업의 사람들이 무차별적으로 납치·연행된 것을 간과해서는 안 된다.

　포로에 대한 강제 노동이 국제법 위반이라는 점은 말할 필요도 없다. 그래서 일본 정부는 형식적으로는 이들을 '포로'라고 하지 않고 '화인 노무자'로 불렀을 것이라 생각되는데, 포로의 생명과 안전에 관한 최소한의 보장이라고 할 수 있는 '제네바 조약'도 지키지 않고, 전원에게 노예노동을 강제한 실태에 주목할 필요가 있다. 소수라고는 하지만 포로 또는 그에 가까운 사람들이 포함되어 있었는지의 여부에는 관계없이, 제네바 조약의 최소한의 인권 보장이라는 관점에 비추어 하시마의 노동 실태의 문제점을 지적해 두고자 한다.

1929년 7월 27일, 제1차 세계대전 후 10년이 지나 '군지 군대에서의 부상자 및 환자의 상태 개선에 관한 제네바조약'이 성립되었고, 일본 정부도 이에 조인, 비준하였다. 그러나 이와 동시에 정해진 제3제네바 조약 '포로의 대우에 관한 조약'에 대해서는 조인은 했으나 비준하지 않았다.

제1차 대전에서는 포로가 많았고, 그 관리는 각국 정부 각각의 권한 아래 있었다. 그러나 국제 협력을 통해 개선해야 할 많은 요인을 가지고 있었기 때문에 '육전', '해전'에 이어서, 포로의 분야까지 확대하여 조약을 만들게 된 것이다.

즉, 이 '포로의 대우에 관한 조약'은 원래 1907년의 헤이그 제4조약에 붙어있는 부속서 '육전의 법규, 포로' 중 '포로에 관한 17개조'에서 나온 것이다. 이 17개조는 적군을 포로로 삼게 된 경우에 국가가 지는 의무와 포로의 권리를 규정한 것인데, 일본이 여기에 비준하지 않았던 이유는 포로에 대한 군부의 강한 편견 때문이다.

(그 후 제2차 세계대전이 격화되자, 마침내 포로에 대한 대우가 인도적인 문제로서 국가 간에 거론되었고, 적십자국제위원회도 이 조약을 보급하고 철저하게 기할 필요성을 통감하여, 아직 비준하지 않은 11개국에 대해서도 주의를 촉구하게 되었다. 일본에 대해서는 1940년 8월 6일 외무대신 앞으로, 8월 21일에는 일본 적십자사 사장 앞으로 포로 조약의 비준을 권고했다. 그러나 일본 정부는 "포로 조약의 취지는 잘 알겠지만, 일본은 타국과 국정(国情)이 다르기 때문에 포로 조

약에 참가할 필요는 없다"고 회답하며 결국 비준하지 않았다)

실제, '포로의 대우에 관한 조약'(1929년 7월 27일)에 명기되어 있는 다음의 조항은 하시마에서 강제 노동 당했던 중국인 '포로'(굳이 말한 다면 연행 시 '보안대' 사람들)에게도 일체 적용하지 않고, 그 외의 사람들도 그들과 구별되지 않았다. 즉, 비인도적인 처우—폭력과 협박에 의한 노동의 강요, 열악한 거주 상태, 비위생적 환경, 불충분한 식량과 의료, 초과 노동 시간과 무휴, 한센병에 걸렸을 때의 방치 등—에 내던져 놓았던 것이다. 그것은 조약의 비준 유무에 관계없이 최소한의 인권 보장으로서의 국제법에 반하는 것으로서, 일본 정부와 미쓰비시 광업에 그 책임을 철저하게 물어야 한다.

제2조
(전략) 포로는 항상 박애정신으로서 대우해야 하고, 폭행, 모욕 및 공중의 호기심에서 특히 보호되어야 한다.

제3조
포로는 그 인격 및 명예를 존중받을 권리를 가진다. (중략) 포로는 그 사권(私権, ※사법상 인정되는 권리)의 완전한 향유 능력을 보유한다.

제4조
포로 포획국은 포로를 급양(給養)할 의무를 가진다. (후략)

제8조
(전략) 모든 포로는 가능한 한 신속히 제36조 및 이하에 규정하는 조건 하에 스스로 가족과 통신할 수 있어야 한다.

제10조
포로는 위생 보건이 가능한 한 보장되는 건물 또는 가건물 내에 숙박시켜야 한다. 해당 숙박소는 습기를 완전히 피하고, 필요한 만큼의 보온과 조명을 갖추고, 화재 위험에 대한 일체의 예방법을 구비해야 한다. 침실은 포획국의 보충 부대와 동일한 조건이어야 한다.

제11조

포로의 식량은 그 양과 질에서 보충 부대의 것과 동일해야 한다. (후략)

제12조

피복, 속옷 및 신발은 포획국이 포로에게 지급해야 한다. 이러한 용품의 교환과 수리는 규칙적으로 이루어져야 한다. 전기한 자 외의 노동자는 노동의 성질상 필요한 경우에는 어디서든 노동복을 지급받아야 한다.

제13조

교전자는 수용소의 청결 및 위생을 확보하는 한편, 전염병 예방을 위해 필요한 일체의 위생적 조치를 취할 의무를 지닌다.

제14조

각 수용소는 의무실을 갖추고 포로가 필요로 할 때, 필요한 모든 처방을 받을 수 있다. (후략)

제20조

일체의 규칙, 명령, 통고 및 공고는 포로가 이해할 수 있는 언어로 통지해야 한다. (후략)

제28조

포획국은 개인을 위하여 일하는 포로의 급양, 도시락, 봉급 및 임금의 지불에 관하여 모든 책임을 져야 한다.

제29조

포로는 어떤 사람이라도 육체적으로 부적당한 노동에 사역되는 일이 없어야 한다.

제30조

포로의 일회 노동 시간은 과도해서는 안 되며, 어떠한 경우라도 해당 지방에서 동일 노동에 종사하는 민간 노동자에게 인정되는 노동 시간을 초과해서는 안 된다. 각 포로에 대하여 매주 연속 24시간의 휴식을, 가능한 한 일요일에 제공해야 한다.

제32조

포로를 불건강 또는 위험한 노동에 사역해서는 안 된다.

징벌의 수단으로서 노동 조건에 대한 일체의 가중을 금지한다.

실제 하시마에서 사망한(살해당한) 중국인 노동자의 사망 원인을 검토하면, 장증수(張增壽) 씨는 1944년 7월 1일, 신장염 및 간경화증으로 사망, 장대정(張大禎) 씨는 동년 7월 3일, 담낭염으로 사망, 조구성(趙九成) 씨는 동년 7월 7일, 말라리아 및 기관지염으로 사망, 신청애(新淸崖) 씨는 동년 7월 23일, 급성 심장 마비로 사망, 진작향(陳作鄉) 씨는 동년 10월 21일, 패혈증으로 사망, 장왕계(張王桂) 씨는 1945년 3월 30일, 급성 폐렴으로 사망, 오석당(吳錫堂) 씨 는 동년 4월 12일, 만성 장염으로 사망, 노서항(路書恒) 씨는 동년 8월 28일, 심장 마비로 사망, 왕운기(王云起) 씨는 동년 10월 6일, 급성 심장마비로 사망하는데, 이들을 죽음으로 몰아넣은 것은 전술한 '포로의 대우에 관한 조약' 제10조, 제11조, 제13조, 특히 제14조를 엄격히 준수하지 않았기 때문이 확실하다.

또 '심장 마비'도 지병으로서의 심장병에 기인한다기보다는 지쿠호 지방에서도 볼 수 있듯이, 육체에 가한 격렬한 학대와 린치로 인한 쇼크사로 추측된다. 제14조에는 "포로가 필요로 할 때 필요한 모든 처방을 받을 수 있다"고 규정하고, "포로로서 중병에 걸린 자와 그 병상이 중대한 외과 수술을 필요로 하는 자는 국가가 비용을 부담하여 이들 포로를 치료할 수 있는 일체의 군용 또는 민간병원에 수용해야 한다"고 되어 있으나 전혀 지켜지지 않았다고 단정할 수 있다.

동 조약 제4조의 규정에 의하면 포로 포획국은 포로를 급양할 의무를 지니며, 제27조에 따르면 포로에게 노동을 시킬 수 있다. 그러나 제28조, 제29조, 제30조, 제32조에 따라 지나치게 가혹한 강제 노동은 금지된다. 그럼에도 불구하고 하시마 탄광에서는 지병을 가진 중국인 노동자에게도 강제 노동을 시킨 것을 쉽게 추측할 수 있다. 이명오(李明五, 1943년 7월 13일, 매몰로 인한 질식사, *시기적으로는 강제 연행 이전이지만, 중국인으로 생각된다), 염명재(閻銘財, 1944년 10월 29일, 압사로 사망) 씨도 자재가 부족하고 안전시설도 없는 위험한 작업 현장으로 보내져 지나치게 참혹한 강제 노동에 종사해야 했다.

또 양혜민(楊慧民) 씨와 형보곤(邢寶崑) 씨는 1944년 8월 17일, 열사병으로 인한 심장 마비로 같은 시각에 사망했는데, 이는 그들이 폭염 중에 가혹한 강제 노동에 종사해야만 했음을 명백하게 보여주는 사례다.

당시의 일본 정부가 아무렇지도 않게 중국인 노동자를 학대하고 죽게 만들었다는 것을 하시마의 '자료'가 명백히 증거하고 있다. 제3제네바조약의 '포로의 대우에 관한 조약'을 비준하지 않았던 것은 아무런 핑계가 될 수 없다. 이것은 인도주의적 측면에서 결코 용서할 수 없는 부끄러운 일본 제국주의의 소행이다.

13. 전국의 기업과 정부·관공청은 중국인 강제 연행 자료를 공표하라. 사실은 더 이상 감출 수 없다

'중국인 노무자 이입 전말 일람표'에 의하면, 규슈(九州)지방의 각 탄광과 연행자 수는 다음과 같다. 다음은 단위·명이다. 후타세(二瀬·808), 오노우라(大之浦·299), 미이케(三池, 미야우라(宮浦·574), 만다/요쓰야마(万田/四山·1907)), 야마노(山野·651), 다가와(田川·669),

오쓰지(大辻 · 200), 가쓰다(勝田 · 352), 이즈카(飯塚 · 189), 이상, 후쿠오카현(福岡県)으로 소계 5,649명. 시카마치(鹿町 · 197), 사키토(崎戸 · 436), 다카시마(高島, 하시마(端島 · 205), 후타고(二子 · 205)(*하시마에는 강제 연행된 것이 아닌 '화북노공협회'의 직원 1명이 포함되어 있다)) 이상, 나가사키현으로 소계 1,043명. 마키미네(槙峯 · 244, 미야자키현(宮崎) 소재) 총합계 6,936명. 이 중 사망자 합계는 1,006명이다.

위의 15개 사업장은 모두 1946년 3월, 외무성에 '화인노무자조사보고서'를 작성하여 송부했다. 15개 사업장을 포함하여, 당시 중국인 노무자를 받아들인 전국의 사업장은 각 '보고서'를 공표하고 자기 고백을 해야 한다. 검증 대상인 하시마 탄광의 '화인노무자조사보고서'(1946년 3월)와 관련된 문서는 1946년의 '전말 보고서'(외무성에 제출한 것)와 1953년의 '조'(調, 화인 노무자에 관한 조, 1946년의 보고서를 답습해 간략화=조략화(粗略化)한 것으로서 장배림 씨의 유골 문제가 추가되어 있다. 노동성에 제출)이다. 그러나 이밖에 후생성 및 나가사키현이 1958년 각 사업소에 '중국인 노무자 조사 보고서' 제출을 요청하였기 때문에, 그때 하시마 탄광이 '보고서'를 작성한 것은 확실하다. 이는 미쓰비시 광업 주식회사 규슈 사무소로부터 온 강력한 독촉 문서가 존재하고 있는 것으로도 간단하게 추정할 수 있다.

전술한 바와 같이 본회는 1993년 5월, 미쓰비시 광업 주식회사를 승계한 미쓰비시 머티리얼 주식회사에 "하시마 탄광에 보관하고 있었던 것으로 추정되는 전시(戰時) 중의 조선인 · 중국인 노무자에 관한 기록을 현재도 보관 중이라면, 꼭 열람하고 싶다"고 요청했다. 그러나 미쓰비시는 "전후 다카시마에 있는 회사에 두 번에 걸친 화재가 발생하여 하시마 · 다카시마 두 탄광의 조선인 · 중국인 노무자 관련 서류는 전부 소실(消失)되었다"고 회답했다. 그러나 실제로는 하시마 탄광의

'중국인 노무자 취로 전말서'가 발견된 것처럼, 다카시마 탄광의 자료도 어디엔가 보관되어 있을 것이다. 미쓰비시는 그것을 공표하고 자기비판을 실시하라고 본회는 강력히 주장한다.

즉, 각 사업장이 작성하여 제출한 '화인노무자 조사보고서'(화인노무자 취로 전말서)를 은폐하지 않고 일제히 공표하여, 중국인 노무자를 강제 연행하여 강제 노동, 혹사시키고 학대한 '전쟁범죄'를 사죄하고, 본인 및 유족에게 충분한 배상의 의무를 다해야 한다. 본 출판물은 그 선구가 될 것을 목표로 한 것이다.

본회는 하시마 탄광에서 중국인 노무자가 받은 가혹한 강제 노동의 실태를 목격한 사람, 즉 '전말서(부표2) 관계자 명부'에 기재된 관리직의 추적 조사를 실시했는데, 그 대부분은 행방 불명 또는 사망했다. 소수의 생존자는 "지금은 아무 말도 하고 싶지 않다"며 증언을 거부하고 있으나, 그러한 태도 자체가 하시마 탄광 측의 가혹한 강제 노동을 무언(無言)으로서 증언하는 셈이다.

또 1946년 3월, 미쓰비시 다카시마 광업소 하시마갱이 작성한 '화인노무자조사보고서'(화인노무자취로전말서)는 미쓰비시 광업 주식회사(현재는 미쓰비시 머티리얼) 및 후쿠오카현에 있는 10개의 탄광 본사, 나가사키현과 후쿠오카현, 미야자키현에도 보관되고 있을 것으로 생각된다. 이제 전 사업장과 세 현은 중국인 노무자 강제 연행, 강제 노동에 관한 모든 문서, 기록류를 공표하고 중국인에게 사죄, 배상, 보상의 책임을 다하여야 할 것이다. 또 이 모든 보고서에 기재되어 있는 관계자(사역, 지도, 감독관 등의 관리직에 있었던 자)는 스스로 이름을 밝히고, 중국인 노동자들을 어떻게 학대, 혹사, 차별했으며, 상해를 입히거나 죽음에 이르게 하였는지 있는 그대로 고백하고 사죄해야 할 것이다.

본 회가 검증해 본 이 '보고서'들은 1946년 5월 극동 국제 군사 법정이 시작되기 바로 목전에 작성되었다. 미쓰비시 광업, 하시마 탄광과 그 관계자가 전쟁 범죄의 추궁에서 빠져나갈 목적으로, 또한 중국인들로부터 미불임금의 지급 요구를 회피하기 위하여 작성된 것이라고 판단하는 것이 타당할 것이다. 미쓰비시 광업 주식회사는 기업으로서 원래대로라면 '연행', '강제 노동', 즉 '포로 학대'라는 국제법 위반에 대한 추궁에서 빠져나가지 못 하는 게 당연했다. 그러나 결과적으로는 극동 국제 군사 법정은 서양인 포로 학대에 대한 전범 추궁은 행했지만, 조선인·중국인에 대한 학대 책임은 추궁하지 않았다. '보고서'는 중국인의 연행을 어디까지나 '계약', '공출'했다는 표현을 고집했고, 때로는 "일본인과 조선인에 비하여 우대"했다고 강조했다. 그러나 미일 강화조약(샌프란시스코 조약)이 발효된 뒤인 1953년에 작성한 '화인노무자에 관한 조'(1953년)에서는 분명하게 '연행'이라고 표현(연행자 수 또는 연행자라고 기술)한 것을 보면, 이 책에서 제시한 우리의 판단이 옳다는 것을 뒷받침해준다.

　　일본은 바야흐로 세계 제2위의 경제 대국으로 부상하였으나 그것은 이름도 없는 아시아 사람들의 희생 위에 세워진 것이다. 하시마라는 절해의 고도로 끌려와서 연일 밤낮으로 혹사와 학대에 시달리는 나날을 보내며 '잔혹사(殘酷死)'한 죄 없는 중국인의 희생을 억누르고, 그 잘못을 인정하거나 반성하지 않은 채 전후를 줄기차게 달려온 덕분에 이룩한 경제대국이다. 일본은 조선과 대만을 식민지 지배하고, 계속해서 중국과 동남아시아 등을 침략하여, 그 과정에서 대량의 중국인을 일본으로 강제 연행, 강제 노동시키고, 비참한 죽음으로 내몰았다. 일본 정부와 독점 자본 미쓰비시에 의해 살해된 중국인 노동자에 대하여 정부와 국회, 기업은 정식으로 침략, 식민지화, 노예 노동, 학대사

(虐待死)에 대한 사죄와 반성을 표명하고 구체적인 배상, 보상을 행함과 동시에 평화와 비전(非戰)을 맹세해야 한다.

이 '화인노무자 조사보고서'에 등장하는 204명의 중국인 노무자가 일본에 강제 연행되어 하시마 탄광에서 혹사당하고 연일 강제 노동의 지옥에 처박혀 있을 때, 중국에서 홋카이도로 강제 연행되어 탄광에서 강제 노동당해야 했던 노무자 중 유연인(劉連仁) 씨가 있다. 그는 1945년 7월에 탈출했는데, 일본의 패전도 모른 채 13년간이나 도내(道內)의 각처를 도망 다녔다. 결국 숨어 있던 산에서 내려온 류 씨에 대하여 당시의 자민당 정부는 강제 연행 사실을 인정하지 않고, 거꾸로 류 씨에 대하여 "정식 계약에 근거한 노동을 하던 중 마음대로 직장을 이탈하여 도망친 것이다. 지금 그가 일본에 체류하고 있는 것은 '불법 잔류'의 용의가 있다"고 독설을 퍼부었다. 아시아 침략 전쟁에 대한 반성과 참회의 태도는 눈곱만큼도 느껴지지 않는다.

호소카와(細川) 신내각도 입으로는 '전쟁 책임'을 말하지만, 배상과 보상에 대한 결의가 없다. 그렇다면 녹슨 톱니바퀴는 인민의 힘으로 돌릴 수밖에 없다.

오카 마사하루, 다카자네 야스노리, 시바타 토시아키 (공동 작업)

부 록

1. 한국인, 중국인에 대한 보도기사
2. 군함도 상륙 해금을 보도한 기사
3. 최장섭(崔璋燮) 씨 관련 보도기사
4. 나가사키 군함도 한국인 강제 동원·강제 노동
   증언집회를 준비하며

1. 한국인, 중국인에 대한 보도기사

아사히신문 2001년 8월 8일

朝日新聞・2001年8月8日

증언자 고마워요

핵 없는 21세기로

강제 연행·피폭·차별과의 싸움…
오늘 서정우(徐正雨) 씨 추도집회

"내 생명은 이제 얼마 안 남았을지도 모른다. 마지막 증언을 하고 싶다." 지난 2일 심부전에 의해 72세로 사망한 서정우 씨는 나가사키 원폭의 날인 8월 9일을 하루 앞둔 8일 나가사키 시내에서 오랜만에 피폭 체험을 이야기할 예정이었다. 그는 강제 연행된 한국인 피폭자로서 "젊은 세대가 확실한 역사 인식을 가지고 자라나길 바란다"며 교과서나 야스쿠니(靖国) 문제로 한일 관계가 삐걱거리는 현 상황을 개탄했다. 나가사키현 피폭2세 교직원의 모임(長崎県被爆2世教職員の会)은 원래 예정되었던 '이야기하는 모임'의 일정을 변경하여 추도집회를 연다. (1면 참조)

젊은이들의 역사 인식을 우려하다

서 씨는 전쟁 중이던 1943년, 지금의 한국 경상남도에서 농사일을 하던 중 일본으로 강제 연행되었다. 나가사키현 하시마의 탄광에서 노동을 강요당한 후, 시내에서 피폭되었다. 그리고 결핵까지 앓았다. 재일 한국인에 대한 차별과 병마에 맞서 싸우며, 1982년부터는 피폭과 강제 연행 체험을 증언해 왔다. "원폭보다 차별이 무섭다"는 것이 그의 입버릇이었다. 최근 수 년간은 시내의 아파트에서 혼자 생활했다. 3년 전부터 건강이 악화되어 증언활동도 어려워졌다.

〈사진〉 서정우 씨. 그의 방에는 수학여행 온 학생들이 선물한 색종이와 천 마리 종이학이 장식되어 있었다. 1999년 12월 26일, 나가사키시 오토나시정(音無町) 자택에서.

5월 하순에 정기적으로 쌀 등의 식량을 보내주는 피폭2세 교직원의 모임 회장인 히라노 노부토(平野信人, 54세) 씨가 아파트를 방문했다. 오랜만에 사람들 앞에서 피폭 체험을 이야기해달라는 부탁을 받은 서 씨는 흔쾌히 승낙했다.

7월 중순에 다시 방문하니, 건강상태가 좋지 않은지 바싹 여위어 있었다. 히라노 씨가 "무리하지 않는 편이 좋다. 증언은 다음에 해도 된다."고 위로하자, 그는 휴우 휴우 숨을 이어가며 "벌써 3년 넘게 증언을 못했다. 마지막 기회가 될지도 모르니 한 번 더 하고 싶다."고 말했다.

아파트를 빌릴 때 보증인이 되어준 다카자네 야스노리(高實康稔, 나가사키대학 교수, 61세)는 "소년과 같은 순수한 마음을 가지고 있었다."고 서 씨를 회상했다. 또 나가사키를 방문한 수학여행 학생들을 상대로 팔을 크게 흔들어가며 "내 건강을 돌려다오.", "내 인생을 돌려다오."라고 뜨겁게 말하던 그의 모습을 잊을 수 없다고 말한다.

"그는 많은 한국인·조선인 피폭자의 실태를 증언해 주었다. 전쟁과 원폭의 관계가 명확해졌고, 다양한 각도에서 원폭을 재조명하는 계기가 되었다." (이하, 생략)

아사히신문 1999년 10월 9일

戦後55年目に
父の遺骨と対面

中国人強制連行

中国天津市にある革命烈士記念館で
今夏、偶然1人の遺骨の身元がわかっ
た。中国人強制連行の実態を調査し
ていた長崎の市民団体のメンバーが見
つけたこの遺骨は張培林さん。父親の
消息を捜していた長女・張桂英さん
（59）＝写真中央＝と長男・張徳恒さ
ん（65）＝同手前＝が戦後55年目の対

面を果たした。これまで、長崎県の旧
三菱端島砿に連行中亡くなり、原爆で
遺骨が焼失したとされていた。原爆で
直接死亡した中国人は33人いるが、張
培林さんは遺骨の行方がわからず「長
後の原爆被害者」とも言われていた。
　　　　　（写真・文　木村英昭）
　　　　　　＝27面に関係記事

朝日新聞・1999 年 10 月 9 日

전후 55년 만에 아버지의 유골과 대면
중국인 강제 연행

올해 여름 중국 천진(天津)시에 있는 혁명열사기념관에서 우연히
1명의 유골의 신원이 밝혀졌다. 중국인 강제 연행의 실태를 조사하고
있는 나가사키의 시민단체 회원이 발견한 이 유골은 장배림(張培林)
씨의 것이다. 부친의 소식을 찾고 있던 장녀 장계영(張桂英, 59세) 씨

=사진 중앙=와 장남 장덕항(張德恒, 65세) 씨=사진 오른쪽 앞=는 전후 55년 만에 아버지의 유골을 대면했다. 지금까지 장배림 씨는 나가사키현의 구 미쓰비시 하시마 탄광에 연행 중 사망하였으며, 유골은 원폭으로 소실(燒失)된 것으로 여겨지고 있었다. 원폭으로 직접 사망한 중국인은 33명이지만 장배림 씨의 경우 유골의 행방을 찾지 못해, '최후의 원폭피해자'로 불려 왔다.(사진·글=기무라 히데아키(木村英昭)), 관련 기사 27면.

朝日新聞・1999年10月9日

"같이 돌아가요"

녹슨 톱니바퀴 1

■다카시마·하시마 중국인 강제 연행■ (1면 참조)
55년 만에 마주한 아버지의 유골함에 눈물의 외침

> 같이 돌아가요!
> 어쩌면 이다지도 비참하게!
> 불쌍한 우리 아버지
> 같이 돌아가요

천진시(天津市) 혁명열사기념관의 '항일순난열사골회실'(抗日殉難烈士骨灰室)에 장계영(張桂英, 59세)의 절규가 울려퍼진다. 아버지 장배림은 유골함에 들어 있었다.

딸 장계영은 엉엉 울고, 아들 장덕항(張德恒, 65세)은 하염없이 울었다.

하시마에 연행되어 죽은 줄도 모르고 계속 찾은 아버지와 전후 55년 만에 대면했다.

──── ────

골회실에는 명부에 기재되어 있기만 하던 유골함 2,077기가 모셔진다. 그곳에서 하얀 천으로 감싼 장배림의 유골함을 우연히 발견했다. 명부에 있던 주소를 찾아 유족과 연락이 닿았다. "이것은 회사 측이 정리한 자료입니다." 이렇게 말하고 죽 읽어 내려갔다. "건명 상해 치사, 범행 연월일 1944년 9월 20일, 가해자 성명 장배림, 피해자 주소 성명 당시 해당 갱에 거주하던 오다지마 타네키치(小田島種吉), 범행 내용 복수심에 의한 상해 치사, 피해상황 등 뒤에서 갱목에 당하여 중상, 관헌의 조치 검거 송국, 비고 옥중 병사."

하시마로 연행된 중에 죽은 장배림은 그 후 원폭투하와 함께 행방을 알 수 없게 되었다. 하시마, 다카시마 외에도 원폭으로 사망한 중국인 33명이 있는데, 그 유골과 함께 장배림은 1950년대에 있었던 '유골 반환 운동'으로 중국에 반환된 것으로 보인다. 그러나 자세한 경위는 알 수 없다. 유골의 소재가 불명했던 장배림은 피폭지 나가사키에서는 '최후의 원폭피해자'로 일컬어진다. 아들과 딸은 아무 말 없이 듣다가 천천히 입을 열었다.

——— ———

철도 들기 전에 떠난 부친에 대한 유일한 추억은 키다리 아버지였다는 것이다. 여동생이 귀가 멀어 말도 잘 못하는 오빠를 대신해 전한다. "어머니는 우리 둘을 안고 울며 밥도 먹지 못하고 돌아가셨습니다. 오빠는 저를 데리고 다니며 구걸을 했습니다. 어떻게든 해서 목숨을 부지했어요. 개한테 물린 적도 있습니다. 아버지를 계속 찾았지만 아무도 그 행방을 몰랐습니다."

——— ———

남매는 각각 결혼해서 가족을 꾸리고 있지만 생활은 힘들었다. 오빠가 건강이 나빠져서 10년 정도 전부터 같이 살기 시작했다. 두 가족 8명이 0.7헥타르 되는 밭을 일구었다. "먹을 수 있을 정도면 충분하다. 목숨을 부지하면 그걸로 족하다."

유골함에 든 아버지와의 대면을 마치고, 딸은 "일본에서 돌아가신 것이 분명해졌다. 슬픈 마음뿐이다." 아들은 "행방불명이던 아버지가 안치되니 조금은 마음이 차분해졌다."고 했다.

남매가 편지를 써 왔다. "어떻게든 일본의 여러분에게 알려 주세요."라고. 편지 내용을 일부 발췌하면 이렇다.

아버지가 그렇게 되고 나서 아직 한창 젊은 나이였던 어머니는 하루 종일 울어서 눈물로 얼굴이 범벅이 되고, 밥도 물도 넘기지 못하는 상태가 되었습니다. 1년 후 과로에 마음의 고통까지 더해져 병에 걸린 어머니는 한을 품은 채 돌아가셨습니다.

남은 우리들은 의지할 데가 없는 외톨이 신세가 되어, 입을 것도 먹을 것도 없이 오랫동안 떠돌아다니며 거지 생활을 시작했습니다.

수십 년이 지나도 우리는 실종된 아버지를 잊은 적이 없습니다. 그러나 우리 가족이 재회하는 꿈은 이제 사라져 버렸습니다.

일본 정부와 기업이 중국 인민에게 사죄하고 피해 가족에게 정신적 배상과 경제적 배상을 할 것을 단연코 요구하겠습니다. (오이다 히로미(老田裕美) 역, 문중 경칭 생략)

◇

정부와 미쓰비시에 남은 자료에 따르면 강제 연행된 중국인은 다카시마갱 205명, 하시마갱 204명이다. 작년에 강제 연행 실태 등을 묻는 설문지를 생존자에게 발송했다. 답신은 생존자 22명을 포함해, 67통이 도착했다. 오자와 탈자가 섞여 있었다. 글자를 쓸 줄 모르는 사람들조차 열심히 써내려간 편지에는 어디 호소할 곳도 없었던 그들의 반생이 담겨 있었다. 편지를 의지해 올해 여름 나가사키에 사는 시민들과 중국을 방문했다.

지금 녹슨 톱니바퀴가 움직이기 시작했다.

(사진부·기무라 히데아키(木村英昭))

미쓰비시와 중국인 강제 연행

다카시마갱은 1881년, 하시마갱은 1890년부터 미쓰비시가 경영하였고, 각각 1986년과 1974년에 폐광되었다. 특히 다카시마는 미쓰비시의 기업사에서 '비약의 근원', '근대 일본 산업의 발전에 크게 공헌'한 곳으로 자리매김하고 있다. 외무성 보고서에 의하면, 전국 135개 사업소 가운데 미쓰비시에는 이 두 갱을 포함한 9개의 사업소에 총 2,709명이 강제 연행되었다. 기업이 패전으로 인해 중국인 노동력을 잃자, 정부는 총액 9,951만 8,561엔(1946년도)을 미쓰비시 등 기업에 '보상'했다. (※일본은 제2차 세계대전 중에 민간의 재산에 손해를 끼친 경우, 국가총동원법과 군수회사법에 의거해 전시보상을 약속했다)

〈사진〉 유골함에 든 장배림 씨. 반세기가 지나도록 유족의 품으로 돌아가지 못한 채 잠들어 있었다.=중국 천진시, 기무라 촬영.

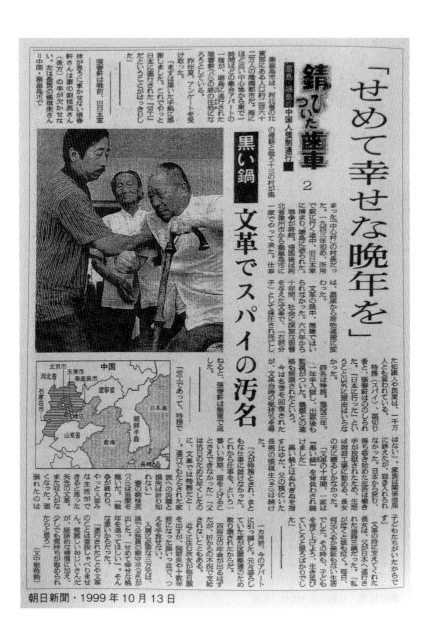

"만년이라도 행복하게"

녹슨 톱니바퀴 2

■ 다카시마 · 하시마 중국인 강제 연행 ■

검은 솥 문혁 때 스파이로 오명

태황도시(泰皇島市)는 하북성(河北城) 북동부에 있는 인구 약 262만의 항구 도시다. 바다에서 그리 멀지 않은 중심지에서 차로 1시간 정도면 닿는 연립 주택 1층이 과거 하시마에 연행된 적이 있는 장춘헌(張春軒, 82세)의 마지막 주거지가 될 듯하다.

작년 여름, 그는 설문조사지를 받았다.

"우선은 편지를 보내 주셔서 감사합니다. 이제야 겨우 일본에 연행당한 '노공(勞工)'이라는 것이 증명되었습니다."

——— ———

장춘헌은 전쟁 전에 구 일본군의 침략에 맞서 싸운 13개 촌이 모인 '중심촌'의 촌장이었다. 1943년 초, 볼일이 있어 역으로 가던 도중에 구 일본군에게 붙잡혀 하시마로 보내졌다.

전쟁이 종결되고 귀국 후에는 일가가 하북성 창주시(滄州市)에서 태황도시로 이사했다. 농사 일은 그만두고 짐을 옮기는 일을 했다.

문화혁명의 광풍에 그 역시 영향을 받지 않을 수 없었다. 1966년부터 10년간 중국 사회에 심대한 영향을 끼친 문화혁명으로 인해 '우파 분자'로 탄압받아 사망한 지식인과 민중의 숫자는 천만 명이라고도 한다.

장춘헌은 특무(스파이), 배신자로 매도당했다. 단지 '일본에 갔다'는 사실만이 이유였다. 죄명은 특무, 징역 3년 형을 받았다. 1년 반 동안 옥살이를 했고, 출옥 후에도 감시가 따라붙었다. 친척과 연락하는 일도 제한당했다고 한다.

지금은 명예가 회복되었지만, 당시의 심정을 물으니 장춘헌은 무언으로 답변을 대신했다.

──── ────

"노공이었지 특무가 아니다." 가족은 관계 당국에 호소했지만 들어주지 않았다. 가장이 투옥되었기 때문에 도기공장에서 일하는 장녀의 남편에게 의지해 생활할 수밖에 없었다.

"문화혁명 10년 동안 우리 가족은 '검은 솥'을 계속 짊어지고 살았습니다"

검은 솥이란 억울한 죄를 뒤집어 쓴 사람을 빗댄 말이다. 아버지 옆에 있던 장남 장기생(張棋生, 32세)이 말을 잇는다.

"아버지가 특무라고 해서 나도 어엿한 일자리를 구할 수 없었다. 한창 일할 제일 좋은 시기에 얼굴을 들고 다닐 수도 없었다.", "아버지는 항일운동을 하기 위해서 온힘을 다했는데, 문화혁명 때는 특무라니……. (일본의 강제)연행이 초래한 가족의 재난과 손실은 이루 말할 수가 없다."

아내 유계영(劉桂英, 82세)은 말한다. "전쟁이 끝나고 이제야 보통사람들처럼 생활을 할 수 있으려나 생각한 바로 그 순간 문혁이 시작되었다. 수입이 또 없어졌다. 아이들이 있었기 때문에 포기하지 않고 살 수 있었다."

문화혁명 때 가족의 생활을 뒷받침해준 장녀는 아버지가 일본으로 연행당할 당시 세 살이었다. "내가 울면 딸도 따라서 울었습니다. 하루하루가 불안정한 생활이었지만, 그때도 아이들을 키우자, 살아남자

하는 생각뿐이었습니다."

———   ———

한 달 전에 지금의 연립주택으로 이사했다. 원래 살고 있던 집이 구획 정리로 인해 철거되었기 때문이다. 원래는 연금으로 4백 위안이 나와야 되는데 최근에는 불황 때문에 지급받지 못하는 경우도 있다.

가까이에 사는 차녀가 매일 들여다보고 가는데, 관절염과 수십 년 된 뇌출혈로 인해 지팡이를 짚고 산다. 입거하는 데 필요한 3만 위안은 공무원으로 일하는 손자 유수평(劉守平, 33세)이 내 주었다. "만년이라도 행복하게 보내시길" 바라는 마음에서였다.

"일본으로 연행된 일이나 문화혁명 때의 일에 대해서는 평소 잘 이야기하지 않으십니다. 꽤나 까다로운 할아버지이지만, 경제적인 보상과 더불어 조금이라도 마음에 위로를 받으셨으면 좋겠다고 생각합니다."

(문중 경칭 생략)

〈사진〉 몸이 뜻대로 되지 않는 장춘헌 씨는 늘 곁에서 아내 유계영 씨(뒤쪽)의 도움을 받아야 한다. 왼쪽은 장남인 장기생 씨=중국·태황 도시에서.

朝日新聞・1999 年 10 月 16 日

"계속 먹지도 마시지도 못하고"

녹슨 톱니바퀴 4

■ 다카시마 · 하시마 중국인 강제 연행 ■
덧없는 저항 발단은 동료 두 사람의 죽음

이경운(李慶雲, 75세)은 하시마로 연행된 지 1년 정도 되었을 때의 일로 기억한다. 강제 연행, 강제 노동에 항의하여 입갱을 거부한 저항 투쟁이 1944년에 일어났다.

이 저항은 회사 측 자료인 '화인노무자조사 보고서'에는 1946년 3월 부로 다음과 같이 기재되어 있는 게 전부다.

"당초 화로 전원이 미쓰비시 나가사키 조선소에 취로할 예정이었는데, 현의 방침에 따라 탄갱으로 전환되자 이에 불만을 품고 입갱 거부를 했다.(약 반 수) 관계 담당자의 성의 있는 설득에 의해 당일 결정하여 입갱을 승낙했다."

끝까지 저항한 사람은 5명이다. 이경운을 제외한 모든 이가 벌써 세상을 떠났다.

정사(正史)에는 기록되지 않은 민중의 역사가 이경운의 입을 통해 밝혀졌다.

───── ─────

"동료였던 숙계상(肅桂相)이 먼저 입갱 거부에 대해 말을 꺼냈다"고 이야기를 시작했다.

저항이 압살되지 않게 하기 위해 회사 측에 "탄광이라고 들은 적 없다. 직장을 바꿔달라"는 요구를 하자고 동료끼리 정했다.

생존자의 증언에 따르면 하시마는 2교대제였다. 일을 하고 있지 않던 교대 요원, 즉 중국인 노동자의 약 절반인 100명가량이 입갱 시간이 되어도 준비하지 않고 기숙사에 있었다.

탄광장으로 생각되는 일본인이 소리쳤다. "왜 옷을 갈아입지 않는 거야? 너희들은 돈을 내고 사왔으니 어서 일을 해라."

칼과 총을 지닌 경찰관도 달려 왔다. 한 사람 한 사람한테 밀고 들어와 "일하지 않을 자는 이 쪽 방으로 가라."고 말했다. 5명이 계속해서 입갱을 거부했고, 섬 안에 있는 경찰 유치장에 수감되었다.

이경운은 손짓 몸짓을 섞어가며 말했다. "탄광에 들어가 일할 거냐 말 거냐 하면서, 한 사람씩 손을 뒤로 묶었다. 곤봉과 가죽 벨트로 후려쳤다. 한 모금의 물도 식량도 주지 않아서, 어떤 사람은 목이 말라 자기 소변을 마시고, 어떤 사람은 목도로 맞아 혼절했다. 그들은 '일을 제대로 하지 않으면 이런 꼴을 당한다'며, 동료들 앞으로 우리를 끌고 나갔다." "몇 번이나 죽도로 내려쳤다. 여기 오른쪽 어깨가 내려가 있다."라며 한 쪽 어깨를 벗어 보였다. 천진(天津)에서 태어난 일본인이 중국어로 "일한다고 말하면 유치장에서 나갈 수 있다. 이대로 버티면 맞아죽는다."고, 타이르듯이 말했다고 한다.

"계속 물 한 모금 마시지도 못하고 아무 것도 못 먹고……. 어쩔 수 없이 탄광에 들어가서 일하겠다고 말했다."

결국 저항은 3일 만에 끝나고 말았다.

——— ———

발단은 갱내에서 가스 중독으로 동료 두 사람이 사망한 데 있었다. 희생자가 하던 일은 이경운과 같은 갱도를 매우는 '충전(充塡)'작업이었다. 이경운이 구출하러 갔을 때는 이미 "두 사람은 입을 빠끔빠끔 벌리고 있는 상태라 말을 걸 수조차 없었다."고 한다.

"현장 감독인 안도(安藤)가 '가스가 새 나오고 있다. 갱도를 막아라.' 고 지시했다.", "안도는 큰 시계를 손에 들고 '5분 있다가 나오라'며 두 사람을 그곳으로 들여보냈다."

5분 후, 두 사람은 돌아오지 않았다. 이경운은 안도를 떠올리며 일본어로 외었다. "우에가 아부나이(위쪽이 위험하다) 하야쿠 이케(빨리 가라)."

"두 사람이 가지고 간 것은 곡괭이밖에 없었다. 의사는 부르지도 않았다."

일은 중단되었다. 이경운이 두 사람을 석탄 운반용 탄차에 태우고 지상으로 나오니 해가 벌써 저물어가고 있었다.

회사 측 자료에서 두 사람은 1944년 8월 17일 사망한 것으로 되어 있다. 사인은 '심장마비', 치료 경과는 '변사'라고 기록되어 있다.

시신은 하시마와 다카시마 사이에 있는 나카노시마에서 화장했다. 전쟁이 끝난 후, 두 사람의 유골은 이경운 등 동료들의 손에 들려 고향으로 돌아갔다. (문중 경칭 생략)

〈사진〉 고난의 인생을 생각하며, 이경운 씨는 거리낌 없이 울었다. = 북경시(北京市)에서

2. 군함도 상륙 해금을 보도한 기사

나가사키신문 2009년 4월 23일

35년 만에 상륙 해금

35년 만에 상륙 금지가 풀린 견학로를 걷는 관광객들＝나가사키시 하시마.(사진)

〈동영상〉 과거 탄광 섬으로 번영했던 나가사키시 다카시마정의 하시마(통칭, 군함도)에 상륙하는 것이 35년만인 지난 22일 해금되어, 구(舊) 도민과 관광객 약 70명이 섬 안을 견학했다. 일본의 근대화를 뒷받침해 온 섬이 당시 어떠했는지 추억을 돌이켜보기도 하고, 섬 안 사람들이 어떻게 생활을 했는지를 상상해 보았다. 【22면에 관련기사】

군함도 옛 도민과 관광객, 당시를 떠올리다

참가자는 민간 운항회사의 배를 타고 하시마에 도착했다. 상륙 관광을 위해 나가사키시가 정비한 견학로와 견학 광장을 들러 보고, 하시마 탄갱 시설 터와 일본 최초의 고층 철근 아파트인 '30호동' 등을 견학했다.

출항에 앞서 나가사키시 모토후나정(元船町) 오하토(大波止) 제2부두에서 기념식이 있었다. 치타 마사노부(智多正信) 부시장이 최초의 승선자인 동경도(東京都) 메구로쿠(目黒区)에서 온 모리야마 시게히로(森山茂博, 59세), 요코(洋子, 58세) 씨 부부에게 꽃다발과 기념품을 증정했다.

하시마는 나가사키항에서 남서쪽으로 19km 해상에 위치하고 있으며, 섬 둘레는 약 1.2km다. 메이지시대 이래 탄광으로 번창하여 최전성기 때는 약 5,300명의 도민이 살았으나, 1974년에 폐광으로 인해 무인도가 되었다. 작년 9월, 하시마 탄광을 포함한 '규슈(九州)·야마구치(山口) 근대화산업유산군'이 세계유산 잠정리스트에 등재 결정되었다.

나가사키시는 하시마를 새로운 관광지로 상품화할 생각이며, 연간 약 2만 명의 관광객이 방문할 것으로 기대하고 있다.

3. 최장섭(崔璋燮) 씨 관련 보도기사

마이니치신문 2011년 2월 13일

전 징용공 65년 만에 군함도 상륙

가혹한 노동 "세계 유산으로서 역사적 사실을 응시하라"

세계유산 등록을 목표로 움직이고 있는 나가사키시의 하시마(통칭). 전쟁 전 그 탄광에 징용되어, 나가사키에 원폭이 투하된 후에는 피재지역 정리 작업에 나갔던 최장섭 씨(82세, 한국 거주)가 65년 만에 섬에 상륙했다. 많은 관광객이 찾고 있는 이 섬에 "세계유산으로서 섬의 진짜 역사를 응시하라."는 소망을 내비쳤다.

최 씨는 시민단체의 초대로 방일했다. 11일에 약 2시간 동안 하시마에 상륙한 그는 시의 허가를 받아 섬 북쪽에 있는 병원 앞으로 들어가서, 폐허가 된 공원(工員) 주택을 바라보았다. "죽음과 이웃하던 섬이 이렇게 변했다. 쓸쓸하고 서글프기도 한 복잡한 기분"이라고 기억을 더듬었다. 그는 한반도 남부의 익산에 살고 있던 1943년 2월에 징용되었다. 14살 때였다. 여동생과 함께 역까지 배웅 나온 어머니가 고개를 깊이 숙이며 아들이 무사히 돌아오기를 비는 모습에 "눈물이 났다".

기차와 배를 갈아타며 하시마에 닿았다. 조선인의 숙소는 공원 주택의 지하였다. 3교대로 하루에 12시간 일했다. 깊고 좁으며 숨쉬기 어려운 탄광에서 훈도시 한 장 걸치고 곡괭이질을 했다. 식사는 하루 2번, 콩깻묵으로 만든 주먹밥이 나왔다. 일을 마치고 나오면 우뚝 솟아있는 방파제에 드러누워 경련이 일어나는 근육을 바닷바람에 식혔다. 사방은 바다. 도망가려 해도 도망갈 수 없었다. 뗏목을 만들어서 탈출을 시도한 동료 7명은 부질없이 붙잡히고, 채찍으로 구타당했다.

'인생이 어쩌다가 이렇게 되었는가.' 몇 번이나 자살을 생각했다.

1945년 8월 9일, 비번이라 방에 있었는데 섬광 같은 빛이 10초 정도 번쩍이더니 창문 유리가 부서졌다. 시내 쪽을 바라보니 산도 바다도 빨갛게 물들어 있었다. "젊은 피의 해군 비행 예과 연습생—". 섬 아이들은 아직도 군가를 부르고 있었다.

종전이 되었다. 탄광장이 통한의 눈물을 흘리며 다정하게 말을 건넸다. "여러분은 고향으로 돌아갈 수 있으니 안심하세요." 18일, 하시마의 많은 조선인이 원폭이 투하된 나가사키 시내의 쓰레기 더미를 철거하러 나가야 했다. 귀향한 것은 11월 중순이었다.

2009년에 '규슈·야마구치 근대화 산업유산군'의 일부로서, 세계유산 국내 잠정리스트에 들어간 하시마. 최 씨는 "등록을 목표로 하는 것은 부정하지 않는다."면서 말을 이었다. "세계유산으로 삼으려면, 있는 그대로의 진짜 역사를 표현하는 장소가 되어야 한다. 여기서 살았던 사람들의 인생을 없었던 것으로 만들지 않기 바란다."

〈사진〉 전쟁이 끝났다는 발표를 들었던 옛 사무소 앞에 선 최 씨(오른쪽에서 두 번째). 안쪽에 보이는 것은 최 씨가 그 지하에 살았던 공원 주택.(군함도 강제 연행 한국인 피해자 조사회 제공)

4. 나가사키 군함도 한국인
강제 동원·강제 노동 증언집회를 준비하며

이대수 ㅣ 한일100년평화시민네트워크 운영위원장

나가사키를 방문한 것은 이번이 세 번째입니다. 아름다운 항구도시, 에도시대부터 대외 개방 항구로서 자리잡아온 나가사키에는 다양한 이국적 풍모도 있지만, 동시에 가톨릭의 순교, 원폭투하라는 가슴 아픈 역사가 있기에 그와 관련된 시설과 기념물을 돌아보았습니다.

오늘 이곳 나가사키에서, 68년 전에 15살의 나이로 일본에 강제 연행되어 2년 반 동안 군함도에서 강제 노동을 당한 최장섭 옹의 증언을 듣는 자리가 마련되었습니다. 이번 집회를 준비해 오신 나가사키 군함도 한국인 강제 동원조사회를 비롯한 오카 마사하루 기념 나가사키 평화자료관(이하, 나가사키 평화자료관) 관계자 분들과 이곳에 참석하신 시민들께 감사드립니다. 오늘 이 자리를 통해 함께 생각해보고자 하는 바를 이야기하겠습니다.

첫째, 한일·동아시아의 역사인식 공유

한(조선)반도와 일본열도는 오랜 역사를 통해 교류해 왔습니다. 지리적으로 가장 가까운 이웃이었고 구체적으로는 가야와 백제를 통해 활발한 교류가 이루어져 온 사이입니다. 한반도로부터 많은 사람들이 규슈를 비롯해 일본열도 전역으로 이주하기도 했습니다. 고려시대와 조선시대에는 한 때 한반도를 침탈한 왜구의 출몰도 있었고, 이를 정벌하기 위한 토벌전쟁도 있었습니다. 원나라에 복속 당했던 시절에는 고려와 몽고 연합군이 규슈지역을 정벌하기 위해 침략한 적도 있습니다. 일본 전국을 통일한 도요토미 히데요시에 의한 조선침략전쟁은 중국(명나라)의 참전으로 인해 동북아 전쟁으로 확대되었고, 그 과정에서 수많은 조선인이 희생당하고 일본 군사들도 많은 희생을 치렀습니다. 강제로 끌려온 조선인들이 일본에 정착해 일본 역사의 한 부분을 채우기도 했습니다. 다행히 전쟁이 끝나고 도쿠가와 이에야스가 집권하면서 1617년 이후 12회에 걸쳐 조선통신사가 일본을 방문했던 2백 년간은 평화로운 시대가 이어지기도 했습니다.

19세기 서세동점기에 일본에서는 메이지유신으로 근대 산업화에 성공하고, 청일, 러일전쟁에서의 승전으로 타이완과 조선을 식민지화했습니다. 일본 국민은 승리감에 취해 천황제를 강화하면서 군국주의화는 더욱 확산되었고, 세계 공황을 거치면서 중일전쟁에 이어 태평양전쟁으로 치달았습니다. 그러다가 마침내 연합군에 의해 패전당하고 원자폭탄 앞에 굴복해야 했습니다. GHQ(※연합군 총사령부)에 의한 군국주의 일본의 해체와 제국헌법에서 평화헌법으로의 개헌이 이루어지기도 했지만, 냉전이 확산되면서 한국전쟁과 샌프란시스코 조약을 바탕으로 일본의 경제부흥과 자민당의 55년 체제가 자리 잡았습니다.

일본의 여러 역사박물관을 돌아보았습니다. 이즈카 역사자료관에서는 2천 년 전의 도래인으로 추정되는 당시 지배층의 시신이 전시되어 있었습니다. 이즈모시에 있는 고대역사박물관, 다자이후시에 있는 규슈국립박물관에서도 한반도와 일본열도간의 수많은 교류사실을 확인할 수 있었습니다. 도쿄의 쇼와관에서는 전쟁의 피해를 강조하면서 조선인의 희생은 생략해 버리는 몰역사를, 야스쿠니 신사의 유슈칸에서는 일본 제국주의에 대한 향수를 실감했습니다. 교토의 리쓰메이칸 평화박물관에서는 생명의 탄생에서 시작하여 인류역사를 살펴볼 수 있었습니다. 현재의 인류가 지구상에 분포된 시기가 BC. 4만 년 전 정도라 하고, 유전자적으로는 거의 일치하기 때문에 지구상의 모든 인류는 같은 근원을 갖는 존재라고 인류학자는 말하고 있습니다. 그것은 인류의 미래를 암시하는 것이라고 생각합니다.

둘째, 강제 연행, 강제 노동에 관련하여

일제하 1939~1945년 8월 사이에 이루어진 강제 동원으로 7백만 명(추산)의 조선인이 국내외에서 고통을 받았습니다. 그중 150만 명(추산)이 일본 본토와 사할린 남양군도 등으로 강제 동원되었습니다. 일본 내에서는 2,679개소의 작업장(역사 교사 다케우치 야스토(竹内康人) 조사 결과), 곧 일본 전역에서 광범위하게 이러한 강제 동원과 강제 노동이 이루어졌습니다. 나가사키현에는 124곳의 사업장이 있었고, 하시마 탄광은 그중의 한 사업장입니다. 강제병합 100년을 맞아 한국에서는 강제 동원 현장을 취재한 신문 기사를 토대로 『일제 강제 동원, 그 알려지지 않은 역사』(2010년 11월)라는 책이 발간되었습니다. 그 책에는 전범기업의 대표적인 사례로 미쓰비시광업에서 운영했던 군함도의 실상이 소개되어 있습니다. 많은 경우, 강제 연행과 강제 노동이 이루어진 사실은 일차적으로 현지에 살고 있는 일본시민들에 의해 조사가 이루어졌습니다. 나가사키평화자료관의 활동도 그 대표적인 사례라고 생각됩니다. 국익을 내세우는 민족주의나 국가주의를 넘어서 인류의 보편적인 가치를 생각할 수 있는 보통교육과 민주주의의 확산이 그러한 일을 가능하게 하고 있습니다. 기업의 측면에서도 그러합니다. 일본의 많은 전범기업들이 한국과 중국으로 진출했습니다. 강제 동원의 과거사를 제대로 해결하고 좋은 이미지로 인식되어야 해당 지역 소비자로부터 환영을 받을 수 있고, 비즈니스에도 성공할 확률이 높아집니다. 수년 전부터 재판을 통한 강제 노동 관련 중국인 피해자와의 합의를 통해 일본의 여러 기업이 그런 변화를 보이고 있습니다. 나고야 미쓰비시 중공업 근로정신대 할머니들과 일본 소송지원회의 끈질긴 요구를 통해 마침내 협상이 진행되기도 합니다.

셋째, 동아시아 평화질서를 생각하며

장기간 불황이 계속되면서 다시 과거의 영광을 재현해 보고자하는 향수가 확산되고 있는 모습을 보게 됩니다. 일본 내의 문제이지만 조금은 걱정이 됩니다. 왜냐하면 일본을 둘러싼 동아시아 정세와 국제적 역학관계가 100년 전과는 비교할 수 없을 정도로 바뀌었기 때문입니다. 러시아는 미국에 필적할 정도의 군사력을 키워왔고 중간에 부침이 있기는 했지만 막강한 힘으로 자리 잡고 있습니다. 최근 중국은 일본을 제치고 세계 2위의 경제대국이 되었습니다. 일본의 식민지였던 조선이 비록 남북이 분단된 상황이지만 한국의 경제성장도 괄목할 만해졌습니다. 미국이 세계 최대의 채무국으로 힘이 약화되고, 일본이 장기 불황이라고 걱정하고 있는 가운데서 다양한 변화가 이루어지고 있습니다.

일본이 청일전쟁과 러일전쟁에서 승리하고, 한국병합을 했던 시절과는 확연히 구분되는 국제정세가 형성되고 있습니다. 최근 일본 주변국과의 영토분쟁이 격화될 조짐이 보이는데, 국제역학관계의 변화에 따른 상황입니다. 한편으로 동북아시아의 신냉전 질서가 형성된다는 우려 속에서 군사적 긴장이 높아지기도 하지만, 미소 중심의 냉전 질서는 해체 되었고 이제 미국과 중국은 경쟁적이지만 협력적으로 세계질서를 구축할 책임이 있습니다. 그리고 눈을 돌려 보면 유럽연합의 사례에서도 희망을 보게 됩니다. 1, 2차 세계대전을 비롯해 세계역사상 온갖 전쟁을 다 겪었던 곳이지만, 지금은 유럽연합으로 통합되면서 전쟁의 위협이 아니라 공동의 번영을 도모하고 있습니다. 한중일 시민들의 동아시아 평화를 실현하기 위한 성숙한 공동 행동이 필요한 때입니다. 이제는 여론과 선거를 통해 그러한 정치적 변화를 유도할 수 있기에 인권과 민주주의가 정착될 수 있도록 노력해야 합니다. 아시아 민주주의의 수준을 높일 수 있는 시대정신이 절실할 때입니다.

하시마 생존자 박준구 씨를 취재하는 모습(2011년 1월 31일)

넷째, 유네스코 문화유산 등재와 관련하여

　나가사키시 행정부를 비롯해 일본의 여러 지방정부들이 중심이 되어 규슈와 야마구치현 지역 19개 근대 산업시설물을 유네스코 근대유산으로 잠정 리스트에 등재했습니다. 유네스코 문화역사유산이 많아지는 것은 환영할 일입니다. 그러나 잠정 리스트 작업이 이루어지는 탄광 제철소 등의 시설물에는 조선인과 중국인의 강제 동원과 강제 노동, 또 일부 지역에서는 연합군 포로의 강제 노동이 있었습니다. 누구에게나 자랑스러운 역사도 있지만 부끄러운 역사도 있기 마련입니다. 그러한 시설들은 일본의 성공적인 근대산업유산이기에 자랑스럽기도 하지만, 강제 동원의 어두운 역사도 함께 있다는 사실을 인정해야 합니다. 더 나아가 동아시아 유산으로 생각할 수는 없을까요? 식민지가 되어 강제 동원 당한 조선 민중에게도 수치스런 역사입니다. 3년 전 독일의 한 산업도시에 있는 옛 제철소를 방문했는데 그 설명문에 유럽의 산업유산에 등재되었다고 소개되어 있었습니다. 독일만이 아니라 유럽의 유산으로서 확대하는 전향적인 조치를 취하면서 관광객이 찾을 수 있도록 해 두었더군요. 수도 베를린에는 유태인 추모공원이 설치되었고 지하의 유태인학살자료센터에는 3백만 명의 유태인 희생자 자료가 정리되어 있었습니다. 그리고 여러 곳에 과거 나치가 저지른 폭압을 증언하는 전시물이 사진으로, 때로는 시설로 설치되어 있었습니다. 독일은 1, 2차 세계대전을 통해 유럽에서의 침략과 전쟁을 촉발시켰지만, 지속적이고 책임 있는 과거청산을 진행하면서 지금은 유럽연합을 이끌고 있는 중심국가로 자리 잡았습니다.

마무리 - 동아시아 평화를 위한 공동의 노력이 필요합니다.

인간은 긴 역사를 생각할 뿐 아니라 미래의 희망을 상상할 수 있는 존재입니다. 인류문명의 발상지를 포함하는 동아시아에는 풍부한 종교적, 영적 유산과 역사가 있습니다. 19세기 서구 침략세력의 동진 속에서 이루어진 일본의 근대화는 아시아에서 선망의 대상이 되기도 했지만 전쟁과 침략으로 이어지면서 아시아 민중에게 엄청난 재앙이 되었습니다. 일본도 포함해서입니다. 2차 세계대전을 통해 인류는 3천만 명의 사상자를 냈습니다. 그래서 우리는 이제 더욱 간절히 평화를 이야기하게 됩니다. 일본의 역사와 사회를 관심 있게 공부하고 또 여러 지역의 시설물과 현장도 방문해 보았습니다. 그 과정에서 일본의 훌륭한 시민을 많이 만났습니다. 시민단체 활동가도 있고, 르포작가도 있고, 향토사학자도 있고, 대학의 연구자, 공무원과 교사와 주부도 있었습니다. 때로는 지방정부가 나서서 협력하고 동참하기도 했습니다.

21세기에 당면하고 있는 지구환경 위기, 군사주의와 전쟁위험, 인종갈등, 국내외 빈부격차 등 우리가 함께 해결해야 할 많은 과제가 지구 시민이면서 동아시아인인 일본과 한국인, 규슈와 나가사키 시민, 경기도와 대전 시민에게 주어져 있다고 생각합니다.

오늘 이 증언집회는 지난 66~68년 전의 조선인 강제 동원과 강제노역의 진상과 책임을 밝히기 위해 마련된 것인데, 과거의 역사적 사실을 인식하고 미래 세대의 역사교육과 화해의 장으로 활용되기를 바랍니다. 더 나아가 지난 역사를 교훈삼아 앞으로 한일 지역 시민간의 이해와 우호를 실현하는 계기가 되기를 기대합니다. 지난 해 6월에는 이즈카에서 규슈 지쿠호 지역 강제 동원 증언집회를 한일 시민단체가 공동으로 개최했고, 이즈카시를 비롯해 인근 지자체의 후원과 협조도 있었습니다.

　과거를 생각하며 분노를 키우는 것이 아니라 민주주의의 인권존중을 배우고 서로의 차이와 다양성을 존중하는 성숙한 시민과 품격 있는 사회, 동아시아 평화를 실현하고자 하는 것입니다. 우리는 일본인과 한국인만이 아니라 동아시아인으로서 지혜를 모아야 합니다. 이미 한국과 일본 시민들은 다양한 방식으로 그러한 노력들을 하고 있습니다. 이제 아시아에서 시민사회가 발전되었다고 인정받아온 일본과 한국 곳곳의 시민이 책임감을 바탕으로 역사인식을 공유하고, 민주주의와 인권 실현의 수준을 높여가는 기회가 되기를 기대합니다. 손잡고 함께 노력합시다.

침몰! 군함도. 세계문화유산화의 말로

군함도(하시마)가 2015년 7월 5일 유네스코 세계유산으로 등록된 지 1년이 경과했고, 이 책의 초판(2011년 7월 31일)이 발행된 지 5년이 지났다.

2007년 12월에 6개 현(県) 11개 시(市)의 지자체가 공동으로 '규슈·야마구치 근대화 산업유산군'으로서 세계유산 잠정 일람표에 22개의 자산을 추가하도록 일본 문화청에 제안했다. 그 22개 자산 가운데는 메이지시대 이래, 제2차 세계대전 당시 조선인·중국인을 강제 동원한 시설이 포함되었다. 하시마, 즉 군함도는 그중 가장 대표적인 일례였다.

세계유산등록 신청 취지서에는 일본의 근대사에서 조선인·중국인에 대한 강제 동원의 역사를 지우고자 하는 의도가 명백히 나타나 있었다. 그러나 역사를 사회과학으로서 다룰 때, 정부와 자치단체 행정부가 아무리 그 당시 어떤 정치적 의도를 가지고 접근하여도 역사적 사실 그 자체까지는 지울 수는 없으리라고 우리는 확신했다. 그리하여 하시마·군함도에 세계의 이목이 집중하고 있는 지금이야말로 강제 동원된 조선인·중국인의 증언을 확고한 사실(史實)로서 널리 알릴 수 있는 때라고 생각해 본서를 기획하게 되었다.

시작은 폐허 붐 – 세계유산화의 경위

1993년에 일본 최초로 네 개의 세계유산(시라카미 산지(白神山地), 야쿠시마(屋久島)의 자연유산, 히메지성(姬路城), 호류지(法隆寺) 지역의 불교 건조물군 문화유산)이 동시에 탄생했다. 그때는 정부가 주도하여 세계유산화를 위한 등록지를 결정하고 복수의 후보를 세계유산위원회에 추천할 수 있었다. 특히 미국의 반대가 예상되던 1996년의 히로시마 '원폭 돔'도 일본 정부가 '순수하게 인류의 어두운의 유산으로서의 가치'를 호소한 결과, 위원회 채결(採決)까지 기다릴 필요도 없이 원만하게 등록이 결정되었다.

2001년 10월, 하시마의 소유주인 (주)미쓰비시 머티리얼이 니시소노기군(西彼杵郡) 다카시마정(高島町)에 하시마를 무상으로 양도했다. 그것을 계기로 지역의 유지(有志)들은 '군함도를 세계유산으로' 만드려는 움직임을 보이기 시작했다. '군함도의 세계유산화'를 통해 1974년 폐광 후 무너지기 시작한 군함도의 주거 시설을 보존하고자 한 것이다.

나가사키시와 구 다카시마정이 합병된 2005년경은 일본 전체에 '폐허 붐'이 일어났다. 일찍이 해양 도시였던 '군함도(하시마)'는 신비한 광경을 품은 폐허의 섬으로서, 전국적으로 주목 받기 시작했다. 2004년 7월에는 해운회사가 나가사키 항내에서 하시마로 관광 크루즈 선박을 취항하고, 나가사키시도 관광 자원으로서 하시마를 활용하기로 결정했다. 다만, 건조물의 보존에는 막대한 예산이 필요하기 때문에, 관광 테마는 어디까지나 '섬이 풍화해가는 과정을 보여 준다'는 것으로 제한하여 현존하는 건물에는 손을 대지 않은 채 총액 1억 9천만 엔의 예산을 투입해 배를 접안시키기 위한 잔교(棧橋)와 견학로만 정비했다. 그리고 2009년에는 관광객이 군함도에 상륙하는 것이 해금되었다.

'폐허 붐'의 바람을 타고 해금 첫 해(2009년)에는 나가사키시가 당초 예상한 방문객의 세 배에 해당하는 약 7만 5천 명이 이곳을 다녀갔다.

한편에서는 군함도가 조선인·중국인을 강제 동원한 역사로 뒤덮인 섬이라는 사실 역시 국제적으로 알려지면서, 세계문화유산화 운동의 타당성에 관한 논란이 일기도 했다.

2006년 가을, 일본 문화청은 유네스코 세계문화유산등록 운동의 외연을 넓힐 목적으로 전국 각지에서 '잠정 유산리스트 후보지 모집'을 실시했다. 군함도 세계유산 만들기 운동 팀도 '잠정유산리스트'에 입후보했다. 그러나 이 세계유산화 운동은 단순한 문화재 보호를 목적으로 한 것이 아니었다. 그 배후에는 경제산업성의 지역경제정책이 있었다.

일본 경제는 1990년대 초에 불어 닥친 버블 붕괴 이후, 경기 후퇴에서 다시 일어서지 못하고 있었다. 게다가 1998년의 금융 위기로 인해 일본 경제는 막대한 타격을 입었다. 전후 일본의 고도 경제 성장은 산업과 인구를 도시부로 집중시켰고, 다른 한편으로는 지방의 과소화(過疎化) 및 지방경제의 피폐, 지자체의 재정 파탄을 초래했다. 많은 지방자치단체가 심각한 재정 파탄 위기에 직면했고, 일본 정부의 국고도 지방자치단체에 대한 교부금(지방교부세)을 증액할 수 없는 상황에 빠졌다.

그리고 세계화를 동반한 신자유주의 정책 하에, 산업 자본과 금융 자본은 값싼 노동력과 땅값이 보장되는 투자처를 찾아 중국과 아시아의 여러 나라로 흘러나갔고, 이로 인해 국내 산업은 공동화(空洞化) 되었다. 지방경제는 그 여파를 견디지 못하고 기업 도산, 공장 폐쇄가 잇따랐다. 결국 신자유주의가 지방의 빈곤화, 격차 사회를 만들고 모순을 확대시켰다.

저출산 고령화 사회에 대응하기 위해 헤이세이(平成, 1989년~현재) 시대의 지자체 합병인 시정촌 합병이 1999년부터 시작되었다. 작은 규모의 지자체를 합병해 재정 규모를 확대하는 것으로 재정 위기에 대한 저항력을 키우는 것이 본래의 목표였다. 동시에 총무성(總務省)에 의한 지방자치의 유명무실화가 진행되었다.

경제산업성은 2004년 지역경제연구회를 발족해 지방경제 활성화 정책을 모색했는데, 그것이 산업유산을 연계한 관광산업으로 지방경제를 활성화시키고자 하는 근대화 산업유산의 활용안이었다. 2007년 4월에 산업유산 활용위원회(제1회)를 개최해 '근대화 산업유산의 활용'을 정부의 중요 산업 정책으로 규정했다. 활용위원회에서는 산업유산의 세계유산 인정을 목표로 하여, '시리얼·노미네이션'(serial nomination, 연속성을 가지는 유산)이라는 수법으로 근대화 스토리텔링 작업에 돌입했고, 각 지자체에서도 민관 합동의 세계유산운동이 시작되었다.

경제산업성이 발행한 책자 『근대화 산업유산군 33』은 그 취지를 상세히 서술하는데, 결국 '근대화 산업유산군의 관광사업화'를 내세우며 세계유산화 운동으로 나아갔다.(*경제산업성 지역경제연구회의 회의에서 논의된 내용인 '근대화 산업유산의 활용'안에 관한 일련의 문서는 경제산업성 홈페이지에 게재되어 있다. 이때는 '근대화 산업유산군'의 기간을 '에도막부 말기(1853년~1867년경)부터 쇼와 초기(1926~1930년경)까지의 산업 근대화 과정'으로 상정한 것에 주목해야 한다.)

메이지 영광론이라는 허구

근대화 산업 유산군을 세계유산으로 등록, 신청하는 과정에서 여러 번의 등록 명칭과 구성자산 변경이 이뤄졌다. 소관도 문화청에서 내각관방으로 옮겨갔다.

우선 2013년 4월 23일 세계유산등록추진협의회는 정부에 추천서 안을 제출하는데, 명칭을 '일본의 근대화 산업유산군—규슈·야마구치 및 관련 지역'으로 변경했다. 동년 8월 27일에는 내각관방이 소관하는 유식자회의에서 2013년도에 유네스코에 보내는 추천 후보에 현재 가동 중인 산업유산을 포함시키기로 결정함과 동시에, 그 명칭을 다시 한 번 '메이지(明治) 일본의 산업혁명유산 규슈·야마구치와 관련지역'으로 변경했다.(나가사키시 '세계유산추진 특별위원회 조사 보고서', 2015년 2월)

다음으로 2014년 7월 14일, 15일에 내각관방, '규슈·야마구치의 근대화 산업유산군' 세계유산등록추진협의회, 일반 사단법인 산업유산 국민회의 주최로 '산업유산 국제회의'가 개최되었다. 회의에서 나온 권고에 따라 '메이지 일본의 산업혁명유산 규슈·야마구치와 관련지역'에서 '메이지 일본의 산업혁명유산 제철·철광, 조선, 석탄산업'으로 명칭을 변경했다. 규슈의 5개 현과 야마구치, 이와테(岩手), 시즈오카(静岡)까지 총 8개 현에 점재하는 23개의 자산으로 구성된 근대 일본의 산업유산군이 그 대상이 되었다.

이때 배후에서 전개된 것이 '세계문화유산의 목적은 보편적인 가치를 가지는 유산을 인류 전체의 재산으로서 보호하는 것'이라는 국제적인 명제보다도 일본 정부의 정치적 의도가 우선시된 정치적 결정이었다.

세계문화유산의 후보는 문화재 보호법에서 정하는 사적과 중요문화재라는 것이 전제로 되어 있어, 종래까지 문화유산은 문화청이 관할하고, 자연유산은 환경성이 관할하며, 후보 선택은 문화청과 문화심의회가 행했다. 그러나 2013년 5월, 정부는 내각관방에 가토 코코(加藤康子) 산업유산 국민회의 전무이사를 필두로 하는 유식자 회의를 설치하여 이 회의에서도 후보를 추천할 수 있도록 했다. 이는 가동 중인 공장 등을 산업유산에 포함할 경우, 문화재로 지정받지 않아도 추천할 수 있도록 하기 위한 명목상의 것이었는데, 내각관방이 세계문화유산의 추천권을 문화청에서 빼앗아 온 것이다.

군함도의 보존 공사비 견적이 150억 엔으로 나오자, 나가사키현과 문화청은 유네스코 세계문화유산 등록 추천을 '기독교 교회군(キリスト教教会群, ※일본에서는 기독교와 가톨릭을 구분하지 않고 기독교, 교회라는 명칭을 사용하며, 나가사키의 기독교 교회군은 한국의 시선에서 보면 주로 가톨릭 성당이다)' 쪽으로 정했다. 이 '기독교 교회군'에서 군함도를 포함하는 '산업혁명유산'으로 추천 선정이 변경된 것이다. 그것은 군함도의 보전(保全) 공사비를 정부 부담으로 하고, 문화청의 권한을 박탈하여 최종적으로는 관방장관이 결정한다는 이례적인 선고 방식 덕분에 가능했다. '메이지 일본의 산업혁명유산'의 구성자산 중 7개소에는 조선인·중국인을 강제 동원한 과거가 있다는 것이, 2005년 이전부터 한국·중국 정부로부터 지적되었다. 그러나 2013년 9월 8일에 2020년 동경 올림픽 개최가 결정되자, 정부는 고양감에 들떠 있었다. 정부와 내각은 세계유산문제도 '돌파해야 할' 외교대립으로 가져가기로 했다. 이때부터 한일 간의 외교 충돌은 피할 수 없게 되었다.

'메이지 일본의 산업혁명유산 제철·철광, 조선, 석탄산업'으로 명칭을 바꾸고 그 구성 자산을 변경한 것은 한국과의 외교문제로 발전할 것을 미리 내다보고 역사적 사실을 왜곡한, 억지 설정 변경이었다.

메이지 유신 전에 아시아 침략 사상을 제창한 요시다 쇼인(吉田松

陰)을 기념하는 쇼카손주쿠(松下村塾)부터 현재 가동 중인 시설까지를 하나의 스토리로 묶어내는 논법은 원래부터 무리하기 짝이 없다. '아베 신조(安部晉三) 총리의 고향 야마구치가 지나치게 강조되고, 총리의 의향이 심의회의 결정에 배후에서 작용했다'는 소문도 난무했다. 또 지리적으로 광범위한 '시리얼 · 노미네이션'이라는 수법도 세계유산의 적용규정 범위를 지나치게 확대한 것이라는 우려의 목소리가 나왔다.

억지스러운 설정 변경의 극치는 메이지 산업유산의 대상 기간을 '막부 말기부터 (대영박람회가 개최된) 1910년'까지로 끊고, 그 후의 시대를 잘라내 버리는 데까지 이르렀다. 앞에서 언급한 바와 같이, 2007년에 경제산업성은 이 산업유산의 기간을 '막부 말기부터 쇼와 초기에 걸친 산업근대화의 과정'으로 하고 있었다. 그러던 것이 돌연 1910년까지로 좁혀진 것이다. 1909년에 일어난 대역사건(大逆事件, ※메이지 천황의 암살을 기도했다고 날조하여 자유민권론자들을 대거 체포하고 탄압한 사건), 시인 이시카와 타쿠보쿠(石川啄木)가 "지도 위 조선국에 검게 먹을 칠하며 가을바람 소리를 듣는다"고 읊은 한일병합이 있었던 1910년이 일본 근대사의 전환점인 것은 분명하다. 그러나 메이지 산업혁명유산을 이루는 구성자산의 대부분에서 1910년 이후의 역사를 지우면 그 역사적 가치를 잃게 된다.

메이지 산업유산의 대상 기간을 1910년까지로 정한 것은 조선인 전시 동원 문제를 이유로 세계유산등록에 이의를 주장할 한국 정부의 비판을 피하기 위한 방편이었다. 가토 코코 산업유산국민회의 전무이사는 이 결정의 경위에 대하여 다음과 같이 설명하고 있다.(*2015년 10월 17일, '아시아 태평양 교류학회 정례연구회' 강연. 가토 코코 씨는 2015년부터 내각관방에 참여. 메이지 산업 유산 문제의 발안부터 시작해 세계유산화 추진기획 전반에 관여하고,

유네스코에 제출하는 2천 쪽에 달하는 영문 추천서도 작성한 최대의 공로자다.)

— 본 건에 관해서는 정부의 추천 과정에서 문화청이나 외무성을 비롯한 관계 성청의 뿌리 깊은 저항이 있었고, 문화심의회는 메이지 일본의 산업혁명유산에 반대하며 '나가사키 교회군과 기독교 관련 유산'을 추천했다.

— 내각관방(지역활성화 통합사무국)의 유식자 회의에서는 '메이지 일본의 산업혁명유산'을 추천하였는데, 내각관방 유식자 회의에서 추천한 후보와 문화심의회 측의 후보를 정부 부내가 일원화하여 조정하고 2013년 9월 27일 스가(菅) 관방장관의 회견을 통해 그 결과를 발표했다. 그리고 2014년 1월 17일, 일본 정부(아베 내각)는 세계유산위원회에 23개 시설(8개 현 11개 시)의 추천을 결정했다.……

— (세계유산위원회에 23개 시설 추천 결정에 즈음하여) 관계 성청에 저항이 있었던 이유는 아래에 집약되어 있다. ① 메이지 후기 유산은 중국 · 한국과 마찰이 일어나 교과서 문제가 일어난다, ② 세계유산 가치로서 제시하고 있는 내용이 내셔널리즘을 환기하는 내용이다, ③ 현재 가동 중인 자산은 문화재 보호법의 취지와 어울리지 않는다. 세계유산의 범위는 모두 문화재 보호법 혹은 그에 비견할 만한 것으로 보전 · 보호되어야 한다, ④ 행정구역이 너무 넓다(다른 현에 걸쳐 있는 경우에는 보전 보호 시스템이 기능하기 어렵다), ⑤ 민간 기업이 소유하고 관리하고 있는 것은 세계유산의 보전과 부합하지 않는다.……

— 미쓰비시 중공, 신일철(新日鉄), 미이케항(三池港)을 구성자산으로 하는 것에 대한 반대가 가장 심했다. 문화청의 담당자 분은 "메이지 후기를 삭제하지 않으면 교과서 문제로 발전한다"고 지적했고, 문화심의회의 좌장을 비롯해 다른 전문가들도 "노동문제가 있는 자산은 한국과의 마찰이 예상되므로 제외해야 한다"는 지적을 하셨다.

— 내각관방이 각의 결정을 한 후에도 외무성은 계속해서 반대했고, 끝

까지 한일 간의 마찰을 피해야 한다는 이유로 반대론이 강했다.

— 그러나 해외 위원이 힘을 실어주고 많은 분들이 성원해 주신 덕분에, 일본 정부 부처 내에 세계유산신청 반대 의견이 있었음에도 불구하고 일체의 타협 없이 결과적으로는 세계유산으로서의 가치를 그대로 인정할 수 있게 되었다. 그리고 일본 정부 내의 조직도 개편함으로써 23개 구성 자산 전부를 세계유산등록에 신청하게 되었다.

아베 내각 내부에서조차 메이지 일본의 산업혁명유산 등록으로 한국 정부와 외교대립을 피해야 한다는 소리가 높았다. 그리하여 대상 기간에서 1910년 이후를 삭제하고 정부 내의 조직을 재편함으로써, 일본은 한국과의 외교 대결을 준비하고 이에 임한 것이다.

2015년 7월 5일(※독일 시간 오후 3시 30분, 일본 시간 오후 10시 37분), 독일 본에서 개최된 UN 교육과학문화기관(유네스코)의 세계유산위원회에서 '메이지 일본의 산업혁명유산'의 등재가 결정되었다.

그 과정을 살펴보면, 한국 정부는 산업혁명 유산 23개 시설 가운데 7개 시설에 전쟁 중 한반도 출신자 약 5만 8천 명이 끌려가 일했다고 주장하며, 시설에 관한 설명에 강제 동원·징용에 대해 언급할 것을 요구했다.(『서일본신문(西日本新聞)』) 한편, 일본은 "1850년대부터 1910년까지만 유산의 대상 연대이기 때문에 시대가 다르다"고 반론하며, 조선인 강제 노동 사실을 인정하려고 하지 않았다. 세계유산위원회의 민간자문기관인 국제기념물유적협의회(ICOMOS)는 일본 정부에 "역사의 전모를 알리라"고 권고했다.

7월 5일에 시작한 위원회 심의는 조정이 되지 못하고 6일 밤으로 연기되었다. 5일 중에 한일 간 합의가 이루어지지 않으면, 6일에는 위원회 평결이 불가피해진다. 평결에 대한 전망으로 작은 표 차로 부결될 가능성이 농후했다. 일본 입장에서는 평결에서 지면 혼란이 장기화되므로, 다음해 이후로 심의가 연기되는 것을 피해야만 했다. 그때 의장국인 독일의 마리아 뵈머 의장은 자국의 세계유산인 '에센의 졸버레인 탄광업 유산군'(독일 르부르박물관은 제2차 세계대전 당시의 강제 노동에 관하여 전시하고 있다)의 예를 들며, 양국의 조정에 나섰다. 일본으로서는 좋은 기회를 맞은 셈이었다. 5일 위원회 심의 후, 한일 간에 숨 막히는 조정 교섭이 이루어졌다.

그리고 결국 7월 5일(※독일 시간 오후 3시 30분, 일본 시간 오후 10시 37분), 한일 양국은 'forced to work'로 표현하기로 합의하고, 이에 따라 전원 일치로 등록이 결의되었다. 일본으로서는 아슬아슬하게 세계유산으로 등록시킨 것이었다. 일본 측은 한국이 주장한 '강제 노동'(forced labor)이라는 표현을 피하면서, '노동을 강요당한'(forced to work) 사람들이 있었다고 표명한 것이고, 한국 측도 심의의 장에서 '강제 노동'에 대한 언급을 피한 가운데 합의한 것이었다. 이는 일본 측이 징용에 관해서 "의사에 반하여 끌려와 일을 해야만 했다"고 발언한 것을 한국이 높이 평가하여, 등록 반대 입장을 뒤집고 찬성으로 돌아섰고 이로써 합의라는 결론이 났다고 할 수 있다.

영국 가디언지는 "일본의 시설이 강제 노동을 인정하고 세계유산으로"라고 보도했고, 많은 서구 언론이 '강제 노동'이라는 단어를 사용하여 메이지 일본의 산업혁명유산 등록을 소개했다. 일부에서는 '노예 노동'이라는 표현을 사용한 보도도 있었다.

결정 직후, 사토 쿠니(佐藤地) 유네스코 일본 대표부 대사가 "일본은 1940년대에 몇 군데의 시설에 그 의사에 반하여 끌려와 혹독한 환경 속에서 일해야 했던 많은 한반도 출신자들이 있었던 점, 일본이 정부

차원에서 제2차 세계대전 중에 징용 정책을 실시했던 점을 (일반인도) 이해할 수 있도록 조치를 강구하겠다"고 발언하며, 정보센터 설립을 계획하고 있음을 표명했다. 한국 측은 "일본이 모든 조치를 이행할 것으로 기대한다"고 말하면서, 일본에 대한 지지를 표명했다.

그러나 일본 국내로 시선을 돌리면, 스가 내각관방 장관 등은 'forced to work'는 강제 노동을 의미하지 않는다고 주장했다. 일본 정부는 조선인 강제 노동 사실을 절대로 인정하지 않으려는 완고한 정치 태도를 온 세계에 드러낸 것이다.

스가 내각관방 장관이나 가토 코코 씨는 전시 중의 징용노동은 조선인만이 아니라, 일본인도 해야 했던 것으로 징용노동은 허용이 된다고 말한다. 그러나 근대란 곧 자본주의 경제 사회를 가리킨다. 국제법으로 엄수해야 할 것이 인간의 노예 노동 금지다. 노예 노동을 허용하면 자본주의 사회의 근간인 자유 경제, 자유 경쟁은 성립되지 않는다. 강제 노동, 노동의 강제, 'forced to work', 의지에 반한 노동, 어떤 표현을 쓰더라도 근대사회에서는 노예노동이 절대로 금지되어야 하는 것이다. 조선인뿐 아니라, 일본인에 대해서도 전시 징용에 입각한 노동은 노동자의 자유 의지와는 합의가 되지 않은 노예 노동인 것이다.

가토 코코 씨는 "관계 성청에서 저항이 있었던 이유는 세계유산의 가치로서 제시하고 있는 내용이 내셔널리즘을 환기하기 때문(이라는 비판이 있었다)"이라고 실정을 밝혔다.

가토 씨는 각 지자체에 근대화 산업유산군 각각에 어떠한 역사적 가치가 있는 지를 스토리를 만들어야 한다고 지도했다. 그 스토리가 내셔널리즘, 제국주의 사상이다.

"우리나라(일본)의 근대화는 비서양지역에서 최초이며, 극히 단시간에 비약적인 발전을 이루었다. 그 과정에는 규슈·야마구치의 산업유산시설군의 역사적인 역할이 있었다. 그 점에서 세계적인 가치를 지니며, 세계유산에 걸맞는다", "아시아에서 일본이 조선이나 중국, 인도보다 먼저 가장 빨리 서양을 따라잡았다. 게다가 서양에서는 100년~150년 걸린 근대화를 일본은 단 50년 정도 만에 달성했다"

이것은 소위 시바 사관(司馬史観, ※소설가 시바 료타로(1923~1996)가 완성한 역사관)으로서, 역사가인 나카쓰카 아키라(中塚明) 씨가 '메이지 영광론'이라고 명명한 일본인 제 멋대로의 역사 해석에 불과하며, 제국주의 이데올로기이다. 이에 대해서는 아베 내각 내부에서조차 비판의 소리가 높다.

덧붙이자면, 시바 사관, 메이지 영광론은 나카쓰카 아키라 씨의 지적대로 조선의 동학농민전쟁('동학당의 난'·갑오농민전쟁이라고도 함)에서 청일전쟁까지의 역사를 완전히 삭제하고 있다. 메이지 정부는 청나라와의 전쟁을 준비하며, 도쿠가와(德川) 막부의 압제보다 심하게 농민에게 세금을 수탈하여 군의 확장과 전쟁 자금 조달을 꾀했다. 승전 후 강화회의에서 청나라에 이억 량이라는 터무니없는 배상금을 파운드 금화로 획득할 때도 영국, 프랑스, 독일 등 여러 제국주의가 배후에서 청나라에 압력을 가했다. 또 그 배상금을 잉글랜드 은행에 당좌예금으로 맡겨둠으로써 일본은 금본위제를 확립하여 자본주의 국가 대열에 합류하게 되었다. 게다가 배상금의 일부를 야하타(八幡) 제철소 건설 등에도 투자했다. 메이지 일본의 근대화와 산업 혁명은 조선, 중국 인민의 피를 빨고, 한편으로 일본 내에 있었던 여공들의 슬픈 역사를 예로 들 필요도 없이, 일본 인민의 피눈물로 얼룩진 오욕에 찬 역사라고 해야 할 것이다.

군함의 모습을 버린 군함도 - 세계유산은 호안(護岸)벽의 일부일 뿐

가토 코코 씨와 내각관방은 메이지 산업혁명기를 1910년까지로 자르고, 1910년 이후에 건조된 모든 시설을 세계 문화유산의 대상 밖으로 넘겼는데, 이것은 군함도의 세계유산화에서 수습할 수 없는 모순을 일으켰다. 하시마에 남아 있는 1910년까지의 건조물이라면 섬을 둘러싼 호안벽의 일부와 조금밖에 보이지 않는 갱구가 전부다. 소위 일본 최고(最古)의 철근 콘크리트 30호 아파트는 1916년에 완성된 것이다.

하시마는 좁은 섬에 수풀처럼 빽빽이 서있는 철근 고층 아파트군과 수직갱도 리프트 타워 등으로 구성되는 섬의 모습이 군함에 비유되곤 했다. 그 군함도의 특이한 외관을 구성하는 건물은 하나부터 열까지 전부 세계유산이 아닌 셈이다.

2015년 5월에는 '메이지 일본의 산업 혁명유산' 등록의 성공 여부가 한일 간의 외교문제로 번지고, 또 일본 사회를 달구었다. 다른 한편에서는 군함도를 '메이지 일본의 산업혁명유산' 등록 추진의 상징으로 삼아, 군함도 사진을 포스터나 깃대로 제작해 나가사키현 내의 전 지자체 시설, 역, 민간관광시설의 각 장소에 전시하며 홍보를 계속했다. '메이지 일본의 산업혁명유산' 문제를 보도하는 TV 뉴스는 그 첫머리에 반드시라고 해도 될 정도로 군함도의 주거군 영상을 내보냈다. 군함도를 안내하는 자원봉사자들에게도 군함도의 매력은 일본 최고(最古)의 철근 콘크리트 아파트, 세계 제일의 인구 밀집 주거 시설이었다는 '군함도 스토리'와 함께 세계문화유산 등록의 영예에 관해 말하도록 했다.

그렇지만 그때 이미 나가사키시 세계유산추진과는 사업유산으로서

하시마의 호안벽(2016년 3월 3일)

의 가치를 구성하는 것은 '생산 시설'과 '호안벽'이며, '주거시설'은 세계유산등록 신청에서 제외되어 있음을 잘 알고 있었다. 내각관방 세계유산추진실을 정점으로 하여 나가사키시 세계유산추진과는 "간판에 적혀 있는 것과 실상이 다르다(간판에 거짓말을 썼다)"라는 비난을 받아 마땅한 것이다.

세계문화유산 유네스코 등록을 직전에 둔 2015년 5월 18일, 『서일본신문』은 다음과 같이 보도했다.

— 군함도 아파트, 보존 곤란 나가사키시 판단 "보수 가능한 기술이
  없다"

    UN교육과학문화기관(유네스코)의 자문기관으로부터 세계문화유산 등
록 권고를 받은 '메이지 일본의 산업혁명 유산'의 구성 시설 중 하나인
나가사키시 하시마 탄갱(군함도)에 대하여, 시 측은 국내에서 가장 오래
된 철근 콘크리트(RC) 고층 아파트 '30호 동'을 현재 기술로서는 보존하
기 어려운 것으로 판단하고 있다는 사실이 드러났다. 군함도의 상징으
로서 인기를 모으고 있는 건물들은 장래 사라질 가능성이 높다.
    30호 동은 도쿄 오모테산도(表参道)에 있던 근대적 집합 주택의 선구
인 '도준카이 아오야마 아파트(同潤会青山アパート)'보다도 10년 정도 빠
른 1916년에 건축되었다. 지상 7층, 지하 1층으로 된 건물로서, 하청 광
원 주택용으로 사용되었다.
    시가 일본건축학회 등에 위탁한 건물 노후화 상태 조사에 따르면 30
호 동은 2012년 시점에서 내용 연수(耐用年數)가 5년을 경과해, 붕괴의
위험성이 있는 '대파(大破)'로 진단되었다. 다른 18호 동 등 네 동의 건물
도 대파, 또 다른 네 동은 보수 곤란으로 진단받았다. ……

    붕괴가 진행 중인 것은 콘크리트 아파트뿐만이 아니다. 태풍과 계
절풍으로 풍파를 맞은 남서 지구의 폭이 1.5m에서 2m 정도 되는 호안
벽도 세로로 길게 균열이 나고, 학교 아래에 있는 호안벽은 가로로 구
멍이 나서 텅 빈 공간이 늘고 있다. 근본적인 보존 조치 전망이나 보
수 공사비 견적도 나오지 않은 채로, 군함도의 침몰 시기는 무섭도록
빠르게 다가오고 있다.
    나가사키현과 나가사키시는 2014년 1월에 군함도가 세계유산으로
등록되면 150억 엔 이상의 군함도 보존 공사비를 국가가 부담하겠다
고 표명한 스가 관방장관의 말에 기대를 걸었다. 그러나 군함도 시설

의 보존 조치가 필요한 것은 호안벽 일부와 옛 입갱 시설에 한정되어 버렸다. 즉, 표면적으로 일본 정부가 비용 부담을 약속한 것은 이 호안벽 등 한정된 일부분이기 때문에, 나가사키시나 '군함도를 세계유산으로 만드는 모임' 등이 정부에 기대했던 주거 및 학교 시설 등에 대한 보존 조치는 대상 범위에서 제외되는 것이다. 학교 밑의 호안벽 복원 공사는 긴급을 다투지만, 예산의 전망도 서지 않은 채로 흐지부지된 상태이다.

허물어져 가는 '군함도 스토리'

관광객의 상륙이 해금되고 7년이 지난 2016년 4월 18일, 군함도 방문객 수가 100만 명을 돌파했다. 군함도에 가려면 5개의 해운회사가 운항하는 군함도 상륙 크루즈 선박을 이용할 수밖에 없다. 크루즈 선은 정원이 제한되어 있고, 관광객 수의 증감은 기후나 시설 공사에 의해서도 좌우되기 때문에 세계문화유산 등재가 관광객 수의 증감에 어느 정도의 영향을 끼쳤는지 수치화하기는 어렵지만, 세계유산에 등재됨으로써 관광객이 증가한 것은 분명하다. 그러나 떠들썩했던 세계유산 등재 결정으로부터 1년이 지나자, 예약 만석 상태가 계속되던 군함도 크루즈 선도 빈 자리가 차츰 늘기 시작하고 있다.

군함도에 상륙한 후 30분 남짓인 견학 시간 중 관광객은 안내 자원봉사자가 하는 설명을 반드시 듣게 된다. 그들은 하시마가 생산하는 양질의 석탄이 일본 경제를 지탱해온 명예로운 역사를 가졌음을 이야기하고, 또 인구 밀도가 세계 제일이었던 하시마의 주거 시설과 낙도였기 때문에 불편하면서도 윤택했던 일상 생활에 대하여 과거에 대한 향수와 선망을 교차시키면서 이야기한다. 특히 견학 코스의 최종 무대인 30호 아파트 앞에서는 일본에서 가장 오래된 철근 콘크리트 건조물이었다며 그 귀중함을 강조하고, 기념 촬영을 재촉한다. '메이지 일본의 산업혁명유산'의 상징이 군함도이며, 그 군함도의 상징이 30호 아파트인 셈이다.

안내 자원봉사자들에게도 군함도가 세계문화유산으로 등재된 것은 자랑스러운 일이었다. 그러나 가장 중요한 30호 아파트 등은 세계문화유산이 아니다. 그래서 '메이지 산업혁명유산으로서 인정받고 있는 것은 호안 벽의 돌을 배치한 부분이지만, 이것은 아마카와 공법(※'아마카와'로 불리는 물에 강한 이음으로 아마쿠사 돌을 쌓아올린 아마카와 공법에 의한 석축은 메이지시대에 활발하게 만들어졌는데, 군함도의 호안벽이 이렇게 조성되었다)이라는 특별한 가치를 지니고 있다'는 식으로 무리하게 의미부여를 하면서 설명하게 되었다. 산업혁명유산을 1910년까지로 한정하기 위해서 군함도의 호안벽 표면을 덮는 콘크리트까지도 제외할 수밖에 없었다.

그런데 군함도에 있었던 조선인 노동자, 중국인 노동자에 관해 질문을 던지면 안내자의 얼굴빛은 흐려지고 "모르는 일"이라고 입을 닫아 버린다. 이것은 나가사키시의 세계유산추진실이 안내 자원봉사자들에 대한 강습회에서 "관광객들은 어두운 이야기는 좋아하지 않는다"고 지도해 왔기 때문이다. 그러나 안내인이 실제로 모르고 있다면 나가사키시는 감독자로서 그들이 조선인·중국인 강제 동원의 역사에 관해 무지한 상태를 방치해서는 안 된다.

군함도가 유네스코 세계문화유산으로 등재됨으로써 관광객에게 '올바른 설명'을 해야 할 의무가 생겨났다. 앞에서 기술한 사토 쿠니 유네스코 일본 대표부 대사가 말한 "일본 정부는 조선인 강제 동원에 관하여 알릴 수 있는 조치를 강구하겠다"는 의견 표명에 대해서, 그것을 실행하는 것은 너무나 당연한 일이지만, 군함도의 극히 일부만이 세계문화유산에 불과하다는 사실도 바르게 설명할 필요가 있다.

이제 군함도에 전 세계의 관광객이 많이 방문하게 되어, 나가사키시 세계유산추진과도 조선인·중국인 강제 동원의 역사를 '어두운 이야기'나 '모른다'는 답변으로 간단히 처리할 수 없게 되었다. 그러자 시는 "전시 중에 조선인도 징용된 사실이 있다"고 마지못해 인정하면서도, 비판의 화살을 피하기 위해서 "군함도 사람들은 모두 사이좋게 지냈다."는 점을 강조하도록 안내 자원봉사자나 관광업자에게 문서로 지도했다. 이러한 속임수가 '세계유산·군함도'를 스스로 침몰시키게 된다는 생각까지는 하지 못하는 것이다.

군함도(하시마 탄갱)에는 갱을 파기 시작한 이래 1974년 폐광 때까지 두 번의 전성기가 있었다. 첫 번째는 1941년을 전후한 태평양전쟁 돌입 당시였다. 두 번째는 1960년대의 10년간이다. 1960년대는 고도 경제 성장이 일어나는 와중에 한편에서는 전국의 석탄 산업이 사양 산업으로서 합리화를 추진하고 폐광이 잇따른 스크랩·앤드·빌드(※scrap and build, 낡은 것을 정리하고 새로운 것을 만드는 경영 기법) 시대에 해당한다. 기계화를 이룬 하시마 갱은 우량 탄갱이었던 덕분에 폐광 때까지 다른 곳에서 실직한 광부들의 재취직처가 되었다. 낙도의 생활은 불편했지만, 광부와 그 가족들에게는 황금의 땅이었다.

미쓰비시 재벌에게 사육당한 영계라고 놀림을 받더라도, 건너편 세 집과 양쪽의 이웃들, 같은 처지에 있는 탄광 노동자들끼리 "가족처럼 사이좋게 살았다"는 노스탤지어에 일본인이 흠뻑 빠지는 것은 아무래도 상관없다고 치자. 그러나 아시아 태평양전쟁 중 군함도의 첫 번째 전성기를 떠받친 주인공은 단연코 하시마의 해저 탄갱 속에 갇

혀 가혹한 노예노동을 할 수밖에 없었던 전시 동원된 조선인 노동자
들이었다.

나가사키 재일조선인의 인권을 지키는 모임 사무국장

시바타 토시아키

▌후 기 ▌

하시마·군함도를 근대화 산업유산으로서 유네스코 세계유산에 등
록하는 것을 목표로 하는 운동이 시작된 이후, 나는 전시 중의 하시마
의 역사가 어떻게 자리매김 될 것인지에 대하여 강한 관심을 가지고
지켜보았다. 1980년대 초부터 이 무인도에 수없이 상륙했고, 그 기억
이 뇌리에 새겨져 있기 때문이다. 그것은 '나가사키 재일조선인의 인
권을 지키는 모임'의 일원으로서 조선인 피폭자 조사를 진행하는 과정
에서 서정우 씨를 만난 것이 계기였다. 열네 살에 하시마에 강제 연행
된 서 씨는 조선인 피폭자를 다룬 최초의 다큐멘터리 기록 영화 〈세
계의 사람들에게〉(모리 젠키치 감독)에 등장해, 미쓰비시 나가사키 조
선소에서 원폭을 당하여 겪게 된 고난의 경험을 절절히 증언했고, 전
국 각지에서 직접 증언을 들려달라는 요청을 받게 되었다. 이 영화에
는 '나가사키 재일조선인의 인권을 지키는 모임'의 오카 마사하루 대
표도 등장하는데, 서 씨의 증언 활동에는 항상 오카 선생님의 협력이
있었다. 나도 두 사람과 함께 많은 사람들을 하시마로 안내했다. 또
이 섬에 관한 중요한 자료가 발견된 후, 한국인 유족이 유골 반환을
요구하는 활동을 펼치는 가운데 '일본의 축소판'이라고 할 만한 하시
마의 성격을 더욱 깊이 인식하기에 이르렀다.

하시마에 상륙하는 것이 해금되자 안내를 부탁받는 일이 전보다 더

많아졌지만, 상륙선에 동승해 보면 전시 중의 조선인·중국인이 겪은 고난에 관해서 설명하는 안내인은 극히 드물어, 만일 오카 선생님이 살아계셨다면 이러한 상황에 어떻게 대처하셨을까 하는 생각이 들었다. 선생님은 분명히 잠자코 계시지는 않았을 것이다. 만약 이런 상황에 침묵하는 사람이 있다면 분명 호통을 치셨을 것이다. 하시마에 관한 오카 선생님의 논술은 다수에 이른다. 그것을 한 권의 책으로 묶어서 출판하기만 해도 숨겨진 역사에 주목하도록 하는 데 도움이 될 것이며, 이것이 선생님의 뜻을 따르는 일이 아닐까 생각하여 출판을 결심하게 되었다. 그러던 차에 KBS의 현지 취재와 방영까지 겹쳐, 한국에 거주하는 생존자를 직접 방문해 귀중한 증언을 듣고 이 책에 담을 수 있었다.

그렇지만 출판업계의 어려운 현실을 생각하면, 본서의 출판에도 당연히 어려움이 예상되었다. 본서를 출판할 수 있었던 것은 오로지 사회평론사의 마쓰다 켄지(松田健二) 사장님의 따뜻한 배려에 의한 것으로서, 마음 깊이 감사의 뜻을 전하고 싶다.

하시마·군함도에서 강제 노동을 강요당한 모든 조선인과 중국인에게 이 책을 바친다.

나가사키 재일조선인의 인권을 지키는 모임 대표 다카자네 야스노리

▌ 한국어판의 발행에 부치는 저자 후기 – 보론을 겸하여 ▌

일본어판 『軍艦島に耳を澄ませば(군함도에 귀를 기울이면)』이 출판된 후, 이 책은 여러 방면에서 활용되었다. 그중에서도 한국의 '대일항쟁기강제동원피해자조사및국외강제동원희생자등지원위원회'가 그 조사 활동에 이 책을 활용한 것은 더 없는 영광이다. 위원회는 강제동원 조사에서 뚜렷한 성과를 거두었다. 그동안 우리가 노력해 온 하시마 조선인 강제동원과 유골문제의 해명에 장족의 진전이 있었던 것은 무엇보다 기쁜 일이다.

일본 정부와 미쓰비시 석탄광업주식회사(후계 회사 (주)미쓰비시 머티리얼)는 조선인 강제동원 피해자에 대한 책임을 결코 지지 않으려 한다. 하시마 탄광에서 사망한 조선인의 유골도 반환하지 않은 채 그 죄를 더하고 있을 뿐이다.

우리는 1986년, 하시마에서 1925년~1945년 사이에 사망한 일본인과 조선인, 중국인의 '화장매장인허증'이라는 공적 문서를 발굴하였다. 거기에는 122명의 조선인이 포함되어 있었다. 우리는 조선인 강제연행의 가해 기업인 미쓰비시 석탄광업에 유골 반환을 요구하는 운동을 전개했다. 그러나 미쓰비시는 우리의 질문에 단 한 번도 성의 있는 대답을 한 적이 없다.

하시마에서 사망한 조선인의 유골 수는 분명하지 않으나, 1974년에 하시마 탄광이 폐광될 때 미쓰비시가 관리를 맡아 다카시마정(현재는 나가사키시 다카시마)의 천인총(다카시마 탄갱 공양탑)에 납골한 사실이 밝혀졌다. 천인총에 묻힌 유골의 수와 조선인의 성명 등에 관해 우리에게는 122명의 화장매장인허증 사망기록 외에는 아무런 자료가 없기 때문에, 미쓰비시에 천인총 발굴을 포함한 조사를 요구했지만 미쓰비시는 거부했다.

'하시마 유골 문제'가 우리에게 큰 현안 중 하나였다는 사실은 본서의 일본어 초판(2011년 7월 발행)에서도 언급한 바 있다. 그 현안의 대부분이 2012년 12월 27일에 발행된 「사망 기록을 통해 본 하시마(端島) 탄광 강제동원 조선인 사망자 피해실태 기초조사」(대일항쟁기강제동원피해자조사및국외강제동원희생자등지원위원회)에 의해 해명되었다.

위원회가 조사 대상으로 삼은 기간은 1937년부터 1945년까지이므로, 122명의 사망기록 가운데는 조사대상에 해당하지 않는 사람도 있다. 그러나 1937년 이전 사망자의 유골은 하시마 탄광이 폐광될 때까지 잔존했을 가능성이 매우 낮다. 본적지가 불명한 사람과 가명을 쓴 사람 두 명을 제외하고, 나머지는 사망연령으로 볼 때 자유도항시기에 응모자로서 하시마에 왔던 사람이거나 그 가족으로서 사망 후 동거 가족이 인수했거나 고향으로 돌려보내졌다고 생각하는 것이 타당하다.

따라서 1974년에 하시마에 남아 있었을 가능성이 있는 유골은 강제동원 피해자이기도 한 27명의 것이다. 한국의 조사위원회는 이 27명에 대하여 추적조사를 실시하고 유족의 신고와 진술을 받아, 미봉환된 유골이 10명이라는 결론을 얻었다. 상세한 것은 「사망 기록을 통해 본 하시마(端島) 탄광 강제동원 조선인 사망자 피해실태 기초조사」를 필독하기를 권한다.

미쓰비시 석탄광업주식회사는 다카시마 탄갱을 폐갱하고 다카시마정을 떠날 때, 천인총의 납골당을 해체했다. 그리고 납골한 뼈 단지에서 뼛조각들을 꺼내어 두 치 정도 길이(약 6.06cm)의 분골용 미니 단지에 넣고 '영대공양'했다고 칭하며, 긴쇼지(金松寺)의 무연고자 납골유골 선반에 보관했다. 남은 유골 대부분은 "분쇄하여 천인총 주변 지하에 매몰했다"는 증언이 있다.

이로써 우리는 하시마에 강제 동원되었던 피해자 중 10명의 유골이 지금도 나가사키 다카시마 긴쇼지의 무연고 사망자 유골 선반에 잔존하고 있다고 결론 내렸다.

일본어와 한국어는 매우 유사한 언어다. 그러나 심상을 표현하는 일본어 어휘 중에는 한국어로 옮기기 어려운 것도 많다. 일본인이 더 섬세하다는 뜻이 아니다. 나는 그것이 일본인이 번잡하게 뒤얽힌 사고(思考)를 좋아하는 민족이기 때문이라는 자성이 담긴 생각을 한다.
2017년 4월 7일에 '나가사키 재일조선인의 인권을 지키는 모임'의 대표였던 다카자네 야스노리 선생님이 서거하셨다. 본서의 일본어판 제목 '軍艦島に耳を澄ませば(군함도에 귀를 기울이면)'는 다카자네 선생님이 붙인 것이다. 이 제목을 한국어로 번역하는 데 적합한 어휘를 찾기가 쉽지 않다. 일본어 제목이 가진 이미지를 예를 들어 설명한다면, 다음과 같은 정황에서 일어나는 마음의 움직임이다.
소음으로 가득한 복잡한 장소에서 길을 잃은 아이의 미세한 소리조차 놓치지 않고 찾아내려는 어머니의 마음을 떠올리면 좋겠다. 귀를 기울이는 것만으로는 그 소리를 듣기 어렵다. 소음이 가득한 가운데, 상점에서 손님을 불러들이기 위해 외치는 큰 소리와 함성, 웃는 소리, 자동차의 경적소리 등 잡다한 소리를 다 제거하고, 귀에 익은 내 아이의 우는 소리만을 골라내어 거기에 의식을 집중하고, 내 아이가 있는 곳으로 필사적으로 당도하고자 하는 어머니의 몸부림, 그것을 표현한 것이다. 마음을 조용히 가다듬는다는 의미를 포함하여 사용된다.

후세인 우리는 한국이 일본 제국주의의 침략을 받고 1945년에 해방을 맞이할 때까지 하시마＝군함도에 동원된 조선인이 경험한 역사를 냉철하게 알고자 노력해야 한다. 거기에는 인간으로서 각 개인의 주체적인 노력이 요구된다.

본서에 등장하는 하시마 강제동원 피해자들의 짧은 말 속에 응축된 의미는 당시의 역사적·사회적 배경을 알지 못하고는 올바르게 이해하기 어렵다. 또 피해자의 통곡도 듣지 못하게 된다.

하시마＝군함도의 세계유산화를 둘러싸고 한일 간에 다양한 대립과 분쟁이 발생했다. 그 배경에는 일본과 한국뿐 아니라 아시아 전체의 근대화의 역사를 어떻게 바라볼 것인가 하는 문제를 둘러싼 대립이 있다. 이러한 대립은 현재 일본의 정치가 스스로를 정당화기 위해 근대사 해석을 자기에게 유리하게 왜곡하고 있는 데 근본적인 원인이 있다. 나는 앞의 보론에서 이를 '메이지 영광론'이라고 비판했다.

그러나 일본의 메이지 영광론자들이 펼치는 근대사 해석의 억지스러운 왜곡을 바로잡는 것으로서 모든 문제가 해결되는가 하면, 그것만으로는 안 된다. 아시아 전체, 적어도 중국과 조선, 일본의 근대사 연구에 있어 기본적인 패러다임의 전환이 요구된다. 예를 들면, 근대화가 시작된 시점은 언제인가 하는 것을 한국에서 물으면 역사학자들 사이에 논란이 발생할 것이다. 하시마는 근대 일본의 축소판이다. 지금으로서는 한국에서 진행되는 하시마 조선인 강제동원에 관한 역사연구가 결국은 근대사 연구의 패러다임 전환에 다다를 것이라고 예언을 하는 정도까지만 이야기해두고 싶다.

우리는 1986년에 하시마의 화장매장인허증을 발굴하여 『원폭과 조선인』 제4집에서 그 분석결과를 공표했다. 그때 다카자네 선생님은 '하시마의 신음소리'라는 부제를 달았다. 조선의 고향에서 멀리 떨어진 일본의 서쪽 끝 하시마의 지하 천 미터에서 절해의 파도 소리와 함께 들려오는 조선인 탄광부의 끊어질 듯 이어지는 신음소리를 들었기 때문이다. 우리는 그 후에도 조사활동을 계속하여 다수의 논문을 출판했다. 본서는 다카자네 선생님이 편집한 논문의 선집이라 할 수 있다.

이번에 두 번역자의 노력으로 한국어 번역이 이뤄졌다. 한국어판의 출판을 마음속으로 기다리던 다카자네 선생님은 짧은 생애를 마치고 돌아올 수 없는 곳으로 떠나가셨다. 그러나 지금 이 순간, 31년 전에 다카자네 선생님이 하시마에서 들었던 조선인 탄광부들의 신음소리가 시간을 초월하여, 바다를 건너 그들의 고향땅에 메아리가 되어 울려 퍼지려 한다.

사실 다카자네 선생님은 한국에서 태어나셨다(1939년). 선생님은 조선인의 입장에서 바라볼 때는 억압 민족인 일본인이라는 자신의 태생에 대해 늘 부끄럽게 생각하셨다. 살아계셨다면 분명히 한국어판 책을 손에 들고, "너무나 감격스럽다"며 눈물지으셨을 것이다.

본서는 언뜻 보기에 부드러운 제목과는 달리 난해한 책이기도 하다. 그것은 우리 필자들의 문필력이 부족한 탓이지, 번역자들의 책임이 아니다. 두 번역자와 출판사 관계자 분들의 노고를 높게 사고 싶다. 그리고 추천사를 써주신 류승완 감독님의 따뜻한 마음에도 감사드린다.

2017년 6월 25일
나가사키 재일조선인의 인권을 지키는 모임 사무국장
시바타 토시아키

군함도라 불리는 하시마는 한국에서 유명하다. 그런데 단지 그 괴이한 외관 때문일까. 그곳에서 강제 동원당한 조선인들이 있었음이 알려지면서 유명해졌다고 하는 것이 정확한 표현이 아닐까. 그렇다면 조선인들이 그곳으로 강제 동원당한 사실은 어떻게 알려졌는가? 신문, 뉴스, 오락프로그램, 다큐멘터리, 영화 등 다양한 매체가 거론하는 하시마가 도대체 어떤 곳인지 알기 위해 그 실태 알림의 진앙지가 어디인지 찾아가다 보면, '나가사키 재일조선인의 인권을 지키는 모임'이 1984년 출판한 『원폭과 조선인』 제4집을 만나게 된다. 부제는 '하시마의 신음소리, 발굴 '하시마 자료''이다. 그러면 '하시마 자료'란 과연 무엇인가. 그것은 하시마에서 1925년부터 1945년까지 20여 년에 걸쳐 사망한 모든 일본인, 조선인, 중국인의 사망 기록으로 여기에는 조선인 122명의 사망기록이 남아 있다. 사망 기록으로 그들이 어떻게, 왜 죽어갔는지 파악 가능하다. 이러한 자료를 발굴하고, 분석하고, 세상에 알렸기에 하시마는 조선인이 강제 동원, 강제 노동당한 곳으로 일본에 자료를 제시하면서 반성과 사과, 보상을 요구할 수 있는 것이다. 최근 2014년에는 제7집 『원폭과 조선인』이 발간되었다.

조금 더 깊이 들어가 이 자료를 생산해낸 '나가사키 재일조선인의 인권을 지키는 모임'에 대해서 알아보자. 이 모임이 결성된 것은 1965년

6월로 한일기본조약이 체결되던 때이다. 당시까지 식민시기에 한반도에서 굶주린 배를 움켜잡고 일본으로 건너가 생계를 구하고 살던 조선인들은 국적란에 '조선'으로 표기하고 있었다. 그런데 한일외교가 정상화되는 한일기본조약의 체결로 일본 법무성은 이들에 대하여 남북 대립을 부추겼다. 국적을 '한국'으로 바꾸기를 요구하였으며, 조선적 국적을 그대로 가진 사람에게는 본인의 승낙 없이 함부로 국적을 바꾸는 인권 침해가 일본 전국에서 일어났다. 조선적이란 결코 조선민주주의인민공화국, 소위 북한에 대한 귀속을 의미하는 것이 아니다. 가족, 친척들이 단순히 북한에 살고 있다거나, 그저 옛날부터 '조선'이라고 표기하고 있었으니 그대로 두는 사람들이 많았다. 또 어떤 경우에는 일제가 한국 병합으로 국가를 빼앗고 조선민족에게 갖은 비인간적 행위를 가하였음을 몸에 새겨두고 굴복하지 않고 저항하겠다는 표시로서, 주홍글씨의 반란, 저항이라고 할 수 있다. 현재 국적은 한국이지만 자신을 재일조선인으로 소개하는 사람들이 있는데 이들이 그에 해당한다. 현재의 일본인들이 1990년도 이래 건너온 한국인 뉴커머는 환영하되, 식민시기 건너온 조선인들의 후손을 꺼려하는 것은 자신들의 수치스런 과거가 그들을 대할 때마다 들추어지기 때문일 것이다.

1965년 당초 일본의 각 현에는 '재일조선인의 인권을 지키는 모임'이 조직되었다. 이 모임은 재일조선인총연합, 소위 조총련과 우호적 관계에 있던 일본공산당계의 변호사가 중심이 되어 조직되었다. 그러나 1968년, 일본공산당과 북한이 가졌던 우호적 관계가 무너지면서 전국에 있던 '재일조선인의 인권을 지키는 모임'은 서서히 사라져갔다. 나가사키 이외의 지역에서는 모두 붕괴되었다. 나가사키현에서 조직되었던 '나가사키 재일조선인의 인권을 지키는 모임'은 1970년 4월 정당과 단체의 지배를 받지 않는 무당파 시민 조직으로서 고 오카 마사하루(岡正治, 1918~1994) 목사를 중심으로 재편되어 오늘날에 이른다. 이들은 남북으로 분단된 한반도와 조선민족의 평화적 통일을 기원하고, 일본 국내에서는 민단과 조청련 두 조직 사이에서 중립적 입장을 취하며 활동하고 있다. 즉 현재의 '나가사키 재일조선인의 인권을 지키는 모임'은 1965년 결성된 이전의 조직과는 성격을 달리하는 것으로, 이 모임의 명칭 속의 '재일조선인'이란 일본 사회에서 운동화 속에서 데굴데굴 굴러다니는 성가신 작은 돌맹이 같은 역할을 한다.

오카 마사하루 목사는 일본이 한반도에 가한 침략의 역사를 속죄하는 마음으로 한평생을 살았는데, 1979년 나가사키 평화 공원에서 도보 5분 거리에 '나가사키 원폭 조선인희생자 추도비'를 건립한 바 있다. 한국인이 추도비를 찾아가 보면, 으레 이렇게 작은 비를 세웠단 말인가 하며 실망하기 일쑤이다. 그 당시 시민으로부터 모금한 액수를 생각해 본다면, 자금이 없었기에 그러했을 수도 있다고 생각할 수 있다. 그러나 그가 매년 8월 9일 추도비 앞에서 읊은 추도문과 그의 행적을 생각해 보면, 그렇지 않음을 쉽게 알 수 있다. 그는 대중 강연에 상당한 설득력을 지니고 있었기에 미국 기독교 단체가 주목할 정도의 저명인사였으며, 나가사키 시의원으로서 다양한 사회적 네트워크를 가졌을 것으로 생각된다. 그런 그가 추도비를 무명의 일본인에게 비석 제작을 맡겼으며, 이름도 없는 일본인이 이름도 없이 원폭사한 조선인에게 속죄한다고 건립 식사를 고하였다. 반성, 사죄, 속죄한다고 거창하게 이름을 내세우는 것을 경계한 것이다.

1981년부터는 나가사키에 강제 동원당한 조선인과 나가사키에서 조선인이 어느 정도 원폭을 당하였는지 손으로 더듬듯이 나가사키 구석구석을 발로 뛰며 실태 조사에 들어갔다. 그 결과가 1982년 출판된 『원폭과 조선인』 제1집이다. '나가사키 재일조선인의 인권을 지키는 모임'은 정처 없이 지나가는 행인을 붙들고, 때로는 대문을 두드리며 이 지역에 살던 조선인에 대해서 알고 있는 것이 없느냐 물었다. 오카 목사는 이와 함께 소위 '나가사키 충혼비 소송'을 1982년부터 제기한다. 천황에 대한 충성 맹세로 이어지는 충혼비에 나가사키의 공적 자금이 흘러 들어감을, 즉 정교(政敎) 유착을 비판하여 제기한 소송이다. 1심 승소, 2심 패소를 거치고 1992년 최고재판소에 제출한 자신이 직접 써 내려간 소송문은 870쪽에 달한다. 그는 발로 뛰는 실천가였으며, 사상가였다. 그러던 중 1994년 한여름 현지답사와 실태 조사를 마치고 귀가한 후 과로한 탓이었던지 갑작스런 죽음을 맞이한다.

그의 유지는 당시 사무국장을 맡고 있던 다카자네 야스노리(高實康稔, 1939~2017) 나가사키대학 교수에 의해 계승되는데, 오카 마사하루 목사가 생전에 구상하고 있던 자료관을 서거 1년 만인 1995년 '오카 마사하루 기념 나가사키 평화자료관' 개관으로 이어나간다. 이 자료관은 일본이 과거 한국, 중국, 동아시아에 어떠한 고통과 아픔을 가했는지 기록, 전시하는 자료관이다. 필자와의 만남은 2011년 5월에 이루어지고 그 후 지속적으로 나가사키에 대한 많은 지도와 조언, 정보 제공으로 몇 편의 논문을 생산하게 되었다. 그러나 짧다면 짧고 길다면 긴 만남이 이어지던 중에 다카자네 야스노리 선생님께서는 하시마가 관광자원으로서 세계 유산으로 등록됨을 저지하기 위하여 진력을 다하던 중 건강을 아끼지 않으셨던 이유로 작년 11월부터 입퇴원을 반복하시다가 78세의 일기로 올 4월 불귀의 객이 되시었다. 논문 집필과 강연회도 계속 진행하셨으며, 자료관을 내방하는 많은 방문객을 일일이 맞이하여 하시마뿐만 아니라, 일본 전체에서 어떤 잔혹한 행위가 조선인, 중국인에게 가해졌는지 열변을 토하셨고, 일본군 피해 위안부

할머니 문제와 남경대학살에 대해서도 비판의 강도를 낮추지 않으셨다. 왕성한 활동 중의 너무나 갑작스러운 서거였기에 선생님을 알던 많은 분들은 선생님에 대한 그리움으로 슬픔을 감출 수 없었다.

올해 2월 병문안으로 찾아뵈었을 때 나누었던 말씀은 지금도 잊을 수 없다. 긴 병원 생활에 지치셔서 내놓은 발목은 앙상하게 마르시고 체중은 30kg을 겨우 넘을 정도로 보이셨다. 너무나 힘겨우셨던지 어린 시절 아버님 등에 업혀 병원을 찾아 헤매었던 경험이나 어린 나이에 겪었던 큰 수술이었기에 어머니를 애타게 불렀으나 목소리가 나오지 않았던 고통스러웠던 옛날 얘기를 들려주시었다. 그러면서도 놓치지 않으셨던 말씀이 이런 병원 생활이 이렇게 고생스럽고 괴로운데, 강제로 이끌려 왔던 조선인들은 얼마나 더 괴로웠을까 가슴이 메인다고 슬퍼하셨고, 죄스러워 하셨다. 또 당시 한국에서는 박근혜 전 대통령의 탄핵이 이슈화되고 있었고, 그 바람으로 일본에서도 양심적 시민운동가들 사이에서 탄핵을 찬성하는 서명 운동이 전개되고 있었던 듯하다. 그러나 선생님께서는 당신께서 일부러 탄핵 찬성에 서명을 하지 않으셨고, 그것은 오늘날 한국의 일그러진 분단 상황과 정치 역사에 일본인으로서 자신도 가담하였다는 죄책감이 있기에 감히 서명할 수 없었다고 말씀하셨다. 그리고 필자가 한국어 번역서를 내어도 되겠느냐고 여쭈었을 때는 눈동자를 반짝거리면서 또 얼마나 기뻐하셨는지 모른다. 하시마에 강제 동원된 조선인, 중국인의 실상을 널리 알리는 것이 선생님의 가장 큰 바람이었던 만큼 그 기뻐하시는 마음을 가늠하지 못할 리가 없다.

선생님께서는 작년 들어서면서 한 가지 더 기쁨으로 여기신 것이 있다. 그것은 2014년으로 설립 20주년이 된 자료관이 어느 정도 정착기에 들어섰다는 점이었다. 안내 데스크를 지켜주는 자원 봉사자의 숫자도 충분히 확보되었으며, 그동안 해마다 조금씩 갚아 오던 자료관 설립 당시 내었던 대출금도 조만간에 상환 완료가 된다는 것이었다. 그리고 필자가 연구원으로 2016년 1월부터 3월 초까지 두 달간 체류한 바가 있기에 자료관이 연구 기관으로도 성립한다는 사실이었다. 그만큼 자료관에 정성을 쏟으셨고, 오카 마사하루 선생님의 유지 계승에 한 치의 어긋남이 없도록 진력을 다하셨던 것이다. 두 분께서 자료관 설립과 유지에 진력을 다하셨던 것은 이웃하는 '나가사키 원폭자료관'의 영향이 크다. 그것은 '나가사키 원폭자료관'이, 일본이 아시아 태평양전쟁을 일으킨 결과, 비인도적 무기인 원폭을 맞게 되는 참상을 겪게 되었다는 역사적 사실, 즉 가해자로서의 일본을 삭제, 제거하고 1945년 8월 6일과 8월 9일을 부각시킨다는 점에 역사 왜곡이 일어나고 있다고 판단하였기 때문이다. 다카자네 야스노리 선생님께서는 '나가사키 원폭자료관'과 '오카 마사하루 기념 나가사키 평화자료관' 두 자료관을 함께 봄으로 해서 일본의 역사를 제대로 볼 수 있게 된다고 누누이 강조하셨다.

선생님의 성품을 엿볼 수 있는 것은 14세 때 하시마로 강제 동원되고, 미쓰비시 조선소에 강제 노동 중 나가사키 시내에서 원폭을 당한 경남 의령을 고향으로 하는 서정우(1928~2001) 씨를 형님처럼 극진히 모셨다는 점이다. 서정우 씨는 자신이 겪은 하시마에서의 강제 노동과 원폭을 당하여 원폭 후유증을 앓으셨음을 적극적으로 일본 사회에 고발하셨는데, 가장 참을 수 없는 것은 일본 사회의 일상적인 차별이었다고 신랄하게 비판하셨다. 선생님께서는 원폭1세인 서정우 씨뿐만 아니라, 2010년 한국원폭피해 2세 환우의 쉼터인 '합천평화의집'을 방문하여 원폭1세의 고통이 원폭2세에게 대물림됨을 크게 분노, 슬퍼하시며 허리 깊이 숙여 사죄의 마음을 전하시기도 하셨다. 필자가 원폭2

세 환우회의 초대회장 고 김형률(1970~2005)에 의해 국가가 주체가 되어 밝혀낸 한국 원폭 1, 2세에 대한 유전성 여부에 관한 실태조사 결과를 번역하여 보였을 때는 일본 원폭 관련 시민단체에 그 번역본을 보이시기도 하는 등 유전성의 심각성에 대해 상당한 관심을 보이시기도 하셨다. 2015년 한국의 한 대학에 광복70주년을 맞아 강연회에 초대되셨을 때는 하시마 생존 증언자 최장섭 씨를 4년 만에 다시 만나 뵙게 되었다. 최장섭 씨의 연로하신 손을 얼마나 꽉 움켜지셨고 옷자락을 놓지 않으셨던지 다시는 헤어지지 말자는 듯하셨다. 그러한 선생님을 은사로 모시는 필자이기에 아직까지는 보내드릴 수 없어 그 곁을 맴돌기만 한다.

이 책은 과거사에 대한 일본의 무책임만을 비판하기 위해 출판하는 것이 아니다. 일본에도 양심적 지성인, 시민단체들이 존재하며, 이들과 연대하지 않고서는 과거사를 해결할 수 없다는 점에 방점을 두고 싶다. 한국 정부와 한국 시민단체, 한국인이 아무리 과거사 청산을 위한 사과, 사죄, 보상을 요구하여도 물증이 없이는 불가능하며, 그 물증을 한국인만의 힘으로 찾아내기는 불가능하다고 할 것이다. 또 한국인만으로 물증을 찾아낸다고 한들 무슨 의미가 있겠는가. 일본인의 힘을 빌려 물증을 찾고, 그들과 목소리를 함께 하여 과거사를 똑바로 정립하고 고통의 역사가 반복되지 않도록 노력해 나가는 것이 중요하다. 조금 더 지면을 할애하면, 필자는 작년부터 이 모임의 회원으로 참가하고 있다. 높게만 보이던 문턱은 오는 사람 막지 않고 가는 사람 붙잡지 않는다는 기본 취지대로 인연 따라 들고남이 자유롭다. 일본에는 이 모임 이외에도 건전한 시민 네트워크가 다양하게 존재한다. 전 지구화 시대에 시민의 역할은 더욱 커졌고, 아래로부터의 자율적인 전 지구적 연대가 어느 때보다도 기대되고 절실한 시점이다. 이 책을 통하여 조금이라도 더 한일 시민 사회가 더욱더 공고하고 건전한 네트워크를 구축, 확장하길 바란다.

이 책을 출판하는 데는 많은 분의 도움이 없었다면 불가능하였을 것이다. 원저자 중 한 분이신 시바타 토시아키(柴田利明) 선생님은 번역자의 많은 질문에 일일이 답하여 주셨으며, 원서에 없던 그림 자료와 직접 찍으신 하시마 사진을 제공하여 주셨다. 이 책을 같이 만들었다 해도 과언이 아니다. 기무라 히데토(木村英人) 선생님은 초고 작성 시 번역자가 알 수 없는 많은 인명, 지명, 표현 등에 대해서 상세히 알려 주셨다. 사진작가이신 이재갑 선생님은 시바타 선생님과의 오랜 인연으로 하시마가 한일 양국의 갈등을 넘어서 하시마를 통해 한일 양국이 새로운 역사의 전환점을 맞이할 수 있길 바라는 마음에서 희망의 하시마를 떠올리는 작품을 기증하여 주셨다. 영화감독 류승완 씨는 시바타 토시아키 선생님과 영화 촬영 시에 인연이 있었던지라 추천사를 흔쾌히 써주셨다. 감사의 말씀을 드린다. 그리고 또 한 분의 번역자 전은옥 씨는 원서 발간 시기부터 편집과 하시마 생존자 인터뷰에 참여하여 하시마에 대한 해박한 지식을 토대로 일본어를 한국어로 자연스럽게 재생산하는 데 큰 기여를 하였다. 끝으로 선인 출판사의 윤관백 사장님과 직원 여러분께 큰 감사의 말씀을 드린다. 도서 출판 시장이 불황인 가운데에도 흔쾌히 본서의 출판을 허락해주시어 본서는 세상의 빛을 누리는 영광을 가지게 되었다. 마음을 담아 깊은 감사의 말씀을 드린다.

2017년 7월 7일
박수경

▌오카 마사하루(岡正治)

1918년 출생. 1994년 사망. 에타지마(江田島) 해군병 학교에서 히로시마 원폭의 버섯구름을 목격하고 반전(反戰)을 위해 결연히 일어났다. 나가사키 복음루터교회 목사(1958~1989), 나가사키 재일조선인의 인권을 지키는 모임 대표(1965~1994), 나가사키시의회 의원(1971~1983)을 지냈으며, 충혼비 공금 조성 위헌소송 제기(1982~1994), 『원폭과 조선인(原爆と朝鮮人)』제1집~제6집(나가사키 재일조선인의 인권을 지키는 모임, 1982~1994) 공동 편집 발행. 하시마 탄광의 '화인노무자조사보고서(華人勞務者調査報告書)'를 논한 『녹슨 톱니바퀴를 돌리자(さびついた歯車を回そう)』(나가사키 재일조선인의 인권을 지키는 모임, 1994) 공동 편집 발행.

■ 저서: 『오직 한길로(道ひとすじに)』(간행위원회, 1975), 『오무라수용소와 조선인 피폭자(大村收容所と朝鮮人被爆者)』(간행위원회, 1981), 『조선인 피폭자 ─나가사키로부터의 증언(朝鮮人被爆者─ナガサキからの証言)』(사회평론사(社会評論社), 1989) 외 다수.

▌다카자네 야스노리(高實康稔)

1939년 출생. 2017년 사망. 『어린왕자』로 알려진 프랑스인 작가 생텍쥐페리를 사랑한 불문학자이며, 시민운동가이다. 1969년 규슈대학 불어불문학 전공 박사과정을 졸업하고, 나가사키대학에 프랑스어 교수로 계임한다. 1971년 프랑스정부 초빙 연수원으로 포대학, 그르노블대학 유학 후, 사비로 파리대학에 연장 유학하고, 1972년 귀국한다. 2005년 나가사키대학을 정년퇴직하고, 2006년 프랑스정부 학술공로훈장을 수여받는다. 오카마사하루 기념 나가사키평화자료관(岡まさはる記念長崎平和資料館) 이사장(1995~2017), 나가사키 재일조선인의 인권을 지키는 모임 대표(1994~2017), 나가사키대학 명예교수를 지냄. 『원폭과 조선인』제1집~ 제7집(1982~2014) 공동 편집 발행.

■ 저서: 『한국·조선인 피폭자와 강제연행(韓国·朝鮮人被爆者と強制連行)』(오카마사하루 기념 나가사키평화자료관, 1996), 공저로 『8개 국어 역「세계의 사람들에게」: 조선인 피폭자의 기록(8ケ国語訳「世界の人へ」: 朝鮮人被爆者の記

錄)』(동시대사, 1994), 『조선인피폭자란: 숨겨진 진실(朝鮮人被爆者とは：かくされた真実)』나가사키 재일조선인의 인권을 지키는 모임, 1986). 논문으로 「생텍쥐페리 망명에 있어서 이율배반의 불가역성에 관하여(サン＝テグジュペリの亡命における二律背反の不可避性について)」(나가사키대학 교양학부, 1992), 「나가사키의 전쟁・원폭기념물 비판(長崎の戦争・原爆記念物批判)」(나가사키신문사, 2012), 「나가사키와 조선인강제연행－조사연구의 성과와 과제(長崎と朝鮮人強制連行－調査研究の成果と課題)」(오하라사회문제연구소, 2016) 등 다수.

▌시바타 토시아키(柴田利明)

1951년 출생. 『원폭과 조선인』 제5집~제7집, 『녹슨 톱니바퀴를 돌리자』 공동편집 발행. 나가사키 재일조선인의 인권을 지키는 모임 사무국장.

역자 소개

▌ 박수경(朴修鏡)

부산대학교에서 일어일문학을 공부하고, 일본 탁쇼크(拓殖)대학에서 언어교육학 박사학위를 취득했다. 부산대학교 한국민족문화연구소에서 HK(인문한국)교수를 재직하였고, 이 과정에서 원폭도시로서 나가사키를 접하게 된다. '오카 마사하루 기념 나가사키 평화자료관' 객원연구원을 지냈으며, 현재 원폭2세 환우의 쉼터인 '합천평화의집' 운영위원으로 활동 중이다. 대표 논문으로는 「원폭도시 '기도하는' 나가사키의 사상적 전환－나가이 타카시에서 오카 마사하루로－(原爆都市「祈りの」長崎の思想的転換──永井隆から岡正治へ──)」(2015)와 「세계유산등록을 둘러싼 한일 재현의 정치－'메이지일본의 산업혁명유산 제철·철강, 조선, 석탄산업'을 중심으로」(2017)가 있다.

▌ 전은옥(全恩玉)

대학에서 국어국문학을 공부했다. '나눔문화', '한국원폭2세피해자 김형률추모사업회', '합천평화의집' 등 시민사회단체 활동을 이어오다, 더 깊고 넓은 배움을 위해 일본 나가사키에서 2년간 현장 공부를 한 바 있다. '오카 마사하루 기념 나가사키 평화자료관' 객원연구원(2009.3~2011.2)을 지냈으며, 경상남도 원자폭탄 피해자 실태조사 자문위원(2013)으로도 참여한 바 있다. 옮긴 책으로는 인권운동가였던 고 오카 마사하루의 자서전 『오직 한길로(道ひとすじに)』(세상의소금, 2015)가 있다.

▌사진 촬영

- 시바타 토시아키(柴田利明) － 9하, 15상, 25, 33, 38, 39좌우, 63상하, 71, 130, 153, 183, 195, 231, 250, 256
- 이재갑(李在甲) － 표지, 7, 8, 9상, 10상하, 12, 13하, 14, 15하, 199, 200상하, 201, 221
- 전은옥(全恩玉) － 11상하, 52, 53, 59, 65, 67, 69, 81, 320
- 박수경(朴修鏡) － 55, 82, 229, 338